DR. MAXWELL SHIMBA

منشور: شیمبا پبلشنگ، ایل ایل سی، مین ہٹن، نیویارک

:کتابی حوالہ جات

شیمبا پبلشنگ ایل ایل سی

فہرستِ مضامین

تعارف

"یہ مضمون ایک اہم سوال پر بحث کرتا ہے: **"کیا بائبل قرآن سے بہتر ہے؟**

مسلمانوں میں عام طور پر یہ عقیدہ پایا جاتا ہے کہ بائبل میں تبدیلیاں کی گئی ہیں اور وہ اصل شکل میں نہیں رہی۔ ہر عیسائی اور مسلمان کے درمیان گفتگو عموماً اسی الزام سے شروع ہوتی ہے کہ بائبل تحریف شدہ ہے۔ اس غلط فہمی کی وجہ سے مسلمانوں کو سکھایا جاتا ہے کہ وہ بائبل کو اللہ کا کلام نہ مانیں۔ جب تک اس غلط فہمی کو دور نہیں کیا جاتا، مسلمانوں کے ساتھ بامقصد اور مثبت مکالمہ ممکن نہیں ہوگا۔

یہ تحریر اس بات کو ثابت کرنے کے لیے لکھی گئی ہے کہ بائبل پر کیے گئے اعتراضات نہ صرف بے بنیاد ہیں بلکہ خود قرآن کی تعلیمات کے خلاف بھی ہیں۔ اس مضمون میں ہم **قرآن** کو ہی بطور حوالہ استعمال کریں گے تاکہ یہ ثابت کیا جا سکے کہ بائبل کو اللہ کی طرف سے نازل کیا گیا تھا اور اس کی اصل حیثیت محفوظ ہے۔

یہ مضمون ان تمام افراد کے لیے ضروری ہے جو مسلمانوں تک انجیل کی خوشخبری پہنچانے میں دلچسپی رکھتے ہیں۔ اسی طرح، یہ ان مسلمانوں کے لیے بھی اہم ہے جو خلوصِ دل سے جاننا چاہتے ہیں کہ **ان کے اپنے مقدس کتاب، یعنی قرآن، میں بائبل کے بارے میں کیا کہا گیا ہے۔**

بائبل کی صداقت کے ثبوت

،اگرچہ عیسائیوں کو **بائبل کی سچائی ثابت کرنے کے لیے قرآن کی ضرورت نہیں** لیکن چونکہ مسلمان قرآن کو الہامی کتاب مانتے ہیں، اس لیے ہم انہی کے عقیدے کے مطابق ثابت کریں گے کہ خود قرآن بھی **بائبل کی تصدیق کرتا ہے۔**

بائبل ہمیں سکھاتی ہے کہ ہمیں اپنے ایمان کے بارے میں ہر وقت دفاع کے لیے تیار رہنا چاہیے:

1 پطرس 3:15
"ہمیشہ تیار رہو کہ جو کوئی تم سے تمہارے اندر موجود امید کی وجہ پوچھے، تو اسے جواب دو۔"

عیسائی یہ یقین رکھتے ہیں کہ بائبل کے الہامی الفاظ کسی مسلمان معبود "اللہ" کی طرف سے نہیں آئے، بلکہ یہ **یہوواہ خدا** کی طرف سے نازل کیے گئے ہیں، جو حقیقی اور واحد سچا خدا ہے۔ لیکن چونکہ ہم مسلمانوں کے ساتھ بات چیت کر رہے ہیں، اس لیے ہم اس مضمون میں کچھ دیر کے لیے یہ تسلیم کریں گے کہ قرآن کا دعویٰ کہ **تورات، زبور، اور انجیل اللہ کی طرف سے نازل کیے گئے تھے،** سچ ہے۔

قرآن میں بائبل کے بارے میں کیا کہا گیا ہے؟

قرآن اس بات کو تسلیم کرتا ہے کہ تورات، زبور، اور انجیل اللہ کی طرف سے دی گئی کتابیں ہیں۔ اس کا مطلب یہ ہے کہ یہ "اللہ کے کلام" میں شامل ہیں۔ اگر قرآن خود ان کتابوں کو اللہ کی طرف سے نازل شدہ تسلیم کرتا ہے، تو پھر ان کی صداقت کو جھٹلانے کا کوئی جواز نہیں رہتا۔

یہ مضمون ان حقائق کو سامنے لانے کی کوشش کرے گا تاکہ مسلمان خود سمجھ سکیں کہ ان کے عقائد میں تضاد ہے۔ اگر وہ قرآن کو سچ مانتے ہیں تو انہیں بائبل کو بھی اللہ کا کلام ماننا چاہیے۔

نتیجہ

ہم اس مضمون میں یہ ثابت کریں گے کہ مسلمانوں کا یہ عقیدہ کہ بائبل بدل دی گئی ہے، **نہ صرف بے بنیاد ہے بلکہ قرآن کی تعلیمات کے بھی خلاف ہے۔** ہم صرف بائبل ہی نہیں بلکہ **قرآن کی گواہی کو بھی پیش کریں گے** تاکہ مسلمانوں کو حقیقت کا علم ہو سکے۔

یہ مضمون ہر اس شخص کے لیے ایک قیمتی وسیلہ ہے جو **سچائی کی تلاش میں ہے، چاہے وہ مسلمان ہو یا عیسائی۔**

بائبل کی تاریخی سچائی :ڈیڈ سی اسکرولز کے ناقابلِ تردید ثبوت

بائبل کی سچائی اور اس کی غیر متبدل حیثیت کا ایک مضبوط تاریخی ثبوت **"ڈیڈ سی اسکرولز" (Dead Sea Scrolls)** ہیں، جو 1947 میں بحیرۂ مردار کے قریب

،قمران کے غاروں سے دریافت ہوئے۔ یہ مخطوطات بائبل کے قدیم ترین نسخے ہیں جو 2,000 سال سے زیادہ پرانے ہیں۔ ان تحریروں نے ثابت کر دیا کہ آج ہمارے پاس جو بائبل موجود ہے، وہی اصل بائبل ہے اور اس میں کوئی تبدیلی نہیں کی گئی۔

ڈیڈ سی اسکرولز کی اہمیت:

1. **قدیم ترین بائبل کی تصدیق** – یہ مخطوطات عہدِ قدیم (Old Testament) کی وہی تحریریں ہیں جو آج بھی بائبل میں موجود ہیں، جس سے ثابت ہوتا ہے کہ بائبل میں تحریف نہیں کی گئی۔
2. **زبور، یسعیاہ، اور تورات کے مستند نسخے** – خاص طور پر **یسعیاہ نبی (Isaiah) کی کتاب کا مکمل نسخہ** دریافت ہوا، جو آج بھی موجودہ بائبل سے 99٪ مماثل ہے۔
3. **دوسری تاریخی کتابوں سے ہم آہنگی** – ان مخطوطات میں موجود تحریریں دیگر تاریخی کتب اور آثارِ قدیمہ (Archaeology) کے شواہد سے مکمل مطابقت رکھتی ہیں، جو بائبل کی غیر متبدل حیثیت کو مزید مضبوط کرتی ہیں۔

قرآن کے پاس ڈیڈ سی اسکرولز جیسے ثبوت نہیں

اس کے برعکس، **قرآن کے قدیم ترین نسخے موجود نہیں جو اس کی مستند حیثیت ثابت کر سکیں۔** مسلمانوں کے لیے ایک لمحہ فکریہ یہ ہے کہ قرآن کے اصل مخطوطات آج کہیں بھی محفوظ نہیں۔

1. **قرآن کے ابتدائی نسخے ضائع کر دیے گئے** – تاریخی طور پر معلوم ہوتا ہے کہ جب خلیفہ عثمان کے دور میں قرآن کی مختلف قرأتوں میں اختلاف ہوا، تو انہوں نے باقی تمام نسخے جلا دیے یا تلف کر دیے، اور صرف ایک سرکاری نسخہ رائج کیا گیا۔
2. **کوئی قدیم ترین مکمل نسخہ موجود نہیں** – آج جو قرآن موجود ہے، اس کے ابتدائی **دستاویزی ثبوت نہیں ملتے۔** مسلمانوں کے دعوے کے برعکس، کوئی بھی مخطوطہ ایسا نہیں جو یہ ثابت کرے کہ موجودہ قرآن مکمل طور پر اصل حالت میں ہے۔
3. **قرآنی تحریر میں تبدیلیوں کے شواہد** – اسلامی تاریخ میں کئی قراءتیں)مثلاً حفص اور ورش (موجود ہیں، جو الفاظ کی تبدیلی کے ساتھ قرآن کی مختلف قراءتیں پیش کرتی ہیں، جس سے اس کی یکسانیت پر سوالات اٹھتے ہیں۔

جب ہم **بائبل اور قرآن** کا موازنہ کرتے ہیں، تو ہمیں معلوم ہوتا ہے کہ **بائبل کی غیر متبدل حیثیت کے واضح ثبوت موجود ہیں، جنہیں آثارِ قدیمہ، مخطوطات، اور تاریخی شواہد کی مدد سے ثابت کیا جا سکتا ہے۔** جبکہ **قرآن کے پاس ایسا کوئی تاریخی ثبوت موجود نہیں جو یہ ثابت کرے کہ یہ ابتدا سے آج تک بغیر کسی تبدیلی کے محفوظ رہا ہے۔**

یہ تمام شواہد یہ ثابت کرتے ہیں کہ بائبل کو تبدیل کرنے کا الزام **بے بنیاد** ہے، اور خود قرآن بھی **بائبل کی سچائی کا اعتراف** کرتا ہے۔ اس لیے مسلمانوں کو بائبل کے بارے میں اپنی رائے پر نظرِ ثانی کرنی چاہیے اور تحقیق کرنی چاہیے کہ حقیقت میں کون سی کتاب الہامی اور ناقابلِ تغیر ہے۔

قرآن میں تورات، زبور اور انجیل کا ذکر

قرآن میں تورات کا ذکر

قرآن میں **تورات** کے لیے عربی لفظ **"تورات"** یا **"توراة"** استعمال ہوتا ہے۔

سورة 5:44:

"بے شک ہم نے تورات نازل کی، جس میں ہدایت اور روشنی تھی۔" (شاکر ترجمہ)

یہ آیت واضح طور پر بیان کرتی ہے کہ **تورات کو اللہ نے نازل کیا اور اس میں ہدایت اور روشنی موجود ہے۔**

قرآن میں زبور کا ذکر

زبور کو عربی میں **"زبور"** یا **"زَبور"** کہا جاتا ہے۔

سورة 4:163:

"اور ہم نے وحی بھیجی نوح کو اور ان نبیوں کو جو ان کے بعد آئے، اور ہم نے وحی بھیجی ابراہیم، اسماعیل، اسحاق، یعقوب اور ان کی اولاد کو، اور عیسیٰ، ایوب، یونس، ہارون اور سلیمان کو، اور ہم نے داؤد کو زبور عطا کی۔" (یوسف علی ترجمہ)

یہ آیت واضح کرتی ہے کہ زبور **اللہ کی نازل کردہ کتاب ہے** جو حضرت داؤد علیہ السلام کو دی گئی۔

قرآن میں انجیل کا ذکر

انجیل کے لیے قرآن میں عربی لفظ **"انجیل"** یا **"إنجیل"** استعمال ہوتا ہے۔

سورۃ 3:2-4:

"اللہ !اس کے سوا کوئی معبود نہیں، اس نے تورات اور انجیل نازل کی، جو لوگوں کے لیے ہدایت ہے۔" (یوسف علی ترجمہ)

سورۃ 5:46:

"اور ہم نے ان کے بعد مریم کے بیٹے عیسیٰ کو بھیجا، تورات کی تصدیق کرنے والا، اور ہم نے انہیں انجیل عطا کی جس میں ہدایت اور روشنی تھی، جو اس سے پہلے کی تورات کی تصدیق کرتی تھی، اور پرہیزگاروں کے لیے نصیحت تھی۔" (پکتھال ترجمہ)

یہ آیات **واضح طور پر انجیل کو اللہ کا نازل کردہ کلام** قرار دیتی ہیں جو لوگوں کے لیے **ہدایت اور روشنی** ہے۔

قرآن خود تسلیم کرتا ہے کہ تورات، زبور اور انجیل اللہ کا کلام ہیں

مندرجہ بالا تمام آیات اس حقیقت کو ثابت کرتی ہیں کہ **تورات، زبور اور انجیل اللہ کی طرف سے نازل شدہ کتابیں ہیں۔** قرآن میں خود یہ بیان کیا گیا ہے کہ **یہ کتابیں انسانوں کے لیے "ہدایت اور روشنی "کا ذریعہ ہیں۔**

یہاں ایک اہم سوال پیدا ہوتا ہے:
کیا اللہ اپنی نازل کردہ ہدایت کو بگڑنے دیتا؟

لوگ گمراہی میں پڑ جاتے۔

قرآن میں "کتاب کے لوگ "اور "الکتاب "کا ذکر

1. **"اہلِ کتاب"** (People of the Book) **کی اصطلاح** – قرآن میں **یہودیوں اور عیسائیوں کو "اہلِ کتاب "کہا گیا ہے**، جس کا مطلب ہے کہ وہ اللہ کی نازل کردہ کتابوں کے پیروکار ہیں۔
2. **"الکتاب"** (Al-Kitab) **کی اصطلاح** – عربی-انگریزی لغت کے مطابق "الکتاب "کا مطلب ہے:
    - بائبل
    - مقدس کتاب
    - صحیفے
    - الہامی کتاب
    - کتاب

قرآن کے مختلف انگریزی تراجم میں "الکتاب "کو "Bible, Scripture(s), Revelation(s), and Book(s)" کے طور پر ترجمہ کیا گیا ہے۔ اس کا مطلب ہے کہ قرآن خود **بائبل کو "الکتاب "یعنی الہامی کتاب کے طور پر تسلیم کرتا ہے۔**

قرآن بائبل کی سچائی کو ثابت کرتا ہے

ہم نے اس مضمون میں قرآن کی ان تمام آیات کو جمع کیا ہے جو **بائبل کی سچائی اور اس کے غیر متبدل ہونے کو ثابت کرتی ہیں۔**

یہ آیات اس بات کا ثبوت ہیں کہ:

- **بائبل میں تحریف نہیں ہوئی**
- **یہ ہمیشہ اللہ کا ناقابلِ تبدیل کلام رہے گی**
- **یہ کسی بھی دور میں بدلی نہیں جا سکتی**

یہ تمام قرآنی آیات **بائبل** کی **صداقت کی گواہی دیتی ہیں** اور ان شواہد کو **بطور "گواہیاں" (Testimonies) اس مضمون میں درج کیا گیا ہے۔**

اب ہم ان قرآنی گواہیوں کو تفصیل سے بیان کریں گے جو ثابت کرتی ہیں کہ **بائبل تبدیل نہیں ہوئی، نہ ہو سکتی ہے اور نہ کبھی ہوگی۔**

قرآن کا مصنف کون تھا؟

"اگر کوئی آدمی یقین سے شروعات کرے تو وہ شک میں ختم ہوگا؛ لیکن اگر وہ شک سے شروعات کرے تو وہ یقین پر پہنچے گا۔"
— **فرانسس بیکن (1561-1626)** [ماخذ: **Milestones of Science** از کرٹ سپلی، صفحہ 70، نیشنل جیوگرافک سوسائٹی، 2000]

خلاصہ

یہ مضمون قرآن مجید کی مصنفانہ حیثیت پر ایک نئی نظر ڈالتا ہے۔ اس میں یہ تحقیق کی گئی ہے کہ **قرآن کا حقیقی مصنف کون ہے؟** اس مقصد کے لیے **منطقی استدلال** اور **تاریخی حوالہ جات** کا سہارا لیا گیا ہے۔ یہ تحقیق ان لوگوں کے خلاف جاتی ہے جو بغیر کسی سوال کے قرآن کی صداقت کو تسلیم کر لیتے ہیں۔

اس مضمون میں **قرآن، احادیث، سیرت (محمدﷺ کی سوانح)، تاریخی حوالوں اور مختلف تحریروں کا گہرائی سے تجزیہ کیا گیا ہے۔** اس تجزیے سے یہ واضح ہوتا ہے کہ قرآن **کسی ایک ہستی یا فرد کی تصنیف نہیں بلکہ مختلف افراد نے اس کی تشکیل میں کردار ادا کیا ہے۔**

یہ قرآن اللہ کا کلام نہیں، اور نہ ہی محمد ﷺ نے اسے تنہا تحریر کیا۔ بلکہ **یہ مختلف افراد کے اشتراک سے وجود میں آیا۔** کئی شخصیات نے قرآن کی **تحریر، تدوین ترمیم، اضافہ اور حذف** میں حصہ لیا۔

:قرآن کی تشکیل میں درج ذیل شخصیات کا نمایاں کردار تھا

1. **امرو القیس** – ایک مشہور عرب شاعر، جس کے اشعار کے اثرات قرآن میں دیکھے جا سکتے ہیں۔
2. **زید بن عمرو** – جو حنیفیت کی تبلیغ کرتا تھا اور محمدﷺ پر گہرے اثرات چھوڑ گیا۔
3. **حسان بن ثابت** – ایک اور شاعر، جس نے کئی قرآنی آیات کی تشکیل میں مدد دی۔
4. **سلمان فارسی** – جو مجوسی پس منظر رکھتا تھا اور ایرانی مذہب و روایات سے محمدﷺ کو روشناس کرایا۔
5. **بحیرا راہب** – ایک عیسائی راہب، جو محمد ﷺ سے ملا اور اسے عیسائی عقائد سے آگاہ کیا۔
6. **ابن قمطہ** – جس کے متعلق کہا جاتا ہے کہ وہ محمدﷺ کے لیے تحریر میں مدد کرتا تھا۔
7. **ورقہ بن نوفل** – ایک نسطوری عیسائی، جو بائبل کے کئی نظریات محمدﷺ تک پہنچانے میں اہم کردار ادا کرتا تھا۔
8. **ابی بن کعب** – جو بعد میں قرآن کے متعدد نسخوں کی تدوین میں شامل تھا۔

محمدﷺ خود بھی **کچھ مخصوص آیات کی تشکیل میں شریک تھے**، لیکن **قرآن کے مکمل وجود میں آنے کے پیچھے سب سے زیادہ اثر و رسوخ رکھنے والا شخص زید بن عمرو تھا**، جس نے حنیفیت کی تبلیغ کی۔ محمد ﷺ نے بعد میں **زید بن عمرو کی حنیفیت "کو تبدیل کرکے اسلام کی شکل دی۔"**

کیا اسلام ایک نیا مذہب تھا؟

اس تحقیق کے مطابق، **اسلام ایک نیا مذہب نہیں تھا، بلکہ یہ پہلے سے موجود مختلف مذاہب کا ایک مجموعہ تھا۔** اہم بات یہ ہے کہ **قرآن کسی بھی طرح اللہ کا کلام نہیں ہے، بلکہ یہ انسانوں کا مرتب کردہ ایک مجموعہ ہے، جسے محمد ﷺ نے "اللہ کے آخری کلام "کے طور پر پیش کیا۔**

صابئین مذہب کا اثر اور اسلامی عبادات

قرآن میں شامل مذہبی نظریات اور عبادات کئی پرانے مذاہب سے اخذ کی گئی ہیں، خاص طور پر **صابئین** (Sabeans) کے عقائد سے۔

1. **پانچ وقت کی نماز** – صابئین میں بھی دن میں پانچ مرتبہ عبادت کی جاتی تھی۔
2. **تیس دن کا روزہ** – یہ روایت بھی صابئین کے مذہب میں پہلے سے موجود تھی۔

یہ ثابت ہوتا ہے کہ **محمد ﷺ نے مختلف مذاہب کے اصولوں، رسومات اور عقائد کو چن کر قرآن میں شامل کیا۔**

نتیجہ

یہ تحقیق ظاہر کرتی ہے کہ **قرآن مختلف تحریروں، شاعری، سابقہ مذاہب اور متعدد افراد کے خیالات کا مجموعہ** ہے۔ محمد ﷺ نے **اس میں ترمیم و تدوین کا کام انجام دیا، لیکن وہ صرف "چیف ایڈیٹر "کی حیثیت رکھتے تھے، مصنف** نہیں۔

لہٰذا، قرآن کو "اللہ کی کتاب" کہنا **ایک بے بنیاد دعویٰ** ہے، کیونکہ یہ **مکمل طور پر انسانوں کی تخلیق کردہ کتاب ہے، جس میں مختلف ذرائع سے لیے گئے مواد کو یکجا کیا گیا ہے۔**

باب 01

قرآن کا مصنف کون تھا؟

اسلام کے مطابق، **قرآن کی مکمل طور پر اللہ کی تصنیف ہونے پر سوال اٹھانا ایک سنگین گستاخی ہے۔** اگر کوئی شخص قرآن کی **مستند حیثیت پر ذرا سا بھی شک** کرے تو **اسے موت کی سزا** کا سامنا کرنا پڑ سکتا ہے۔ **قرآن کو سب سے اعلیٰ اور مقدس تصور کیا جاتا ہے۔** اللہ کی تخلیق میں کوئی بھی چیز قرآن سے زیادہ مقدس نہیں مانی جاتی۔

لیکن **انسانی فطرت ہمیشہ سوال کرنے والی ہوتی ہے۔** اسی فطرت کے تحت میں نے **بچپن میں ہی قرآن کے مصنف ہونے پر شک کرنا شروع کر دیا تھا۔** جب مجھے رسمی طریقے سے قرآن کی تلاوت سکھائی گئی، تو میرے ذہن میں کئی سوالات پیدا ہونے لگے۔ میں نے **چند سال ایک مقامی مسجد میں ایک "حجور) "اسلامی استاد(سے ابتدائی قرآنی آیات سیکھنے میں گزارے۔**

یہ حجور **ہمیشہ اپنے ہاتھ میں ایک چمکدار بید رکھتا تھا، جسے وہ روزانہ تیل لگاتا تھا تاکہ وہ مضبوط اور لچکدار رہے۔** میں دعوے سے کہہ سکتا ہوں کہ **ہم میں سے کوئی بھی قرآن پڑھنا پسند نہیں کرتا تھا۔** قرآن کی تعلیم بچپن کی **سب سے بورنگ اور تکلیف دہ سرگرمی** تھی۔

ہم **طوطے کی طرح مخصوص** آیات **رٹتے تھے، بغیر ان کے معنی سمجھے۔** ہمارا حجور خود بھی **ان آیات کے معانی سے ناواقف تھا۔** جب بھی ہم نے کسی آیت کے بارے میں سوال پوچھا، تو **جواب کے بجائے ہمیں بید سے مار پڑتی۔**

قرآن سے نفرت کرنا شروع کر دی، **خاص طور پر ملاؤں کے سخت رویے نے ہمیں ان سے بھی متنفر کر دیا۔**

تحقیقی مرحلہ :قرآن کے اصل مصنفین

جب میں نے تحقیق شروع کی، تو میں نے پایا کہ **قرآن کی تدوین اور تحریر میں کئی لوگوں نے حصہ لیا تھا۔** یہ ایک ایسی حقیقت ہے جو **عام مسلمانوں کے علم میں نہیں**، **اور قرآن، احادیث اور سیرت میں گہرائی سے دفن ہے۔**

میرے نزدیک، **قرآن کو اللہ کی تخلیق کہنا انسانی تاریخ میں سب سے بڑا جھوٹ ہے**، جو **ہزار سال سے زیادہ عرصے سے عام لوگوں پر مسلط کیا جا رہا ہے۔**

درحقیقت، **یہ محمد ﷺ بھی نہیں تھے جنہوں نے مکمل طور پر قرآن لکھا تھا۔** بلکہ، قرآن کا **بڑا حصہ یا تو دوسرے لوگوں نے لکھا، یا ان کے خیالات سے متاثر ہو کر محمد ﷺ نے اسے ترتیب دیا۔**

کن لوگوں نے قرآن کی تدوین میں کردار ادا کیا؟

یہ وہ اہم شخصیات ہیں جنہوں نے قرآن کی تشکیل میں حصہ لیا:

1. **شاعری اور حنیفیت سے تعلق رکھنے والے لوگ**

- **امرو القیس** – ایک قدیم عرب شاعر، جو **محمد ﷺ کی پیدائش سے کئی دہائیوں پہلے انتقال کر گیا تھا۔**
- **زید بن عمرو بن نوفل** – **اپنے وقت کا ایک حنیفی مبلغ،** جو توحید کی تعلیم دیتا تھا۔
- **لبید** – ایک اور شاعر، جس کے خیالات کئی قرآنی آیات میں جھلکتے ہیں۔
- **حسان بن ثابت** – **محمد ﷺ کا سرکاری شاعر،** جس کی تحریریں قرآن میں شامل ہوئیں۔

2. عیسائی شخصیات جنہوں نے قرآن کی تشکیل میں حصہ لیا

- **سلمان فارسی – محمد ﷺ کے مشیر اور قریبی دوست،** جنہوں نے عیسائی اور ایرانی نظریات سے قرآن کو متاثر کیا۔
- **بحیرا راہب – ایک نسطوری عیسائی راہب،** جو محمد ﷺ سے ملا اور انہیں عیسائیت کی بنیادی تعلیمات فراہم کیں۔
- **جبر – محمد ﷺ کا عیسائی ہمسایہ،** جس نے کئی آیات کے حوالے دیے۔
- **ابن قمطہ – ایک عیسائی غلام،** جسے قرآن کی کتابت میں شامل کیا گیا۔

3. محمد ﷺ کے خاندان کے افراد

- **خدیجہ – محمد ﷺ کی پہلی بیوی،** جنہوں نے محمد ﷺ کی ابتدائی نبوت کو فروغ دیا۔
- **ورقہ بن نوفل – خدیجہ کے چچا زاد بھائی،** جو عیسائی تھے اور محمد ﷺ کی ابتدائی وحیوں پر اثر انداز ہوئے۔

4. محمد ﷺ کے قریبی صحابہ اور کاتب

- **ابی بن کعب – محمد ﷺ کا سیکرٹری اور قرآن لکھنے والا کاتب۔**
- **محمد ﷺ خود** – کچھ آیات کی تخلیق میں شامل تھے، خاص طور پر جنگی احکامات اور شرعی قوانین کے حوالے سے۔

دیگر شخصیات جنہوں نے قرآن میں حصہ لیا

- **صابئین (Sabeans)** – یہ ایک قدیم مذہبی گروہ تھا، جن کے مذہبی اصول)پانچ وقت کی نماز اور 30 دن کے روزے (اسلام میں شامل کیے گئے۔
- **عائشہ – محمد ﷺ کی کم عمر زوجہ،** جنہوں نے کئی قرآنی آیات کی تدوین میں کردار ادا کیا۔
- **عبداللہ بن سلام بن الحارث** – ایک یہودی جو اسلام قبول کر چکا تھا، اور اس نے قرآن کے کئی حصوں میں ترمیم کی۔

پیروکار بن گیا۔

نتیجہ :قرآن کی تدوین ایک اجتماعی عمل تھا

میری تحقیق کے مطابق، **قرآن کی تشکیل میں کئی افراد اور گروہوں نے حصہ لیا۔**

،قرآن کو **ایک مکمل الہامی کتاب سمجھنا حقیقت سے بہت دور ہے۔** یہ **مختلف مذاہب شاعری، اور تاریخی نظریات کا ایک مجموعہ ہے، جسے محمد ﷺ نے ایک کتابی شکل دی۔**

محمد ﷺ قرآن کے "مصنف "نہیں تھے بلکہ وہ اس کے "چیف ایڈیٹر "تھے۔

،یہ **فہرست مکمل نہیں،** بلکہ ممکن ہے کہ کئی اور لوگ بھی اس عمل میں شامل ہوں جن کے نام تاریخ میں دفن ہو چکے ہیں۔ مگر اس مختصر تحقیق میں درج نام **یہ ثابت کرنے کے لیے کافی ہیں کہ قرآن کسی ایک فرد کی تصنیف نہیں، بلکہ مختلف ذرائع سے مرتب کی گئی کتاب ہے۔**

باب 1 :قرآن اور اس کے مصنف کو سمجھنے کے لیے محمدﷺ کے پس منظر کو جاننا ضروری ہے

محمد ﷺ کو اسلام میں **اللہ کی سب سے بہترین اور آخری تخلیق** سمجھا جاتا ہے۔ لیکن اگر ہمیں **قرآن اور اس کے مصنف یا مصنفین** کو صحیح طور پر سمجھنا ہے تو ہمیں سب سے پہلے **محمد ﷺ کے پس منظر** کو جاننا ہوگا۔

محمد ﷺ کا مشرکانہ پس منظر

یہ ایک **ناقابلِ تردید حقیقت** ہے کہ **محمد ﷺ ایک مشرک خاندان میں پیدا ہوئے۔** ان کے والد **عبداللہ** اور والدہ آمنہ دونوں **بت پرست** تھے اور **کئی مختلف دیوتاؤں اور بتوں کی**

پوجا کرتے تھے۔ محمد ﷺ نے اپنی **پوری بچپن کی زندگی)کم از کم نوجوانی تک(مشرکانہ ماحول میں گزاری۔**

آج کے دور میں **زیادہ تر مسلمان** اس حقیقت کو قبول کرنا **بہت مشکل** سمجھتے ہیں۔ لیکن **ہشام بن الکلبی** نے اپنی مشہور کتاب **"کتاب الاصنام"** (بتوں کی کتاب) میں محمد ﷺ کے **مشرک ہونے کی تصدیق کی ہے۔**

ہشام ابن الکلبی)کتاب الاصنام، صفحہ 17 (میں لکھتے ہیں:

ہمیں بتایا گیا ہے کہ اللہ کے رسول نے ایک مرتبہ **العزیٰ** کا ذکر کرتے ہوئے فرمایا:" **میں نے العزیٰ)بت (کے لیے ایک سفید بھیڑ قربان کی، جب میں اپنی قوم کے مذہب پر تھا۔"**

اس بیان میں **محمد** ﷺ **خود اعتراف کر رہے ہیں کہ وہ اپنی جوانی میں قریش کے مذہب یعنی بت پرستی پر عمل کرتے تھے۔**

محمد ﷺ اور قریش کے دیوتا

ابتدائی طور پر، **محمد** ﷺ **نے بھی مشرکوں کے بڑے بتوں اور دیوتاؤں کی تعریف کی** اور قریش کے ساتھ متفق ہو گئے کہ **یہ دیوتا اللہ کے سفارشی)شفاعت کرنے والے(ہیں۔**

اسی صفحے پر **ہشام ابن الکلبی** مزید لکھتے ہیں کہ قریش کے لوگ **کعبہ کے گرد طواف** کرتے ہوئے یہ الفاظ کہا کرتے تھے:

"اللات، العزیٰ، اور منات، یہ سب بلند ترین مؤنث دیویاں ہیں جن کی شفاعت مانگی جاتی ہے۔"

یہ تینوں دیویاں **"اللہ کی بیٹیاں"** کہلاتی تھیں اور لوگ ان کے وسیلے سے اللہ سے مدد طلب کرتے تھے۔ جب **محمد** ﷺ **نے نبوت کا دعویٰ کیا**، تو قرآن میں **ان تین دیویوں کے بارے میں ایک وحی نازل ہوئی:**

سورۃ النجم)53:19-23(

"اور منات کو، جو تیسری (دیوی) ہے؟" **53:20**
"کیا تمہارے لیے بیٹے اور اس کے لیے بیٹیاں؟" **53:21**
"!یہ تو بہت ہی غیر منصفانہ تقسیم ہے" **53:22**
یہ صرف نام ہیں، جو تم نے اور تمہارے باپ دادا نے رکھے ہیں، ان کے" **53:23**
لیے اللہ کی کوئی سند نہیں اتری۔ وہ صرف گمان اور اپنی خواہشات کی پیروی کر
"رہے ہیں، حالانکہ ان کے پاس پہلے ہی ان کے رب کی طرف سے ہدایت آ چکی ہے۔

،یہ واضح کرتا ہے کہ **محمد ﷺ کی ابتدائی تعلیمات قریش کے مذہب کے قریب تھیں** اور بعد میں جب انہیں احساس ہوا کہ مشرکانہ خیالات کے خلاف ایک نیا نظریہ اپنانا زیادہ بہتر ہوگا، تو انہوں نے توحید کی تبلیغ شروع کی۔

محمد ﷺ کی نئی سوچ :توحید کی طرف سفر

جب **محمد ﷺ بالغ ہوئے اور "عکاظ "کے سالانہ مشاعرے** میں جانا شروع کیا، تو وہ **شاعروں کی فکر، آزادی، اور انسانیت کے نظریات** سے بہت متاثر ہوئے۔ یہی وہ وقت تھا جب انہوں نے **بت پرستی پر سوال اٹھانا شروع کیا اور ایک نیا تصور متعارف کرایا کہ ایک "واحد خدا "ہونا چاہیے۔**

یہ نظریہ اس وقت کے **یہودیوں اور عیسائیوں کے عقائد کے قریب** تھا۔ لیکن **محمد ﷺ کو یہ فیصلہ کرنے میں دشواری ہوئی کہ وہ کس خدا کو اپنائیں۔**

اللہ جو اس وقت **عربوں کے ہاں ایک چاند دیوتا کے طور پر جانا جاتا تھا**، قریش کے **سب سے بڑے دیوتا** کے طور پر پوجا جاتا تھا۔ مسلمانوں کے مقدس مقامات پر **چاند کا ہلال** (Crescent Moon) اسی دیوتا کی علامت کے طور پر موجود ہے۔

،قریش **اللہ کو "بڑا خدا "مانتے تھے**، لیکن اس کے ساتھ دوسرے بتوں جیسے **ہبل، اللات، العزیٰ، منات** کو اس کے سفارشی (وسیلے) کے طور پر پوجتے تھے۔

محمد ﷺ نے شروع میں اس نئی توحیدی سوچ میں اللہ کو شامل نہیں کیا تھا۔

محمد ﷺ اللہ کو اپنا خدا کیوں نہیں ماننا چاہتے تھے؟

اس وقت جادوگر، نجومی، عامل، اور یہاں تک کہ شیطان کے پجاری بھی "اللہ "کے نام پر قسمیں کھاتے تھے۔

لہٰذا، محمد ﷺ کے لیے یہ ناقابلِ برداشت تھا کہ وہ "اللہ "کو اپنا خدا تسلیم کریں۔ انہیں یہ خیال برا لگتا تھا کہ اللہ کو بطور "الہ "اپنایا جائے۔

لیکن بعد میں، جب محمد ﷺ کو احساس ہوا کہ وہ اللہ کو ایک "واحد اور برتر خدا "بنا کر ایک نیا مذہب تشکیل دے سکتے ہیں، تو انہوں نے توحید کی تبلیغ میں اللہ کو مرکزی حیثیت دے دی۔

نتیجہ

یہ تحقیق ظاہر کرتی ہے کہ محمد ﷺ شروع میں ایک مشرک پس منظر سے تعلق رکھتے تھے اور خود بھی ایک عرصے تک بت پرست رہے۔

ان کی ابتدائی زندگی میں:

- ✔ وہ بتوں کے لیے قربانی دیتے تھے۔
- ✔ انہوں نے مشرکین کے بڑے بتوں کی تعریف کی۔
- ✔ وہ قریش کے مذہب کے قریب تھے۔
- ✔ انہیں یہودیوں اور عیسائیوں کے خیالات نے متاثر کیا۔
- ✔ شروع میں انہوں نے اللہ کو اپنا خدا بنانے سے انکار کیا۔

یہ ثابت کرتا ہے کہ اسلام کا نظریہ محمد ﷺ کی اپنی فکری تبدیلیوں کا نتیجہ تھا، اور وہ بت پرستی سے توحید کی طرف آئے، لیکن ان کے مذہب میں کئی مشرکانہ عناصر اب بھی موجود رہے۔

مشرکین کے دور میں **یمن کے لوگ** ایک اور معبود کی عبادت کرتے تھے، جسے "**الرحمن**" کہا جاتا تھا۔ کچھ وقت کے لیے **محمد ﷺ نے بھی اللہ کی جگہ "الرحمن" کو بطور خدا اپنا لیا۔**

دلچسپ بات یہ ہے کہ "**الرحمن**" یہودیوں کے ہاں "**رحمانا**" (Rahmana) کے نام سے جانا جاتا تھا، جو **تلمودی دور** میں خدا کے لیے استعمال ہونے والا ایک لقب تھا۔

نولڈیکے (Noldeke) اپنی کتاب "**The Koran, The Origins of the Koran**" (صفحہ 53) میں لکھتے ہیں کہ محمد ﷺ نے **چالاکی سے "الرحمن" کا نام استعمال کیا تاکہ یہودیوں اور کچھ مشرکوں کو اپنے نئے مذہب میں شامل کیا جا سکے۔**

قریش کی الجھن: "الرحمن" کون تھا؟

جب **محمد ﷺ نے اپنے آپ کو "الرحمن" کا رسول قرار دیا**، تو **مکہ کے لوگ حیران رہ گئے۔**

قریش کو **"الرحمن" کے بارے میں کچھ معلوم نہ تھا**، سوائے **یمن یا الیمامہ میں پوجے جانے والے "الرحمن" کے**۔ کچھ مؤرخین کے مطابق، **"الرحمن" یمن کے ایک معبود کا نام تھا۔**

محمد ﷺ کے اس دعوے کی **تصدیق کے لیے قریش نے ایک وفد مدینہ کے یہودیوں کے پاس بھیجا** تاکہ وہ یہ جان سکیں کہ **"الرحمن" واقعی کوئی الٰہی ہستی تھی یا صرف ایک مقامی معبود۔**

ابن سعد کی تاریخی روایت

مشہور اسلامی مؤرخ ابن سعد اپنی کتاب **"الطبقات الکبریٰ) "جلد 1، صفحات 189-190)** میں لکھتے ہیں:

"قریش نے نضر بن حارث بن علقمہ اور عقبہ بن ابی معیط کو مدینہ بھیجا تاکہ یہودیوں سے محمد)ﷺ (کے بارے میں معلوم کریں۔

وہ یہودیوں کے پاس گئے اور کہا: **ہمارے درمیان ایک بڑا واقعہ پیش آیا ہے۔**

ہمارے درمیان ایک یتیم شخص ہے جو بڑا دعویٰ کر رہا ہے کہ وہ "الرحمن "کا رسول ہے، جبکہ ہم "الرحمن" کو صرف **الیمامہ کے معبود کے طور پر جانتے ہیں۔**

یہودیوں نے کہا: **ہمیں اس کی تفصیلات بتاؤ۔**

قریش نے محمد (ﷺ) کی صفات بیان کیں، جس پر یہودیوں نے پوچھا: **اس کے پیروکار کون ہیں؟**

قریش نے کہا: **ہمارے معاشرے کے کمزور اور نچلے طبقے کے لوگ۔**

یہ سن کر **ایک یہودی عالم** ہنس **پڑا اور کہا :یہ وہی نبی ہے جس کی صفات ہماری کتابوں میں لکھی ہیں، اور** ہم **جانتے ہیں کہ اس کی قوم** ہی **اس کی سب سے بڑی دشمن ہوگی۔"**

محمد ﷺ کی الجھن :خدا کون ہے؟

اگر ہم **قرآن کی ابتدائی 50 سورتوں** (ترتیب نزول کے مطابق) کو غیر جانبداری سے پڑھیں، تو ہمیں **محمد ﷺ کی الجھن صاف نظر آتی ہے۔** وہ یہ **فیصلہ نہیں کر پا رہے تھے کہ ان کا معبود کون ہے :اللہ، رب، یا الرحمن؟**

محمد ﷺ کے خدا کے بارے میں ابتدائی نظریات کی درجہ بندی:

106, 75) → کل 11 سورتیں

2. "الرحمن "اور "رب" – سورة)36, 55(→کل 2 سورتیں"
3. "الرحمن"، "الله "اور "رب" – سورة)20(→کل 1 سورة"
4. "25, 72, 7, 38, 50, 85, 53, 87, 81, 74, 73, 96(الله "اور "رب" – سورة),
35, 56, 26, 27, 28, 17) → کل 18 سورتیں

نتیجہ :محمد ﷺ کی ابتدائی مذہبی الجھن

- ✔ **محمد ﷺ ابتدا میں ''رب ''کو خدا کے طور پر مانتے تھے۔**
- ✔ پھر انہوں نے **''الرحمن ''کا نام اپنایا، جو یہودیوں اور کچھ مشرکوں میں جانا پہچانا تھا۔**
- ✔ **قریش الجھن میں پڑ گئے** کہ **''الرحمن ''کون تھا۔**
- ✔ بعد میں **محمد ﷺ نے ''الله ''کو واحد خدا کے طور پر تسلیم کر لیا۔**

یہ تمام شواہد یہ ثابت کرتے ہیں کہ **محمد ﷺ ابتدا میں خدا کے تصور کو لے کر تذبذب کا شکار تھے**، اور بعد میں **انہوں نے مختلف خیالات کو یکجا کر کے ''الله ''کو اپنے مذہب کا مرکزی معبود بنا دیا۔**

باب 1 :محمد ﷺ کی ابتدائی گمراہی اور ان کے مذہب کی بنیادیں

قرآن خود اس بات کی تصدیق کرتا ہے کہ **جب محمد ﷺ نے اپنے نئے مذہب کی تبلیغ شروع کی، تو وہ گمراہی اور الجھن کا شکار تھے اور دین کے بارے میں زیادہ نہیں جانتے تھے۔**

قرآن میں محمد ﷺ کی ابتدائی گمراہی کا ذکر:

محمد ﷺ گمراہ تھے، پھر الله نے انہیں ہدایت دی:

سورة الضحیٰ)93:7(

"اور اس نے تمہیں بھٹکتا ہوا پایا، تو ہدایت دی۔"

محمد ﷺ پہلے دین سے بے خبر تھے:

سورۃ یوسف)12:3(

"ہم تمہیں سب سے بہترین واقعات سناتے ہیں، کیونکہ ہم نے تم پر یہ قرآن نازل کیا، اور اس سے پہلے تم ان میں سے کچھ بھی نہیں جانتے تھے۔"

سورۃ الشوریٰ)42:52(

"اور اسی طرح ہم نے اپنے حکم سے تمہاری طرف وحی بھیجی، تم نہ تو یہ جانتے تھے کہ وحی کیا ہوتی ہے اور نہ ایمان کیا ہے۔ لیکن ہم نے اس قرآن کو نور بنایا، جس کے ذریعے ہم اپنے بندوں میں سے جس کو چاہتے ہیں، ہدایت دیتے ہیں، اور بے شک تم سیدھے راستے کی طرف رہنمائی کرتے ہو۔"

یہ آیات صاف ظاہر کرتی ہیں کہ محمد ﷺ کو پہلے وحی، ایمان، اور مذہب کے بارے میں کچھ معلوم نہ تھا۔

محمد ﷺ نے اپنے نئے مذہب کی بنیادی تعلیمات کہاں سے سیکھیں؟

یہاں دو اہم شخصیات آتی ہیں:

1. امرو القیس (Imrul Qais) – ایک عظیم عرب شاعر
2. زید بن عمرو – ایک حنیفی مبلغ

ابتدائی تحریک

قدیم عرب میں **شاعری ایک عظیم شوق** تھا۔ عرب معاشرے میں **شاعروں کو بہت عزت دی جاتی تھی**، اور ان کے کلام کو تقریباً **الٰہی الفاظ** کے برابر سمجھا جاتا تھا۔

صحرا کی سخت زندگی میں، جہاں تفریح کے ذرائع نہ ہونے کے برابر تھے، شاعری ہی لوگوں کے جذباتی اور فکری سکون کا ذریعہ تھی۔ جنگ، محبت، انتقام، بہادری، اور علم کے جذبات کو شاعری کے ذریعے بیان کیا جاتا تھا۔

عربوں میں **سات مشہور ترین شاعروں** کے اشعار **کعبہ کی دیواروں پر سونے سے لکھ کر لٹکائے گئے تھے**، جنہیں "**المعلقات** (Muallakat)" یا "**معلق قصائد**" کہا جاتا تھا۔

ہیوگز کی "ڈکشنری آف اسلام (Hughes' Dictionary of Islam, p.460)" میں لکھا ہے کہ ان اشعار کو "**مزہبات** (Muzahhabat)" **بھی کہا** یا "**سنہری اشعار**" **جاتا تھا، کیونکہ یہ سونے میں لکھے گئے تھے۔**

ان سات مشہور شاعروں کے نام یہ تھے:

1. زہیر
2. طرفہ
3. **امرو القیس**
4. عمرو ابن کلثوم
5. الحارث
6. عنترہ
7. لبید

امرو القیس :عربی شاعری کا لیجنڈ

ان سات مشہور شاعروں میں سب سے زیادہ مشہور امرو القیس تھا، جسے عربی شاعری کا "بادشاہ" کہا جاتا تھا۔

- ✔ وہ ایک رئیس زادے تھے، کیونکہ ان کے والد ایک عرب قبیلے کے سردار تھے۔
- ✔ محبت اور شاعری کے شوق میں انہوں نے اپنے والد کو ناراض کر دیا، جس کی وجہ سے انہیں محل سے نکال دیا گیا۔
- ✔ وہ خانہ بدوش بن گئے اور اپنی باقی زندگی تنہائی میں بسر کی، اپنی شاعری کو زندہ رکھتے ہوئے۔
- ✔ بعد میں، جب ان کے قبیلے کو ایک جنگ میں شکست ہوئی، تو وہ دربدر پھرتے رہے۔
- ✔ آخرکار وہ قسطنطنیہ (Constantinople) پہنچے، جہاں کہا جاتا ہے کہ انہیں رومی بادشاہ نے قتل کروا دیا کیونکہ وہ ایک رومی شہزادی کے دل میں اپنی شاعری کے ذریعے جگہ بنانے میں کامیاب ہو گئے تھے۔

وہ 530-540 عیسوی کے درمیان فوت ہوئے، محمد ﷺ کی پیدائش سے پہلے۔

محمد ﷺ پر امرو القیس کے اثرات

- ✔ امرو القیس کے اشعار عربوں کے درمیان زبانی یاد کیے جاتے تھے، اور محمد ﷺ نے بھی یقیناً ان اشعار کو یاد کیا ہوگا۔
- ✔ محمد ﷺ نے امرو القیس کو "عرب کا سب سے عظیم شاعر" قرار دیا تھا۔
- ✔ اس میں کوئی شک نہیں کہ قرآن کی ابتدائی سورتوں میں محمد ﷺ نے امرو القیس کی طرز کو اپنانے کی کوشش کی۔

نتیجہ :محمد ﷺ کی ابتدائی الجھن اور شاعری کا اثر

- ✔ قرآن خود کہتا ہے کہ محمد ﷺ شروع میں الجھن اور گمراہی کا شکار تھے۔
- ✔ انہیں مذہب، وحی، اور ایمان کے بارے میں کوئی معلومات نہیں تھیں۔
- ✔ قدیم عرب کی شاعری اور خاص طور پر امرو القیس کے اشعار کا ان پر گھرا اثر تھا۔

مذہب میں شامل کیا۔

یہ تمام شواہد اس بات کو ثابت کرتے ہیں کہ **قرآن کا ابتدائی اسلوب اور نظریات مکمل طور پر "الہامی "نہیں، بلکہ عربی شاعری سے متاثر تھے۔**

باب 1 :قرآن کی ابتدائی سورتیں اور ان کی اصلیت

عام طور پر **قرآن کے تاریخی مؤرخین** یہ بیان کرتے ہیں کہ **سورۃ العلق)96(** پہلی ،وحی تھی جو محمد ﷺ پر نازل ہوئی۔ لیکن اگر ہم قرآن کا **گہرا اور منظم مطالعہ کریں** تو یہ معلوم ہوتا ہے کہ **یہ دعویٰ درست نہیں ہو سکتا۔**

اسلامی ذرائع کا (Hughes' Dictionary of Islam, p.485) **"ڈکشنری آف اسلام"** حوالہ دیتے ہوئے لکھتا ہے کہ **قرآن کی بعض ابتدائی سورتیں، جو سورۃ العلق)96(سے بھی پہلے نازل ہوئیں، غالباً یہ تھیں:**

1. **سورۃ الزلزال)99 (– زمین کا زلزلہ**
2. **سورۃ العصر)103 (– وقت کی قسم**
3. **سورۃ العادیات)100 (– تیز دوڑنے والے گھوڑے**
4. **سورۃ الفاتحہ)1 (– آغاز**

یہ تمام سورتیں مختصر، روحانی طور پر گہری، اور سننے والوں کو متوجہ کرنے والی تھیں۔

چند ابتدائی قرآنی سورتوں کا جائزہ

سورۃ الزلزال)99 (– زمین کا زلزلہ

99:1 ،جب زمین اپنی پوری شدت کے ساتھ ہلا دی جائے گی
99:2 ،اور زمین اپنے تمام بوجھ باہر نکال دے گی
99:3 "اور انسان گھبرا کر کہے گا: "اسے کیا ہو گیا ہے؟
99:4 ،اس دن وہ اپنی خبریں بیان کرے گی
99:5 کیونکہ تیرے رب نے اسے ایسا کرنے کا حکم دیا ہوگا۔

اس دن لوگ الگ الگ گروہوں میں باہر نکلیں گے تاکہ انہیں ان کے اعمال **99:6**
دکھائے جائیں،
پھر جس نے ذرہ برابر نیکی کی ہوگی، وہ اسے دیکھے گا، **99:7**
اور جس نے ذرہ برابر برائی کی ہوگی، وہ بھی اسے دیکھے گا۔ **99:8**

سورۃ العصر (103) – **وقت کی قسم**

زمانے کی قسم، **103:1**
بے شک انسان خسارے میں ہے، **103:2**
سوائے ان کے جو ایمان لائے اور نیک عمل کیے، اور ایک دوسرے کو حق **103:3**
اور صبر کی تلقین کی۔

امرو القیس اور قرآن کی مماثلت

مشہور مستشرق **W. St. Clair-Tisdall** اپنی تحقیق **"The Origins of the Koran"** (صفحہ 235-236) میں **سبع معلقات** **(Saba Mu'allaqat)** اور قرآن **کے کچھ حصوں کے درمیان قریبی مماثلت** کا ذکر کرتے ہیں۔

مثال کے طور پر، قرآن اور قدیم عربی شاعری میں پائے جانے والے مشابہہ اشعار:

سورۃ القمر (54:1) ✔

"قیامت کی گھڑی قریب آ گئی، اور چاند پھٹ گیا۔"

سورۃ الضحی (93:1) ✔

"روشن صبح کی قسم!"

W. St. Clair-Tisdall اس آیت (54:1) پر تبصرہ کرتے ہوئے لکھتے ہیں:

"اس دور کا رواج تھا کہ خطیب اور شعراء اپنی تخلیقات کو کعبہ کی دیواروں پر لٹکاتے تھے، اور ہمیں معلوم ہے کہ سبع معلقات (سات مشہور قصائد) بھی وہیں آویزاں تھے۔

چاند پھٹ گیا" پڑھ رہی تھیں، تو اسی وقت امرو القیس کی بیٹی نے سنا اور حیران ہو کر کہا:

"یہ تو میرے والد کے اشعار میں سے ایک ہے، اور تمہارے والد)محمد ﷺ (نے اسے آسمان سے نازل شدہ قرار دے دیا!"

یہ واقعہ آج بھی عربوں میں مشہور ہے۔

قرآن اور امرو القیس کی شاعری کے درمیان تعلق

✔ **W. St. Clair-Tisdall** مزید لکھتے ہیں (The Origins of the Koran, p.236):

"امرو القیس کی شاعری اور قرآن کے درمیان تعلق اتنا واضح ہے کہ مسلمانوں کو ماننا پڑے گا کہ یہ اشعار قرآن کے ساتھ ازل سے لوح محفوظ میں موجود تھے!

لیکن اس کا جواب کیا ہوگا؟ کہ یہ الفاظ قرآن سے لیے گئے اور بعد میں امرو القیس کی شاعری میں شامل کیے گئے؟ یہ ناممکن ہے!

یا یہ کہیں گے کہ امرو القیس اصل میں اس کا مصنف نہیں تھا، بلکہ کوئی اور تھا جس نے قرآن کے نازل ہونے کے بعد اس کی شاعری میں یہ اشعار شامل کر دیے؟ یہ بات ثابت کرنا بھی ناممکن ہے!"

یہ شواہد اس **حقیقت کی طرف اشارہ کرتے ہیں کہ قرآن کی کئی ابتدائی آیات امرو القیس جیسے شاعروں کے اشعار سے متاثر ہوئیں۔**

"اللہ "کا ذکر قدیم عرب شاعری میں بھی موجود تھا

✔ درحقیقت، "**اللہ "کا نام سبع معلقات میں بھی ملتا ہے**، خاص طور پر **مشہور شاعر "لبید" (Labid) کے دیوان میں۔**

✔ اگر مسلمان یہ دعویٰ کرتے ہیں کہ قرآن "اللہ کا کلام "ہے، تو سوال یہ پیدا ہوتا ہے:

"کیا اللہ نے قرآن کے کچھ اشعار امرو القیس سے کاپی کیے؟"

اگلا موضوع :زید بن عمرو کا قرآن کی تدوین میں کردار

✔ ہم نے دیکھا کہ **محمد ﷺ کی ابتدائی تعلیمات اور قرآنی آیات امرو القیس جیسے قدیم عربی شاعروں سے متاثر ہو سکتی ہیں۔**

✔ لیکن **محمد ﷺ کی مذہبی سوچ پر ایک اور شخصیت کا گہرا اثر تھا :زید بن عمرو۔**

✔ اگلے باب میں ہم دیکھیں گے کہ **زید بن عمرو نے قرآن کے مضامین اور اسلامی عقائد پر کیسے اثر ڈالا۔**

باب 02

اللہ کے کلام میں کوئی تبدیلی نہیں ہو سکتی

اللہ کے کلام میں کوئی تبدیلی ممکن نہیں

مسلمان عام طور پر یہ دعویٰ کرتے ہیں کہ **بائبل میں تحریف ہو چکی ہے اور تورات و انجیل کو بدل دیا گیا ہے۔** لیکن یہ **دیکھنا ضروری ہے کہ خود قرآن اس بارے میں کیا کہتا ہے۔**

سورۃ یونس)10:64(میں اللہ خود گواہی دیتا ہے:

"اللہ کے کلمات میں کوئی تبدیلی نہیں ہو سکتی۔ یہی سب سے بڑی کامیابی ہے۔"
(یوسف علی ترجمہ)

"اللہ کے کلمات کو کوئی نہیں بدل سکتا، اور یہی سب سے بڑی کامیابی ہے۔"
(پکتھال ترجمہ)

اوپر دی گئی قرآنی آیت **واضح طور پر کہتی ہے کہ اللہ کے الفاظ میں کوئی تبدیلی نہیں ہو سکتی۔**

ہم پہلے ہی دیکھ چکے ہیں کہ **قرآن خود تصدیق کرتا ہے کہ تورات، زبور اور انجیل اللہ کے الفاظ** ہیں۔

لہٰذا، اگر اللہ کے کلام میں تبدیلی ممکن نہیں، تو بائبل میں تبدیلی کیسے ہو سکتی ہے؟

اگر بائبل بدلی گئی ہے، تو قرآن غلط ثابت ہوتا ہے

"اللہ کے کلمات کو کوئی نہیں بدل سکتا" – یہ قرآن کی اپنی تعلیم ہے۔

لیکن مسلمانوں کے اپنے عقیدے کے برعکس، وہ دعویٰ کرتے ہیں کہ یہود و نصاریٰ نے اپنی مقدس کتابوں میں تحریف کر دی۔
یہ ایک کھلا تضاد ہے اور **خود قرآن کی تعلیمات کے خلاف ہے۔**

دو اہم نکات جو قرآن میں بیان کیے گئے ہیں:

- ✔ **پہلا:** تورات، زبور اور انجیل **"اللہ کے الفاظ"** ہیں۔
- ✔ **دوسرا: "اللہ کے کلام کو کوئی نہیں بدل سکتا۔"**

اگر مسلمان قرآن کو سچا مانتے ہیں، تو انہیں یہ بھی ماننا پڑے گا کہ **بائبل میں کوئی تبدیلی نہیں ہوئی۔**
لیکن اگر وہ یہ مانتے ہیں کہ **یہود و نصاریٰ نے بائبل میں تحریف کی، تو اس کا مطلب یہ ہوگا کہ وہ اللہ سے زیادہ طاقتور ہیں، جو کہ ناممکن ہے۔**

اگر بائبل بدل دی گئی، تو اس کے کیا نتائج ہوں گے؟

1. **یہ ثابت ہوگا کہ اللہ اپنی کتاب کو محفوظ رکھنے میں ناکام رہا۔**
2. **یہ تسلیم کرنا پڑے گا کہ انسان، اللہ سے زیادہ طاقتور ہیں، کیونکہ وہ اللہ کے کلام میں تبدیلی کر سکتے ہیں۔**
3. **یہ ماننا پڑے گا کہ قرآن کی یہ آیات غلط ہیں، جو کہتی ہیں کہ اللہ کے الفاظ میں کوئی تبدیلی ممکن نہیں۔**

نتیجہ :بائبل کی تحریف کا دعویٰ قرآن کے خلاف ہے

اللہ کے کلام کو تبدیل نہیں کیا جا سکتا – یہ قرآن کی تعلیم ہے۔ ✔
تورات، زبور اور انجیل اللہ کے کلام ہیں – یہ بھی قرآن کہتا ہے۔ ✔
لہٰذا، بائبل میں تبدیلی کا دعویٰ قرآن کی مخالفت کرتا ہے۔ ✔

اگر مسلمان یہ مانیں کہ بائبل تبدیل ہو چکی ہے، تو اس کا مطلب یہ ہوگا کہ وہ خود قرآن کو جھوٹا ثابت کر رہے ہیں۔
لہٰذا، بائبل کی تحریف کا عقیدہ صرف قرآن کا انکار کرنے کے مترادف ہے۔

کیا اللہ اپنے کلام کو محفوظ رکھنے کی طاقت نہیں رکھتا؟
اگر قرآن کہتا ہے کہ اللہ کے الفاظ نہیں بدلے جا سکتے، تو پھر بائبل کو بدلنے کا دعویٰ سراسر جھوٹا ہے۔

لہٰذا، بائبل ہمیشہ سے اللہ کا سچا اور محفوظ کلام رہی ہے، اور اس میں کوئی تبدیلی نہیں ہوئی۔

باب 2 :مسلمانوں کا نیا جھوٹ – اصل تورات اور انجیل کہاں ہیں؟

جب مسلمانوں کو یہ احساس ہوتا ہے کہ **ان کا یہ مؤقف کہ بائبل میں تحریف ہو چکی ہے، ناقابلِ دفاع ہے**، تو وہ ایک **نیا دعویٰ گھڑ لیتے ہیں۔**

وہ کہتے ہیں کہ اصل تورات اور انجیل تو اللہ کی طرف سے نازل کی گئی تھیں، لیکن بائبل میں موجود تورات اور انجیل بدل دی گئی ہیں۔

لیکن یہ **کیسے ممکن ہے؟**

جب قرآن نے تورات اور انجیل کی تصدیق کی، تو اس وقت یہی بائبل میں موجود تھی!
اگر قرآن میں موجود آیات ان کتابوں کی تصدیق کر رہی تھیں، تو ان میں تحریف کا دعویٰ جھوٹا ثابت ہوتا ہے۔

قرآن کی گواہی کہ تورات اور انجیل اللہ کی طرف سے نازل کردہ ہیں

سورۃ المائدہ (5:66) میں کہا گیا:

"اگر وہ تورات اور انجیل اور جو کچھ ان کے رب کی طرف سے نازل ہوا، اس پر عمل کرتے، تو وہ اپنے اوپر اور نیچے سے رزق پاتے۔" (وحید الدین خان ترجمہ)

یہ آیت **واضح طور پر** بتاتی ہے کہ **محمد ﷺ کے دور میں تورات اور انجیل موجود تھیں اور قابلِ عمل تھیں۔**
اگر یہ کتابیں بدل چکی ہوتیں، تو اللہ مسلمانوں کو یہ نہ کہتا کہ وہ ان پر عمل کریں۔

مسلمانوں کا دوہرا معیار - بائبل کی تحریف کا جھوٹا دعویٰ

- ✔ **مسلمان دعویٰ کرتے ہیں کہ بائبل میں تحریف ہو چکی ہے۔**
- ✔ **لیکن جب وہ محمد ﷺ کی پیش گوئی کے لیے کوئی حوالہ دیتے ہیں، تو وہ اسی بائبل سے تورات اور انجیل کی آیات نقل کرتے ہیں!**
- ✔ **اگر بائبل میں تحریف ہو چکی ہوتی، تو وہ اسی کتاب سے محمد ﷺ کی نبوت ثابت کرنے کے لیے آیات کیوں استعمال کرتے؟**
- ✔ **یہ اس بات کا ثبوت ہے کہ وہ خود بائبل کو سچا مانتے ہیں، لیکن صرف اپنی بحث جیتنے کے لیے اسے جھوٹا قرار دیتے ہیں۔**

اگر بائبل تبدیل ہو چکی ہے، تو اصل تورات اور انجیل کہاں ہیں؟

- ✔ اگر مسلمانوں کا دعویٰ سچ ہوتا کہ بائبل بدل گئی ہے، تو انہیں اصل تورات اور انجیل پیش کرنی چاہیے۔
- ✔ لیکن حقیقت یہ ہے کہ مسلمانوں کے پاس ان کے مبینہ "اصل "نسخوں کی ایک بھی کاپی موجود نہیں۔
- ✔ اگر اللہ کا وعدہ تھا کہ اس کا کلام کبھی تبدیل نہیں ہوگا، تو وہ مکمل طور پر غائب کیسے ہو سکتا ہے؟
- ✔ اگر کوئی کتاب "محفوظ "ہے، تو اس کا مطلب یہ ہوتا ہے کہ وہ نہ تو بدلی جا سکتی ہے اور نہ کھو سکتی ہے۔

لہٰذا، سوال یہ ہے :وہ اصل غیر تحریف شدہ تورات اور انجیل کہاں ہیں جن کی مسلمان بات کرتے ہیں؟

مسلمانوں کے اپنے عقیدے میں تضاد اور قرآن کی مخالفت

مسلمان دو انتہائی خطرناک دعوے کرنے پر مجبور ہو جاتے ہیں:

1. یا تو وہ یہ مانیں کہ اللہ اپنی کتابوں کو محفوظ رکھنے میں ناکام ہو گیا، اور وہ کھو چکی ہیں۔
2. یا پھر وہ یہ کہیں کہ اللہ کے کلام کو بدل دیا گیا ہے، جو کہ خود قرآن کی تعلیمات کے خلاف ہے۔

- ✔ دونوں صورتوں میں، مسلمان خود اس بات کا اعتراف کر رہے ہیں کہ قرآن کی تعلیمات غلط ہیں۔

✔ اگر وہ مانتے ہیں کہ بائبل بدل چکی ہے، تو وہ قرآن کو جھوٹا قرار دے رہے ہیں، کیونکہ قرآن کہتا ہے کہ اللہ کے کلام میں تبدیلی نہیں ہو سکتی۔

نتیجہ :مسلمان خود قرآن کی گواہی کے خلاف جا رہے ہیں

✔ قرآن نے تورات اور انجیل کو اللہ کا کلام قرار دیا۔
✔ قرآن نے کہا کہ اللہ کے کلام کو کوئی نہیں بدل سکتا۔
✔ مسلمان کہتے ہیں کہ بائبل میں تحریف ہو چکی ہے۔
✔ اگر مسلمان سچ بول رہے ہیں، تو اس کا مطلب ہے کہ قرآن غلط ہے!

یہ ایک ناقابلِ تردید حقیقت ہے کہ مسلمان جب بائبل کی تحریف کا دعویٰ کرتے ہیں، تو وہ دراصل قرآن کی سچائی کو رد کر رہے ہوتے ہیں۔

لہٰذا، بائبل تبدیل نہیں ہوئی – بلکہ مسلمانوں کا عقیدہ تضادات سے بھرا ہوا ہے!

باب 2 :مسلمانوں کا المیہ – کیا قرآن کا وعدہ جھوٹا ہے؟

اگر ہم مسلمانوں کے اس دعوے کو مان بھی لیں کہ بائبل میں موجود تورات اور انجیل اصل نہیں بلکہ بدل دی گئی ہیں، تب بھی یہ حقیقت کہ یہ "اصل "نسخے مکمل طور پر کھو چکے ہیں، خود قرآن کو غلط ثابت کرتی ہے۔

قرآن یہ وعدہ کرتا ہے کہ "اللہ کے کلام کو ہمیشہ کے لیے محفوظ رکھا جائے گا"، لیکن اگر اصل تورات اور انجیل کھو چکی ہیں، تو یہ قرآن کے وعدے کی کھلی خلاف ورزی ہے۔

حقیقت کیا ہے؟

✔ اصل تورات اور انجیل وہی ہیں جو آج بائبل میں موجود ہیں۔
✔ مسلمانوں کے پاس ان کے دعوے کے مطابق کوئی "اصل "تورات یا انجیل موجود نہیں۔

ثابت کرنے کے لیے استعمال کرتے۔

اسی لیے، جب مسلمان تورات اور انجیل کا حوالہ دیتے ہیں، تو وہ صرف بائبل میں درج تورات اور انجیل سے ہی دلائل لیتے ہیں۔

یہی اصل کتابیں ہیں!

اگر مسلمان اس سادہ حقیقت کو تسلیم نہیں کرتے، تو ان کے پاس صرف ایک ہی متبادل رہ جاتا ہے:

یہ مان لینا کہ اللہ نے جھوٹ بولا، اور اس نے اپنے کلام کو محفوظ نہیں رکھا! ✔

مسلمانوں کا دوہرا معیار – بائبل کے کچھ حصے سچے، باقی جھوٹے؟

مسلمان بائبل کے کچھ حصوں کو سچ مانتے ہیں، خاص طور پر وہ جو محمد ﷺ کی پیش گوئی کے متعلق ہوں۔ ✔
لیکن باقی تمام حصوں کو وہ "تحریف شدہ" کہتے ہیں۔ ✔

یہ ثبوت ہے کہ مسلمان مان رہے ہیں کہ اللہ کے کلام کا کچھ حصہ بدل چکا ہے۔

لیکن یہ بھی ایک ناقابلِ تردید حقیقت ہے کہ بائبل میں جو تورات اور انجیل محفوظ ہیں، وہی واحد دستیاب کتابیں ہیں۔

لہٰذا، اگر مسلمان بائبل کو تحریف شدہ کہتے ہیں، تو اس کا مطلب یہ ہوگا کہ ✔ انہوں نے اصل "اللہ کے الفاظ" پر تحریف کا الزام لگا دیا – جو کہ ایک کھلی گستاخی ہے۔

کیا اللہ کے الفاظ تبدیل ہو سکتے ہیں؟

- ✔ ''قرآن کہتا ہے'' :نہیں، اللہ کے الفاظ نہیں بدلے جا سکتے۔
- ✔ ''مسلمان کہتے ہیں :''ہاں، بائبل کے الفاظ بدل دیے گئے ہیں۔

اس کا مطلب یہ ہے کہ جب بھی مسلمان بائبل میں تحریف کا دعویٰ کرتے ہیں، وہ ساتھ ہی قرآن کو جھوٹا بھی قرار دے رہے ہوتے ہیں!

مسلمان بائبل کو تحریف شدہ ثابت کرنے کے لیے اتنے بضد کیوں ہیں؟

- ✔ جب محمد ﷺ کے بعد مسلمان عیسائی علاقوں میں گئے، تو انہوں نے بائبل کی تعلیمات کو مختلف پایا۔
- ✔ مسلمانوں کے پاس دو ہی راستے تھے:

1. یہ ماننا کہ محمد ﷺ کی تعلیمات میں غلطی تھی۔
2. یہ جھوٹ گھڑنا کہ بائبل بدل دی گئی ہے۔

- ✔ افسوس کی بات یہ ہے کہ انہوں نے دوسرا راستہ اختیار کیا!

مسلمان پہلے سے ہی یہ مفروضہ رکھتے ہیں کہ بائبل تبدیل ہو چکی ہے، اور پھر اس کے لیے ''ثبوت ''تلاش کرتے ہیں۔

- ✔ وہ بائبل کو کھولنے سے پہلے ہی اسے جھوٹا سمجھنے پر مجبور ہوتے ہیں۔
- ✔ اگر وہ بائبل کو سچا مان لیں، تو وہ مسلمان نہیں رہ سکتے!

- ✔ **اگر بائبل کا غیر جانبدار مطالعہ کیا جائے، تو یہ واضح ہو جاتا ہے کہ مسلمانوں کا بائبل میں تحریف کا دعویٰ محض ایک مفروضہ ہے۔**
- ✔ **تمام تاریخی اور آثارِ قدیمہ کے شواہد یہی ثابت کرتے ہیں کہ بائبل آج بھی ویسی ہی ہے جیسی اصل میں خدا نے نازل کی تھی!**

ہاں! بائبل **اللہ کا سچا اور غیر متبدل کلام ہے!**

باب 2 :آج کی بائبل ہی خدا کا اصل اور غیر متبدل کلام ہے

یہ ایک ناقابلِ تردید حقیقت ہے کہ **آج ہمارے پاس موجود بائبل خدا کا اصلی، مستند اور غیر تحریف شدہ کلام ہے۔** بائبل کی اصل حیثیت اور اس کی سچائی کے ثبوت نہ صرف تاریخی شواہد میں پائے جاتے ہیں بلکہ **خود قرآن بھی بائبل کی صداقت کی تصدیق کرتا ہے۔**

اس باب میں، ہم قرآن کی وہ آیات پیش کریں گے جو بائبل کی سچائی اور اس کی غیر متبدل حیثیت کی تصدیق کرتی ہیں۔ ہم یہ ثابت کریں گے کہ اگر مسلمان قرآن کو سچ مانتے ہیں، تو انہیں بائبل کو بھی خدا کا محفوظ کلام ماننا ہوگا۔

مزید برآں، ہم **بائبل کی تحریری تاریخ کے قدیم ترین مخطوطات کے شواہد بھی فراہم کریں گے۔** یہ مخطوطات ثابت کرتے ہیں کہ **بائبل کے الفاظ آج بھی ویسے ہی ہیں جیسے وہ اصل میں خدا کی طرف سے نازل کیے گئے تھے۔**

یہ تمام شواہد ہمیں یہ یقین دلاتے ہیں کہ بائبل کی صداقت پر کوئی سوال نہیں اٹھایا جا سکتا۔ بائبل نہ تو تبدیل ہوئی ہے اور نہ ہی تحریف کا شکار ہوئی ہے بلکہ **یہ خدا کا زندہ اور قائم رہنے والا کلام ہے، جو ہر زمانے میں انسانوں کی رہنمائی کے لیے محفوظ رکھا گیا ہے۔**

باب 03

خدا کا کلام کامل ہے

خدا کا کلام کامل اور غیر متبدل ہے

قرآن میں یہ **واضح طور پر بیان کیا گیا ہے** کہ **اللہ کے الفاظ کبھی تبدیل نہیں ہو سکتے۔** یہ حقیقت **مسلمانوں کے اس جھوٹے دعوے کو رد کرتی ہے کہ بائبل میں تحریف ہو چکی ہے۔**

سورۃ الانعام)6:115 (میں اللہ فرماتا ہے:

"تمہارے رب کا کلام سچائی اور انصاف میں مکمل ہے۔ کوئی بھی اس کے الفاظ کو بدل نہیں سکتا۔ وہ سب کچھ سننے والا، سب کچھ جاننے والا ہے۔" (پکتھال ترجمہ)

"تمہارے رب کے الفاظ سچائی اور انصاف میں کامل ہیں؛ کوئی انسان اس کے الفاظ کو تبدیل نہیں کر سکتا؛ وہ سب کچھ سننے والا، سب کچھ جاننے والا ہے۔" (آربری ترجمہ)

✔ یہ آیت کسی بھی شک و شبہ کے بغیر کہتی ہے کہ "اللہ کے الفاظ "کبھی بھی تبدیل نہیں ہو سکتے۔
✔ قرآن پہلے ہی گواہی دے چکا ہے کہ تورات، زبور اور انجیل "اللہ کا کلام "ہیں۔
✔ لہٰذا، یہ تسلیم کرنا کہ بائبل بدل چکی ہے، قرآن کی اس آیت کو جھوٹا ثابت کرنے کے مترادف ہوگا۔

اگر کسی بھی وقت)ماضی، حال یا مستقبل میں(بائبل بدل دی گئی ہوتی، تو یہ اللہ کے اس بیان کو جھوٹا بنا دیتا کہ اس کے کلام کو کوئی نہیں بدل سکتا۔

اللہ ہر چیز کا علم رکھتا ہے - پھر تورات اور انجیل کیسے بدل دی گئیں؟

✔ قرآن کہتا ہے کہ اللہ "سب کچھ سننے والا "اور "سب کچھ جاننے والا "ہے۔
✔ اس کا مطلب یہ ہوا کہ وہ ہمیشہ اپنے کلام کی حفاظت کر رہا ہے۔
✔ اگر مسلمان کہتے ہیں کہ تورات اور انجیل میں تحریف ہو چکی ہے، تو وہ یہ بھی کہہ رہے ہیں کہ اللہ نے یا تو اپنی کتابوں کو محفوظ نہیں رکھا یا وہ ان تبدیلیوں سے بے خبر تھا!

لہٰذا، دو میں سے ایک بات درست ہو سکتی ہے:

1. یا تو قرآن درست ہے، اور اللہ کے کلام میں کبھی تبدیلی نہیں ہوئی۔
2. یا پھر قرآن غلط ہے، اور بائبل میں واقعی تبدیلی ہو چکی ہے۔

یہ دونوں باتیں ایک ساتھ درست نہیں ہو سکتیں!

یہ صرف بائبل کی سچائی کا نہیں بلکہ خود اللہ کی سچائی کا معاملہ ہے

✔ **اگر اللہ تورات، زبور اور انجیل کی حفاظت نہیں کر سکا، تو مسلمان اس پر اپنی آخرت کے معاملات کیسے چھوڑ سکتے ہیں؟**
✔ **نجات کا دار و مدار اللہ کے کلام کی سچائی پر ہے۔**
✔ **اگر اللہ کے کلام میں تحریف ممکن ہے، تو نجات کی کوئی ضمانت باقی نہیں رہتی۔**

مسلمان کہتے ہیں کہ اللہ **عظیم**)اکبر (**اور زبردست**)القوی (ہے، لیکن ساتھ ہی وہ یہ بھی مانتے ہیں کہ **اللہ اپنے مقدس کلام کو کمزور انسانوں کی تحریف سے بچانے میں ناکام رہا۔**

!یہ ایک خوفناک نظریہ ہے
یہ کہنا کہ ایک قادرِ مطلق خدا نے اپنے الہامی کلام کو بگڑنے دیا، سراسر گستاخی ہے!

کیا یہ آیت صرف قرآن کے بارے میں ہے؟

✔ **کچھ مسلمان کہتے ہیں کہ سورۃ الانعام)6:115 (میں صرف قرآن کی حفاظت کا ذکر ہے۔**
✔ **:لیکن اگر اللہ صرف قرآن کی حفاظت کرنا چاہتا، تو وہ واضح طور پر کہہ دیتا "کوئی بھی قرآن کو نہیں بدل سکتا۔"**
✔ **لیکن قرآن میں ایسا نہیں کہا گیا۔**
✔ **یہ آیت کہتی ہے کہ "تمہارے رب کے کلام "کو کوئی نہیں بدل سکتا – یعنی اللہ کے ہر الہامی کلام کو۔**

چونکہ قرآن خود تسلیم کرتا ہے کہ بائبل)الکتاب (میں تورات، زبور اور انجیل شامل ہیں، تو جب اللہ کہتا ہے کہ "اس کے الفاظ نہیں بدلے جا سکتے"، تو اس کا مطلب !ہے کہ بائبل بھی نہیں بدلی جا سکتی

اگر بائبل میں تبدیلی ممکن ہے، تو اس کا مطلب ہے کہ قرآن جھوٹا ہے

✔ اگر مسلمان یہ مانتے ہیں کہ بائبل بدل دی گئی ہے، تو اس کا مطلب ہے کہ وہ مان رہے ہیں کہ قرآن کی یہ آیت غلط ہے۔

✔ اگر مسلمان مانتے ہیں کہ قرآن سچ کہہ رہا ہے، تو انہیں یہ بھی ماننا ہوگا کہ بائبل تبدیل نہیں ہوئی۔

!یہ سب یا تو مکمل سچ ہے یا مکمل جھوٹ۔ درمیانی کوئی بات نہیں

قرآن کا دعویٰ کہ "کلامِ خدا مکمل ہو چکا" – ایک بڑی الجھن

✔ سورۃ الانعام)6:115 (میں کہا گیا کہ "تمہارے رب کا کلام سچائی اور انصاف "میں مکمل ہے۔

✔ !لیکن جب یہ آیت نازل ہوئی، تب قرآن ابھی مکمل نہیں ہوا تھا

✔ اس وقت قرآن کی آیات ابھی نازل ہو رہی تھیں، تو یہ کیسے کہا جا سکتا تھا کہ "؟"اللہ کا کلام مکمل ہو چکا ہے

✔ یہ ظاہر کرتا ہے کہ یہ آیت قرآن کے بارے میں نہیں بلکہ عمومی طور پر اللہ کے تمام کلام کے بارے میں ہے۔

یہ اس بات کی ایک اور دلیل ہے کہ بائبل)تورات، زبور اور انجیل (اللہ کا محفوظ کلام ہے، جو کبھی نہیں بدلا گیا۔

نتیجہ :بائبل کبھی نہیں بدلی، قرآن خود اس کی تصدیق کرتا ہے

- ✔ **قرآن کی گواہی یہ ہے کہ اللہ کا کلام کبھی نہیں بدلا جا سکتا۔**
- ✔ **بائبل)الکتاب (اللہ کا کلام ہے، کیونکہ اس میں تورات، زبور اور انجیل شامل ہیں۔**
- ✔ **لہٰذا، بائبل میں کوئی تبدیلی نہیں ہو سکتی۔**

اگر مسلمان مانتے ہیں کہ بائبل میں تبدیلی ہوئی ہے، تو وہ قرآن کی سچائی کا انکار کر رہے ہیں!
یہ مسلمانوں کے اپنے عقیدے میں ایک بڑا تضاد ہے۔

بائبل سچی اور محفوظ ہے!

- ✔ **یہ خدا کا غیر متبدل کلام ہے۔**
- ✔ **یہ آج بھی ویسی ہی ہے جیسی اصل میں نازل ہوئی تھی۔**
- ✔ **یہ اللہ کی طرف سے ایک زندہ شہادت ہے، جو ہر دور کے انسانوں کے لیے ہدایت ہے!**

باب 3 :قرآن کی گواہی کہ کوئی بھی خدا کے کلام کو تبدیل نہیں کر سکتا

قرآن بار بار **اس حقیقت کی گواہی دیتا ہے کہ خدا کے کلام میں کوئی بھی تبدیلی نہیں کر سکتا۔** مسلمانوں کا یہ دعویٰ کہ بائبل میں تحریف ہو چکی ہے، **خود قرآن کی تعلیمات کے خلاف ہے۔**

ہے

سورۃ الکہف)18:27(:

"اور تمہارے رب کی کتاب میں جو وحی کی گئی ہے، اسے پڑھو اور سکھاؤ؛ کوئی اس کے الفاظ کو تبدیل نہیں کر سکتا، اور تمہیں اس کے سوا کوئی پناہ دینے والا نہیں ملے گا۔" (یوسف علی ترجمہ)

"اور کوئی نہیں جو اس کے کلمات کو بدل سکے۔" (شاکر ترجمہ)

یہ آیت **صاف طور پر اعلان کرتی ہے کہ اللہ کے الفاظ کو کوئی نہیں بدل سکتا۔**

مسلمانوں کا دوغلا مؤقف اور اس کی غیر منطقی بنیاد

مسلمان بائبل کو غلط ثابت کرنے کے لیے کہتے ہیں کہ **یہ آیات صرف قرآن کے لیے مخصوص ہیں،** یعنی اللہ نے صرف قرآن کو محفوظ رکھنے کا وعدہ کیا تھا، باقی کتابوں کو نہیں۔

یہ دعویٰ **نہ صرف غیر منطقی ہے بلکہ قرآن کی تعلیمات کے خلاف بھی ہے۔**

ایک مثال سے سمجھیں:

فرض کریں کہ آپ نے ایک **بیمہ پالیسی خریدی** جس میں واضح طور پر لکھا ہے کہ آپ کے **تمام گھروں** کے نقصان کا ازالہ کیا جائے گا۔
بعد میں، جب آپ کا دو گھر آگ سے جل جاتا ہے اور آپ دعویٰ دائر کرتے ہیں، تو انشورنس کمپنی کہتی ہے:

"یہ پالیسی صرف آپ کے تیسرے گھر کے لیے تھی، پہلے دو گھروں کے لیے نہیں!"

!کیا آپ اس جھوٹے دعوے کو قبول کریں گے؟ ہرگز نہیں
آپ عدالت میں جا کر یہ ثابت کریں گے کہ پالیسی کے الفاظ تمام گھروں پر لاگو ہوتے ہیں۔

یہی معاملہ مسلمانوں کے اس غیر منطقی مؤقف کا ہے۔ ✔
اللہ نے کہا کہ "اس کے کلام کو کوئی نہیں بدل سکتا"، لیکن مسلمان یہ جھوٹا ✔
دعویٰ کرتے ہیں کہ یہ وعدہ صرف قرآن کے لیے تھا۔

!یہ اللہ پر جھوٹ باندھنے کے مترادف ہے

قرآن کے مطابق اللہ کے کلام میں کوئی تبدیلی ممکن نہیں

قرآن میں کئی آیات **صاف طور پر یہ گواہی دیتی ہیں کہ اللہ کے الفاظ کو کوئی بھی بدل نہیں سکتا:**

✔ (10:64) سورۃ یونس:

"اللہ کا کلام کبھی نہیں بدلے گا۔ یہی سب سے بڑی کامیابی ہے۔" (وحید الدین خان)

✔ (6:115) سورۃ الانعام:

"کوئی بھی اس کے الفاظ کو بدل نہیں سکتا۔" (ایس وی احمد)

✔ (18:27) سورۃ الکہف:

"کوئی طاقت نہیں جو اس کے کلمات کو تبدیل کر سکے۔" (سیل ترجمہ)

یہ آیات بالکل واضح ہیں۔
"یہ نہیں کہا گیا کہ **"قرآن نہیں بدلے گا"، بلکہ "اللہ کے الفاظ نہیں بدلے جا سکتے۔**

سورۃ آل عمران)3:3(✔

"اس نے تم پر سچائی کے ساتھ یہ کتاب نازل کی، جو اس سے پہلے نازل کی گئی کتابوں کی تصدیق کرتی ہے، اور بے شک اس نے تورات اور انجیل کو بھی نازل کیا۔" (احمد علی ترجمہ)

یہ آیت صاف طور پر کہتی ہے کہ:

✔ اللہ نے تورات اور انجیل کو نازل کیا۔
✔ یہ بھی اللہ کے الفاظ ہیں۔
✔ قرآن کے مطابق، اللہ کے الفاظ کو کوئی نہیں بدل سکتا۔

تو پھر مسلمان کس بنیاد پر کہتے ہیں کہ تورات اور انجیل بدل گئی ہیں؟

✔ اگر مسلمان یہ مانتے ہیں کہ بائبل میں تبدیلی ہو چکی ہے، تو وہ درحقیقت یہ کہہ رہے ہیں کہ قرآن کی یہ آیات غلط ہیں!

کیا مسلمان قرآن کی گواہی کے خلاف گواہی دے رہے ہیں؟

✔ قرآن نہ صرف یہ تسلیم کرتا ہے کہ بائبل)تورات، زبور، انجیل (اللہ کا کلام ہے، بلکہ یہ مسلمانوں کو ان پر ایمان لانے کا بھی حکم دیتا ہے۔
✔ اگر مسلمان کہتے ہیں کہ بائبل بدل گئی ہے، تو وہ دراصل قرآن کے احکامات کو رد کر رہے ہیں۔
✔ یہ نہ صرف اللہ کے وعدے کی خلاف ورزی ہے بلکہ خود قرآن کو جھوٹا ثابت کرنے کے مترادف ہے۔

مسلمانوں کے پاس دو ہی راستے ہیں:

1. یا تو وہ یہ مانیں کہ اللہ نے اپنی کتابوں کی حفاظت نہیں کی اور اس کا وعدہ غلط تھا۔
2. یا پھر وہ یہ تسلیم کریں کہ بائبل آج بھی اللہ کا محفوظ کلام ہے۔

✔ دونوں باتیں ایک ساتھ سچ نہیں ہو سکتیں!

مسلمان کیوں بائبل کی تحریف کا جھوٹا دعویٰ کرتے ہیں؟

✔ جب اسلام دوسرے عیسائی علاقوں میں پھیلا، تو مسلمانوں کو معلوم ہوا کہ بائبل کی تعلیمات قرآن سے مختلف ہیں۔
✔ ان کے پاس دو ہی راستے تھے:

1. یہ ماننا کہ محمد ﷺ کی تعلیمات میں غلطی ہوئی۔
2. یہ دعویٰ کرنا کہ بائبل بدل دی گئی ہے۔

✔ افسوس کی بات یہ ہے کہ انہوں نے دوسرا راستہ اختیار کیا!
✔ اس مفروضے کو سچ ثابت کرنے کے لیے انہوں نے "تحریفِ بائبل "کا جھوٹا عقیدہ گھڑ لیا۔

لیکن حقیقت یہ ہے کہ بائبل کی تحریف کا کوئی ثبوت نہیں!

نتیجہ :یا تو بائبل محفوظ ہے، یا پھر قرآن جھوٹا ہے

✔ اگر مسلمان قرآن کی گواہی کو سچا مانتے ہیں، تو انہیں یہ بھی ماننا ہوگا کہ بائبل کبھی نہیں بدلی۔
✔ اگر وہ کہتے ہیں کہ بائبل بدل گئی ہے، تو وہ قرآن کی تعلیمات کو جھوٹا ثابت کر رہے ہیں۔
✔ یہ ایک ایسا تضاد ہے جس کا کوئی حل نہیں، سوائے اس کے کہ مسلمان سچ کو تسلیم کریں!

لہٰذا، بائبل آج بھی خدا کا محفوظ اور سچا کلام ہے۔
یہ اللہ کی طرف سے نازل کردہ کتاب ہے، جو کبھی نہیں بدلی۔

ہے!

باب 3 :مسلمانوں کا بائبل کو رد کرنا – ایک کھلا تضاد اور گستاخی

مسلمان **بائبل کو تحریف شدہ ثابت کرنے کے لیے** ایک **نیا جھوٹ گھڑتے** ہیں۔ وہ کہتے ہیں کہ وہ **تورات اور انجیل پر ایمان رکھتے** ہیں، لیکن وہ **اصل غیر تحریف شدہ تورات اور انجیل پر، جو پہلے کبھی موجود تھیں۔**

لیکن کیا مسلمان واقعی سمجھتے ہیں کہ وہ کیا کہہ رہے ہیں؟

✔ **قرآن میں اللہ کا وعدہ ہے:**

"کوئی بھی اس کے کلام کو بدل نہیں سکتا۔" (سورۃ الانعام 6:115)"

✔ **اگر اللہ کہتا ہے کہ اس کا کلام کبھی نہیں بدلے گا، تو اس کا مطلب ہے کہ:**

1. **تورات اور انجیل کی حفاظت ہمیشہ کے لیے ہونی چاہیے تھی۔**
2. **اللہ نے ان کتابوں کو محفوظ رکھنے کی ذمہ داری لی تھی۔**
3. **اگر تورات اور انجیل ختم ہو چکی ہیں، تو یہ اللہ کے وعدے کی خلاف ورزی ہوگی۔**

لہٰذا، "کبھی غیر تحریف شدہ تورات اور انجیل "کا دعویٰ ایک کھلا تضاد ہے!

اگر اللہ کا وعدہ سچا ہے، تو تورات اور انجیل آج بھی محفوظ ہونی چاہئیں

✔ **اگر قرآن کا وعدہ درست ہے، تو بائبل کو آج بھی اپنی اصل حالت میں موجود ہونا چاہیے۔**

✔ **اگر مسلمان یہ مانیں کہ تورات اور انجیل مکمل طور پر گم ہو چکی ہیں، تو وہ**

خود ہی قرآن کے وعدے کو جھوٹا قرار دے رہے ہیں۔

اللہ یہ کیسے کہہ سکتا ہے کہ "میرا کلام کبھی نہیں بدلے گا "اور پھر انہی کتابوں کو غائب ہونے دے؟ ✔

اگر قرآن سچا ہے، تو بائبل کا وجود برقرار رہنا ضروری ہے۔
!اگر بائبل گم ہو گئی ہے یا بدل دی گئی ہے، تو قرآن کا وعدہ غلط ہو گیا

مثال :اگر کوئی شخص کہے کہ اس کے گھر کبھی تباہ نہیں ہوں گے؟

فرض کریں ایک **شخص** کہتا ہے کہ اس کے **تین مضبوط مکانات کبھی تباہ نہیں ہوں گے۔**
لیکن وقت کے ساتھ ساتھ **طوفان دو مکانات کو گرا دیتا ہے۔**
اب، کیا اس شخص کا دعویٰ **"میرے مکانات کبھی تباہ نہیں ہوں گے"** درست ثابت ہوگا؟

!نہیں

✔ **اگر ایک بھی مکان تباہ ہو گیا، تو اس کا مطلب ہے کہ اس کا دعویٰ جھوٹا تھا۔**
✔ **یہی معاملہ اللہ کے وعدے کا ہے۔**
✔ **!اگر تورات اور انجیل بدل چکی ہیں، تو اللہ کا وعدہ غلط ثابت ہوتا ہے**

✔ **:سورۃ الانعام (6:115) میں اللہ نے کہا**

"کوئی بھی اس کے الفاظ کو تبدیل نہیں کر سکتا۔" (علی قلی قراعی ترجمہ)

لہٰذا، اگر مسلمان یہ مانیں کہ بائبل بدلی جا چکی ہے، تو اس کا مطلب یہ ہوگا کہ اللہ !نے قرآن میں جھوٹ بولا تھا

✔ کچھ مسلمان کہتے ہیں کہ اللہ نے صرف قرآن کو محفوظ رکھا، باقی کتابوں کو نہیں۔

✔ یہ ایک اور کھلا جھوٹ ہے۔

✔ اگر اللہ صرف قرآن کی حفاظت کرنا چاہتا تھا، تو وہ واضح طور پر کہہ سکتا تھا" :میں صرف قُرآن کو محفوظ رکھوں گا۔

✔ لیکن قرآن میں ایسا کہیں نہیں لکھا۔

✔ قرآن میں اللہ کہتا ہے کہ "اس کا کلام "بدلا نہیں جا سکتا، اور قرآن خود تسلیم کرتا ہے کہ تورات اور انجیل بھی اللہ کا کلام ہیں۔

محمد ﷺ کے وقت میں بائبل بدلی ہوئی نہیں تھی

✔ محمد ﷺ کی نبوت کا زمانہ)610 – 632 عیسوی (23 سال پر مشتمل تھا۔

✔ اس دوران قرآن نازل ہو رہا تھا۔

✔ اس وقت جو بائبل موجود تھی، وہی قرآن میں ذکر کردہ "الکتاب "تھی۔

✔ اگر بائبل محمد ﷺ کے زمانے میں بدلی جا چکی ہوتی، تو قرآن یہ دعویٰ نہ کرتا "کہ "اللہ کا کلام نہیں بدلا جا سکتا۔

✔ مسلمانوں کو اس سوال کا جواب دینا ہوگا:

اگر بائبل محمد ﷺ کے وقت میں بدلی نہیں گئی تھی، تو وہ بعد میں کیسے بدل گئی؟

✔ اگر کوئی مسلمان اس سوال کا جواب دینے کی کوشش کرے گا، تو وہ لازمی طور پر یا تو اللہ کو جھوٹا کہے گا یا قرآن کو غلط ثابت کرے گا!

✔ کیونکہ قرآن اللہ کی گواہی دیتا ہے کہ اس کا کلام کبھی نہیں بدلا جا سکتا۔

نتیجہ :یا تو بائبل محفوظ ہے، یا پھر قرآن غلط ہے

- ✔ **اگر مسلمان قرآن کو سچ مانتے ہیں، تو انہیں یہ بھی ماننا ہوگا کہ بائبل کبھی نہیں بدلی۔**
- ✔ **اگر وہ کہتے ہیں کہ بائبل بدل گئی ہے، تو اس کا مطلب ہے کہ وہ خود قرآن کو جھوٹا قرار دے رہے ہیں۔**

- ✔ **یہ مسلمانوں کے عقیدے میں ایک کھلا تضاد ہے۔**
- ✔ **یا تو بائبل اللہ کا سچا اور محفوظ کلام ہے، یا پھر قرآن جھوٹا ہے۔**

!بائبل خدا کا سچا اور غیر متبدل کلام ہے

- ✔ **یہ کبھی تبدیل نہیں ہوئی۔**
- ✔ **یہ آج بھی اصل حالت میں موجود ہے۔**
- ✔ **یہ قرآن کے وعدے کے مطابق اللہ کا محفوظ کلام ہے۔**
- ✔ **مسلمانوں کا "تحریفِ بائبل "کا دعویٰ خود قرآن کے خلاف ہے۔**

لہٰذا، حقیقت یہی ہے کہ بائبل آج بھی سچائی پر قائم ہے، اور کوئی بھی اسے جھوٹا !ثابت نہیں کر سکتا

باب 3 :قرآن کی گواہی – اللہ کا کلام بدلا نہیں جا سکتا

قرآن نہ صرف یہ کہتا ہے کہ **اللہ کے کلام میں تبدیلی ممکن نہیں،** بلکہ یہ بھی اعلان کرتا ہے کہ **اللہ کی طرف سے آنے والا کوئی بھی حکم یا فیصلہ بدلا نہیں جا سکتا۔**

✔ **:سورۃ ق)50:29 (میں اللہ فرماتا ہے**

میری طرف سے جو فیصلہ آ چکا ہے، وہ بدلا نہیں جا سکتا، اور میں اپنے بندوں" پر ظلم کرنے والا نہیں ہوں۔" (پکتھال ترجمہ)

✔ اگر اللہ کہتا ہے کہ "اس کا ایک بھی جملہ بدلا نہیں جا سکتا"، تو کیا یہ ممکن ہے کہ اس کی پوری کتاب بدل دی جائے؟

✔ لیکن قرآن کی اس تعلیم کے برعکس، مسلمان یہ دعویٰ کرتے ہیں کہ بائبل میں تحریف ہو چکی ہے۔

✔ !یہ دعویٰ سراسر قرآن کے احکامات کی خلاف ورزی ہے

مسلمان بائبل کی تحریف پر کیوں اصرار کرتے ہیں؟

✔ یہاں ایک اہم سوال پیدا ہوتا ہے :کیا مسلمانوں نے واقعی کوئی ثبوت تلاش کیا ہے کہ بائبل بدلی جا چکی ہے؟

✔ یا وہ صرف اس لیے ایسا دعویٰ کرتے ہیں کیونکہ انہیں ایسا کرنا ضروری ہے؟

:حقیقت یہ ہے کہ

✔ ،مسلمان بائبل کو اس لیے جھوٹا کہتے ہیں کیونکہ اگر وہ اسے سچا مان لیں تو قرآن خودبخود غلط ثابت ہو جائے گا۔

✔ بائبل اور قرآن کئی بنیادی نکات پر ایک دوسرے سے متصادم ہیں۔

✔ اگر بائبل تبدیل نہیں ہوئی، تو اس کا مطلب ہے کہ قرآن میں کئی سنگین غلطیاں ہیں۔

!یہی وجہ ہے کہ مسلمانوں کو بائبل پر یقین کرنے کی اجازت نہیں دی جاتی

✔ مسلمانوں کو پہلے ہی یہ سکھا دیا جاتا ہے کہ بائبل تحریف شدہ ہے۔

✔ اس سے پہلے کہ وہ بائبل کو خود پڑھیں، انہیں یقین دلا دیا جاتا ہے کہ یہ سچ نہیں ہو سکتی۔

مسلمانوں کے لیے ایک خوفناک مسئلہ

✔ اگر مسلمان مان لیں کہ بائبل نہیں بدلی، تو انہیں تسلیم کرنا پڑے گا کہ قرآن کی کئی تعلیمات غلط ہیں۔

✔ اگر وہ یہ دعویٰ کریں کہ بائبل بدل گئی ہے، تو انہیں یہ بھی ماننا پڑے گا کہ اللہ اپنے کلام کو محفوظ رکھنے میں ناکام رہا۔

!یہ دونوں صورتیں مسلمانوں کے عقیدے کے لیے خطرناک ہیں

✔ اگر بائبل تبدیل نہیں ہوئی، تو قرآن خودبخود باطل ہو جاتا ہے۔

✔ اگر بائبل واقعی تبدیل ہو گئی ہے، تو اس کا مطلب ہے کہ اللہ کے الفاظ بدلے جا سکتے ہیں، اور قرآن کا وعدہ جھوٹا ثابت ہوتا ہے۔

مسلمان جس طرف بھی جائیں، ان کے عقیدے کے لیے ایک بڑا مسئلہ کھڑا ہو جاتا ہے۔

قرآن کا دعویٰ :اللہ کا ہر کلام محفوظ ہے

✔)6:115(سورۃ الانعام:

"کوئی بھی اس کے کلام کو بدل نہیں سکتا۔"

✔)10:64(سورۃ یونس:

"اللہ کا کلام کبھی نہیں بدلے گا۔ یہی سب سے بڑی کامیابی ہے۔"

✔)50:29(سورۃ ق:

"میرا کلام کبھی نہیں بدلا جا سکتا۔"

✔ اگر اللہ کے الفاظ نہیں بدلے جا سکتے، تو بائبل میں بھی کوئی تبدیلی ممکن نہیں!

مسلمان جو بھی کہیں، قرآن کی گواہی یہی ہے کہ بائبل بدلی نہیں جا سکتی۔

نتیجہ :مسلمان بائبل کی تحریف کا دعویٰ کرنے کے بعد ایک تضاد میں پھنس جاتے ہیں

✔ اگر مسلمان بائبل کو تحریف شدہ مانتے ہیں، تو اس کا مطلب ہے کہ وہ اللہ کے وعدے کو جھوٹا قرار دے رہے ہیں۔
✔ اگر وہ بائبل کو اصلی مانتے ہیں، تو انہیں تسلیم کرنا ہوگا کہ قرآن میں سنگین تضادات ہیں۔

مسلمان جس راستے پر بھی چلیں، وہ اپنے ہی عقیدے کو کمزور کر رہے ہیں!

حقیقت :بائبل کبھی تبدیل نہیں ہوئی، اور قرآن خود اس کی تصدیق کرتا ہے۔

✔ بائبل آج بھی وہی ہے جو اللہ نے نازل کی تھی۔
✔ اللہ کے الفاظ کو کوئی نہیں بدل سکتا۔
✔ لہٰذا، بائبل اللہ کا سچا اور غیر متبدل کلام ہے!

باب 04

کیا بائبل قرآن سے بہتر ہے؟

مسلمانوں میں عام طور پر یہ عقیدہ پایا جاتا ہے کہ بائبل میں تحریف ہو چکی ہے، یعنی اسے بدل دیا گیا ہے اور اس کی اصل شکل باقی نہیں رہی۔ جب بھی کسی مسیحی اور مسلمان کے درمیان مذہبی مکالمہ ہوتا ہے، تو مسلمانوں کی طرف سے پہلا اعتراض یہی ہوتا ہے کہ بائبل بدل دی گئی ہے۔ اسی غلط فہمی کی وجہ سے مسلمانوں کو یہ سکھایا جاتا ہے کہ وہ بائبل کو خدا کا کلام نہ مانیں اور اسے نظر انداز کریں۔ جب تک اس بنیادی غلط فہمی کو دور نہیں کیا جاتا، تب تک مسلمانوں کے ساتھ بائبل اور مسیحیت کے بارے میں بامقصد اور تعمیری گفتگو ممکن نہیں ہے۔

یہ مضمون اسی مقصد کے لیے لکھا گیا ہے کہ بائبل پر کیے جانے والے اعتراضات کو واضح طور پر رد کیا جا سکے اور ثابت کیا جا سکے کہ یہ الزامات نہ صرف غلط ہیں بلکہ ان کی کوئی حقیقت نہیں ہے۔ ہم انہی کے مقدس صحیفے، یعنی **قرآن** کو استعمال کرتے ہوئے یہ ثابت کریں گے کہ بائبل محفوظ ہے اور اس میں کوئی تحریف نہیں ہوئی۔ دوسرے الفاظ میں، **قرآن خود گواہی دیتا ہے کہ بائبل خدا کا سچا کلام ہے۔**

یہ مضمون ان تمام مسیحیوں کے لیے بھی اہم ہے جو مسلمانوں تک انجیل کی خوشخبری پہنچانا چاہتے ہیں اور یہ جاننا چاہتے ہیں کہ مسلمانوں کو بائبل کی صداقت کے بارے میں کیسے قائل کیا جائے۔ اسی طرح، یہ مضمون ہر اس مسلمان کے لیے

میں کیا کہتا ہے۔

کیا بائبل کی سچائی ثابت کرنے کے لیے قرآن کی ضرورت ہے؟

یقیناً، مسیحیوں کے لیے بائبل کی سچائی ثابت کرنے کے لیے **قرآن کی کوئی ضرورت نہیں**۔ بائبل خود ایک مکمل اور الہامی کتاب ہے، **جو خود اپنی سچائی کی گواہی دیتی** ہے۔ لیکن چونکہ مسلمان **قرآن** کو اللہ کا سچا کلام مانتے ہیں، اس لیے ہم انہی کے عقیدے کو سامنے رکھتے ہوئے ان کے مقدس صحیفے سے یہ ثابت کریں گے کہ **قرآن خود بائبل کی سچائی کو تسلیم کرتا ہے۔**

بائبل ہمیں سکھاتی ہے کہ ہمیں ہمیشہ تیار رہنا چاہیے تاکہ اگر کوئی ہم سے ہمارے ایمان کے بارے میں سوال کرے تو ہم اس کا جواب دے سکیں۔ جیسا کہ بائبل میں لکھا ہے:

1-3:15 پطرس:

تم اپنے دلوں میں خداوند مسیح کو مقدس جانو اور ہر وقت مستعد رہو کہ جو کوئی تم" "سے تمہاری امید کے بارے میں پوچھے، تم اسے جواب دے سکو۔

یہی وجہ ہے کہ ہم اس مضمون میں **قرآن کو بطور دلیل استعمال کر رہے ہیں** تاکہ مسلمانوں کو یہ دکھایا جا سکے کہ ان کا اپنا عقیدہ **بائبل کی سچائی کی تصدیق کرتا ہے**۔

کیا بائبل کو اللہ نے نازل کیا؟

یہ بات مسیحیوں کے لیے واضح ہے کہ **بائبل کا الہام اللہ نے نہیں کیا**، یعنی وہ ذات جسے مسلمان اللہ مانتے ہیں۔ بلکہ **بائبل کا اصل مصنف اور اس کا الہام دینے والا یہوواہ خدا ہے**، جو سچا اور زندہ خدا ہے۔ تاہم، چونکہ مسلمان یہ مانتے ہیں کہ بائبل اللہ کی طرف سے نازل کی گئی، اس لیے ہم اس مضمون میں مسلمانوں کے نظریے کے مطابق یہ تسلیم کریں گے کہ بائبل اللہ کی طرف سے نازل کی گئی تاکہ ہم **انہیں انہی کے عقیدے کے مطابق بائبل کی سچائی سمجھا سکیں۔**

قرآن کی شہادت بائبل کے حق میں

قرآن خود واضح طور پر بیان کرتا ہے کہ **تورات، زبور اور انجیل اللہ کی طرف سے نازل کی گئی کتابیں ہیں۔**

سورہ آل عمران 3:3-4 میں لکھا ہے:
"اس نے تم پر یہ کتاب (قرآن) حق کے ساتھ نازل کی، جو اپنے سے پہلے کی کتابوں کی تصدیق کرتی ہے، اور اس نے تورات اور انجیل کو نازل کیا۔"

اسی طرح، **سورہ المائدہ 5:46** میں بھی ذکر ہے:
"اور ہم نے ان کے پیچھے مریم کے بیٹے عیسیٰ کو بھیجا جو اپنے سے پہلے آئی ہوئی تورات کی تصدیق کرنے والے تھے، اور ہم نے انہیں انجیل عطا کی جس میں ہدایت اور نور تھا۔"

یہ آیات واضح طور پر بتاتی ہیں کہ **قرآن خود اس بات کا اقرار کرتا ہے کہ تورات، زبور، اور انجیل اللہ کی طرف سے نازل کیے گئے صحیفے ہیں۔** اگر یہ کتابیں اللہ کی طرف سے نازل ہوئیں، تو پھر یہ کہنا کہ وہ بدل دی گئی ہیں، درحقیقت **خود قرآن کے خلاف بات کرنا ہے۔**

نتیجہ

یہ مضمون مسلمانوں کے لیے ایک دعوت ہے کہ وہ اپنے عقیدے کا **دوبارہ جائزہ لیں** اور دیکھیں کہ کیا واقعی ان کے پاس بائبل کے خلاف کوئی مضبوط دلیل موجود ہے؟
یا یہ صرف **ایک غلط فہمی ہے** جو نسل در نسل چلی آ رہی ہے؟

یہ مضمون مسیحیوں کے لیے بھی ایک راہنمائی ہے تاکہ وہ اپنے ایمان کا بہتر طور پر دفاع کر سکیں اور بائبل کی سچائی کو مسلمانوں پر واضح کر سکیں۔ **اگر قرآن خود بائبل کو سچ مانتا ہے، تو پھر مسلمانوں کو بھی بائبل کی سچائی قبول کرنی چاہیے۔**

بائبل کی سچائی کو ثابت کرنے کے لیے نہ صرف مذہبی دلائل موجود ہیں بلکہ تاریخی اور آثار قدیمہ کے شواہد بھی اس بات کی تصدیق کرتے ہیں کہ بائبل کے الفاظ محفوظ رہے ہیں اور وقت کے ساتھ تبدیل نہیں ہوئے۔ **ڈیڈ سی اسکرولز (Dead Sea Scrolls)** اس حقیقت کا سب سے بڑا ثبوت ہیں۔

ڈیڈ سی اسکرولز :بائبل کی اصلیت اور صداقت کی گواہی

1947 میں، فلسطین میں بحیرہ مردار (Dead Sea) کے قریب **قمران (Qumran) کے غاروں** میں قدیم ترین بائبل کے نسخے دریافت ہوئے، جنہیں **ڈیڈ سی اسکرولز** کہا جاتا ہے۔ یہ اسکرولز تقریباً **2200 سال پرانے** ہیں اور ان میں عبرانی بائبل کے بڑے حصے محفوظ ہیں، جن میں **یسعیاہ نبی (Isaiah)**، **زبور (Psalms)**، **اور تورات (Pentateuch)** **کے کئی حصے** شامل ہیں۔

یہ اسکرولز آج بھی اپنی اصل شکل میں موجود ہیں اور جب ان کا تقابل آج کی موجودہ بائبل سے کیا گیا، تو یہ حیرت انگیز طور پر ثابت ہوا کہ **بائبل کے الفاظ میں کوئی بھی اہم تبدیلی نہیں ہوئی۔** اس کا مطلب یہ ہے کہ بائبل کے متون آج بھی ویسے ہی ہیں جیسے ہزاروں سال پہلے تھے۔

قرآن کے مقابلے میں ڈیڈ سی اسکرولز کی غیر موجودگی

اگر ہم قرآن کے معاملے کو دیکھیں، تو حیران کن حقیقت یہ ہے کہ **قرآن کے کوئی ڈیڈ سی اسکرولز "موجود نہیں ہیں۔** یعنی قرآن کے کوئی قدیم ترین نسخے ایسے" نہیں ملے جو محمدﷺ کے زمانے کے قریب کے ہوں اور جو آج کے قرآن سے **مکمل مماثلت رکھتے ہوں۔**

بلکہ، تاریخی طور پر یہ ثابت شدہ حقیقت ہے کہ قرآن کی کتابت کے مختلف مراحل میں کئی ورژنز تھے، جنہیں **خلافت عثمانیہ کے دوران سرکاری طور پر ایک معیاری نسخے میں تبدیل کر دیا گیا، جبکہ باقی تمام مختلف نسخے جلا دیے گئے۔** (بخاری حدیث، جلد 6، کتاب 61، حدیث 510)۔ اس کا مطلب یہ ہوا کہ **آج کے قرآن میں اصل نبی محمدﷺ کے دور کا مکمل مستند ثبوت نہیں ہے، کیونکہ تمام ابتدائی نسخے ضائع کر دیے گئے۔**

ڈیڈ سی اسکرولز نہ صرف بائبل کے مستند اور محفوظ ہونے کا ثبوت ہیں، بلکہ یہ بھی ثابت کرتے ہیں کہ بائبل کی تعلیمات وقت کے ساتھ کسی انسانی ترمیم کا شکار نہیں ہوئیں۔ دوسری طرف، قرآن کے قدیم ترین دستیاب نسخے **بعد کے زمانے کے ہیں** بھی پائے گئے ہیں، جیسا (**textual variations**) اور اس میں کئی **متنی اختلافات** کے قدیم قرآنی مخطوطات میں دیکھا گیا۔ (Sana'a) کہ صنعا

نتیجہ

یہ ایک تاریخی حقیقت ہے کہ بائبل کے اصل الفاظ آج بھی محفوظ ہیں اور اس کے قدیم نسخے اس کی تصدیق کرتے ہیں۔ **ڈیڈ سی اسکرولز بائبل کی سچائی کا ایسا ثبوت ہیں جسے کوئی بھی نظر انداز نہیں کر سکتا۔** اس کے برعکس، قرآن کی اصل اور مستند قدیم کاپیاں نہ صرف غائب ہیں، بلکہ اس میں مختلف **نسخوں کی تدوین** کا ثبوت بھی موجود ہے۔

یہ سب ثابت کرتا ہے کہ **بائبل تاریخی طور پر ایک ناقابلِ تغیر الہامی کتاب ہے، جبکہ قرآن کے مستند اور اصلی الفاظ کے بارے میں شدید سوالات موجود ہیں۔**

باب 4 :اگر اللہ اپنے کلام کی حفاظت کرتا ہے، تو مسلمان کیوں کہتے ہیں کہ تورات، زبور، اور انجیل تحریف شدہ ہیں؟

کیا واقعی تورات، زبور اور انجیل اللہ کا کلام ہیں؟

،مسلمان عام طور پر یہ دعویٰ کرتے ہیں کہ **تورات، زبور اور انجیل** جو آج موجود ہیں وہ **تحریف شدہ** ہیں اور ان میں **تبدیلی کر دی گئی ہے۔** لیکن اگر ہم قرآن کا بغور مطالعہ کریں تو خود قرآن **تورات، زبور، اور انجیل** کو اللہ کی طرف سے نازل شدہ **ہدایت** اور **روشنی** کہتا ہے۔

سورۃ المائدہ 5:44 🕮
بے شک ہم نے تورات نازل کی، جس میں ہدایت اور روشنی ہے۔" (شاکر)"

"اور ہم نے مریم کے بیٹے عیسیٰ کو ان کے پیچھے بھیجا جو اپنے سے پہلے ائی ہوئی تورات کی تصدیق کرنے والے تھے، اور ہم نے انہیں انجیل عطا کی، جس میں ہدایت اور روشنی تھی، اور وہ پرہیزگاروں کے لیے نصیحت تھی۔" (پکتھال)

یہ آیات اس بات کی گواہ ہیں کہ **قرآن کے مطابق تورات، زبور، اور انجیل اللہ کی نازل کردہ کتابیں ہیں۔** اب سوال یہ پیدا ہوتا ہے کہ اگر **اللہ اپنے کلام کی حفاظت کرتا ہے** تو پھر **مسلمان کیوں کہتے ہیں کہ یہ کتابیں بدل دی گئی ہیں؟**

اگر اللہ اپنے کلام کی حفاظت کرتا ہے، تو بائبل کیسے بدل سکتی ہے؟

مسلمان یہ بھی دعویٰ کرتے ہیں کہ **اللہ قرآن کی حفاظت کرتا ہے، کیونکہ وہ اپنے کلام کو محفوظ رکھنے والا ہے۔**

سورۃ الحجر 15:9 📖
"بے شک ہم نے ہی ذکر (قرآن) نازل کیا اور ہم ہی اس کے محافظ ہیں۔"

لیکن سوال یہ ہے کہ **اگر اللہ واقعی اپنی کتابوں کی حفاظت کرتا ہے، تو پھر وہ تورات، زبور، اور انجیل کی حفاظت کیوں نہیں کر سکا؟**

سورۃ الانعام 6:115 📖
"اور تیرے رب کی بات سچائی اور انصاف کے ساتھ پوری ہو چکی، اس کی باتوں کو کوئی بدلنے والا نہیں۔"

اگر **اللہ کی باتیں کوئی نہیں بدل سکتا،** تو اس کا مطلب یہ ہے کہ **تورات، زبور، اور انجیل بھی محفوظ ہیں،** کیونکہ وہ بھی اللہ کی نازل کردہ کتابیں ہیں۔

یہ اسلام کے اندر ایک بہت بڑی تضاد (inconsistency) ہے۔ اگر مسلمان کہتے ہیں کہ **اللہ کی بات نہیں بدلی جا سکتی،** تو انہیں یہ بھی ماننا ہوگا کہ **بائبل میں کوئی تحریف نہیں ہوئی۔**

اگر بائبل بدل چکی ہے، تو مسلمان اس کی تصدیق کیوں کرتے ہیں؟

قرآن میں کئی جگہوں پر **یہودیوں اور مسیحیوں کو حکم دیا گیا ہے کہ وہ اپنے ہی صحیفوں کے مطابق فیصلہ کریں۔**

سورۃ المائدہ 5:47 📖
اور اہلِ انجیل کو چاہیے کہ جو کچھ اللہ نے اس میں نازل کیا ہے، اس کے مطابق "حکم کریں۔"

سورۃ المائدہ 5:68 📖
کہو! اے اہلِ کتاب، جب تک تم تورات اور انجیل اور جو کچھ تمہارے رب کی" طرف سے نازل کیا گیا ہے، اس پر عمل نہیں کرتے، تمہارے لیے کچھ بھی راہِ نجات "نہیں۔

یہاں پر **اہلِ کتاب)یہود و نصاریٰ (کو حکم دیا گیا ہے کہ وہ اپنے صحیفوں پر عمل کریں۔** اگر بائبل بدل چکی ہوتی، تو کیا اللہ انہیں **ایک "تحریف شدہ "کتاب پر عمل کرنے کا حکم دیتا؟**

یہ ایک بہت بڑا سوال ہے جس کا **مسلمانوں کے پاس کوئی معقول جواب نہیں۔**

اگر مسلمان بائبل کو تحریف شدہ کہتے ہیں، تو پھر وہ قرآن پر کیوں اعتماد کریں؟

:اگر مسلمان صحیح ہیں اور **بائبل واقعی بدل دی گئی ہے**، تو پھر سوال یہ ہے کہ

1. **اللہ اپنی کتاب کی حفاظت کیوں نہ کر سکا؟**
2. **اگر بائبل بدل دی گئی، تو قرآن کیسے محفوظ ہو سکتا ہے؟**
3. **کیا اللہ اپنی ہی کتاب کو بدلنے کی اجازت دیتا ہے؟**

قرآن کی صداقت پر بھی سوال اٹھتا ہے۔

سورۃ المائدہ 5:48 📖
"اور ہم نے تم پر حق کے ساتھ یہ کتاب (قرآن) نازل کی جو کہ اپنے سے پہلے
کتابوں کی تصدیق کرتی ہے۔"

اگر قرآن **پچھلی کتابوں کی تصدیق کرتا ہے**، تو اس کا مطلب یہ ہوا کہ **بائبل سچ ہے۔**
اگر بائبل بدل دی گئی ہوتی، تو قرآن اس کی تصدیق نہ کرتا۔

بائبل قرآن سے بہتر کیوں ہے؟

1. بائبل کی تصدیق تاریخی شواہد سے ہوتی ہے

- **ڈیڈ سی اسکرولز** جیسے تاریخی ثبوت ثابت کرتے ہیں کہ **بائبل کی کتابیں اپنی اصل حالت میں موجود ہیں۔**
- بائبل میں کوئی ایسی تبدیلی نہیں کی گئی جو اس کے بنیادی عقائد کو متاثر کرے۔

2. قرآن بائبل پر انحصار کرتا ہے

- قرآن **بائبل کو سچا مانتا ہے**، جیسا کہ ہم نے سورۃ المائدہ کی آیات میں دیکھا۔
- اگر بائبل غلط ہوتی، تو قرآن کو اس کی تصدیق کرنے کی ضرورت نہ پڑتی۔

3. بائبل میں کوئی اندرونی تضاد نہیں

- بائبل **ایک مستقل پیغام رکھتی ہے**، جو پیدائش (Genesis) سے لے کر مکاشفہ (Revelation) تک واضح طور پر خدا کے منصوبے کو بیان کرتی ہے۔
- قرآن میں کئی مقامات پر **تضاد پایا جاتا ہے**، مثلاً کہیں بائبل کو سچا کہا گیا اور کہیں کہا گیا کہ وہ بدل دی گئی۔

4. بائبل کی تعلیمات زیادہ جامع ہیں

- بائبل **خدا کی محبت، گناہ سے نجات، اور یسوع مسیح کے ذریعے راستبازی** کی تعلیم دیتی ہے۔
- **پایا جاتا (inconsistency)** قرآن کی تعلیمات میں بعض مقامات پر **عدم تسلسل** ہے، جیسے کہ **اللہ کی رحمت اور عدل کا تضاد۔**

نتیجہ :بائبل سچ ہے، قرآن تضادات سے بھرا ہوا ہے

،یہ حقیقت واضح ہے کہ **بائبل کو قرآن کے مقابلے میں زیادہ اہمیت حاصل ہے**
:کیونکہ

✔ **قرآن خود بائبل کو سچا مانتا ہے۔**
✔ **قرآن میں تضادات پائے جاتے ہیں، جبکہ بائبل میں مستقل مزاجی ہے۔**
✔ **تاریخی شواہد بائبل کے محفوظ ہونے کی تصدیق کرتے ہیں۔**

لہٰذا، اگر مسلمان یہ مانتے ہیں کہ **اللہ کا کلام محفوظ رہتا ہے**، تو انہیں تسلیم کرنا ہوگا کہ **بائبل بھی اللہ کا محفوظ کلام ہے۔**

مسلمانوں کو چاہیے کہ وہ **بائبل کو مسترد کرنے کے بجائے، اسے پڑھیں اور اس کے پیغام کو سمجھنے کی کوشش کریں، کیونکہ یہی سچی ہدایت اور نور ہے۔**

سچے لوگوں کو تورات کا مطالعہ کرنا چاہیے

کیا واقعی بائبل تحریف شدہ ہے؟

اگر مسلمان یہ دعویٰ کرتے ہیں کہ **بائبل میں تحریف ہو چکی ہے**، تو اس کا مطلب یہ ہوگا کہ بائبل کی **تمام تعلیمات** یا کم از کم **ایک بڑا حصہ** بدل دیا گیا ہے۔ بائبل کا ایک بنیادی حصہ **تورات** پر مشتمل ہے، جو کہ حضرت موسیٰ علیہ السلام پر نازل کی گئی پانچ بڑی کتابوں پر مشتمل ہے۔

اگر بائبل واقعی تحریف شدہ ہوتی، تو **اللہ نے ضرور خبردار کیا ہوتا کہ اس کتاب کو نہ پڑھا جائے اور نہ اس سے رہنمائی لی جائے۔** لیکن **قرآن میں کہیں بھی ایسا حکم**

رہنمائی لینے کا حکم دینا ہے۔

قرآن میں تورات پڑھنے کی تلقین

سورة آل عمران 3:93 📖
کہو: تورات لے آؤ اور اسے پڑھو، اگر تم سچے ہو۔" (ملک)"

سورة آل عمران 3:93 📖
کہو: تورات کو پیش کرو اور اسے پڑھ کر سناؤ، اگر تم سچ بولتے ہو۔" (پکتھال)"

یہ آیت واضح طور پر یہ ثابت کرتی ہے کہ **اللہ خود یہ کہہ رہا ہے کہ اگر تم سچے ہو تو تورات کو لا کر پڑھو۔** اگر تورات میں تحریف ہو چکی ہوتی، تو کیا اللہ ایسا کہنے کا حکم دیتا؟

یہاں دو سوال پیدا ہوتے ہیں:

1. **اگر بائبل میں واقعی تحریف ہو چکی ہوتی، تو کیا اللہ خود اس کے مطالعے کا حکم دیتا؟**
2. **اگر مسلمان تورات اور بائبل کو تحریف شدہ مانتے ہیں، تو وہ اللہ کے اس حکم کو کیسے نظر انداز کر سکتے ہیں؟**

یہ ایک بہت بڑا تضاد ہے۔

کیا بائبل صرف تورات تک محدود ہے؟

قرآن صرف **تورات کے مطالعے کا حکم نہیں دیتا، بلکہ پورے بائبل کے مطالعے کی تاکید کرتا ہے۔**

سورۃ المائدہ 5:47 📖
اور اہلِ انجیل کو چاہیے کہ جو کچھ اللہ نے اس میں نازل کیا ہے، اس کے مطابق" "حکم کریں۔

یہاں یہ واضح ہوتا ہے کہ **قرآن صرف تورات کو نہیں بلکہ انجیل کو بھی ایک مستند اور صحیح الہامی کتاب تسلیم کرتا ہے۔**

محمد صلی اللہ علیہ وسلم کو بھی بائبل سے رہنمائی لینے کا حکم

سورۃ یونس 10:94 📖
،اگر تمہیں (محمدؐ) اس وحی کے بارے میں کوئی شک ہو جو ہم نے تم پر نازل کی" تو ان لوگوں سے پوچھ لو جو تم سے پہلے کتاب پڑھتے تھے۔ بے شک تمہارے رب کی طرف سے تمہارے پاس حق آچکا ہے، پس تم ہرگز شک کرنے والوں میں سے نہ ہو۔" (یوسف علی)

یہاں اللہ **محمد صلی اللہ علیہ وسلم کو حکم دے رہا ہے کہ اگر انہیں کوئی شک ہو تو وہ یہود و نصاریٰ سے پوچھیں، جو بائبل پڑھتے ہیں۔**

:یہ آیت کئی اہم نکات کو واضح کرتی ہے

1. **اللہ نے محمد صلی اللہ علیہ وسلم کو حکم دیا کہ وہ بائبل کے عالموں سے رجوع کریں۔**
2. **اگر بائبل تحریف شدہ ہوتی، تو اللہ محمد صلی اللہ علیہ وسلم کو اس سے رجوع کرنے کا حکم کیوں دیتا؟**
3. **اس آیت کا حکم صرف محمد صلی اللہ علیہ وسلم تک محدود نہیں، بلکہ تمام مسلمانوں کے لیے بھی ہے۔**

یہ آیت **بائبل کی حقانیت اور سچائی کی سب سے بڑی دلیل ہے۔** اگر بائبل بدل دی گئی ہوتی، تو **اللہ کبھی بھی محمد صلی اللہ علیہ وسلم یا مسلمانوں کو اس کی طرف رجوع کرنے کا حکم نہ دیتا۔**

مسلمانوں کو بائبل سے رہنمائی لینے کا حکم

سورۃ المائدہ 5:68 📖
"کہو ! اے اہلِ کتاب، جب تک تم تورات اور انجیل اور جو کچھ تمہارے رب کی طرف سے نازل کیا گیا ہے، اس پر عمل نہیں کرتے، تمہارے لیے کچھ بھی راہِ نجات نہیں۔"

یہ آیت واضح طور پر بیان کرتی ہے کہ:

- ✔ **تورات اور انجیل اب بھی مستند ہیں۔**
- ✔ **اللہ اہلِ کتاب کو ان پر عمل کرنے کا حکم دے رہا ہے۔**
- ✔ **یہ اس بات کا ثبوت ہے کہ بائبل محفوظ ہے۔**

اگر بائبل بدل دی گئی ہوتی، تو قرآن کیوں اس کی تصدیق کرتا؟

اگر مسلمان کہتے ہیں کہ بائبل میں تحریف ہو چکی ہے، تو انہیں چند سوالات کے جوابات دینے ہوں گے:

1. **اگر بائبل بدل چکی ہے، تو اللہ مسلمانوں کو اس سے رہنمائی لینے کا حکم کیوں دیتا ہے؟**
2. **اگر بائبل میں تحریف ہوئی، تو قرآن کیوں بار بار اس کی تصدیق کرتا ہے؟**
3. **اگر بائبل واقعی تحریف شدہ ہے، تو مسلمانوں کو قرآن پر یقین کیوں رکھنا چاہیے، جب کہ قرآن خود بائبل کی صداقت کی گواہی دیتا ہے؟**

یہ وہ سوالات ہیں جن کا **مسلمانوں کے پاس کوئی معقول جواب نہیں۔**

کیا مسلمان دو الگ الگ خداؤں پر ایمان رکھتے ہیں؟

مسلمان یہ کہتے ہیں کہ **قرآن کو اللہ نے محفوظ رکھا، لیکن بائبل بدل دی گئی۔**

اگر یہ سچ ہے، تو اس کا مطلب یہ ہوا کہ:

1. **ایک اللہ وہ تھا جو بائبل کو محفوظ نہ رکھ سکا۔**
2. **دوسرا اللہ وہ ہے جو قرآن کو محفوظ رکھتا ہے۔**

کیا مسلمان **دو الگ الگ خداؤں** پر ایمان رکھتے ہیں؟
کیونکہ اگر **اللہ واقعی اپنی وحی کو محفوظ رکھ سکتا ہے**، تو بائبل میں بھی **کسی قسم کی تبدیلی ممکن نہیں۔**

نتیجہ :بائبل سچ ہے، اور قرآن تضاد سے بھرا ہوا ہے

- ✔ **قرآن خود کہتا ہے کہ بائبل)تورات، زبور، اور انجیل (اللہ کی نازل کردہ کتابیں ہیں۔**
- ✔ **محمد صلی اللہ علیہ وسلم کو حکم دیا گیا تھا کہ وہ بائبل کے عالموں سے رجوع کریں۔**
- ✔ **اللہ نے اہلِ کتاب کو اپنے صحیفوں پر عمل کرنے کا حکم دیا، جو اس بات کا ثبوت ہے کہ بائبل محفوظ ہے۔**
- ✔ **اگر مسلمان بائبل کو تحریف شدہ مانتے ہیں، تو انہیں قرآن کو بھی جھٹلانا ہوگا، کیونکہ قرآن بائبل کو سچا مانتا ہے۔**

یہ تمام حقائق ثابت کرتے ہیں کہ **بائبل اللہ کا محفوظ کلام ہے اور قرآن میں تضادات ،موجود ہیں۔** مسلمانوں کو چاہیے کہ وہ قرآن کی بجائے **بائبل سے ہدایت حاصل کریں کیونکہ یہی حقیقی الہامی کتاب ہے جو اللہ کی طرف سے نازل ہوئی اور آج تک محفوظ ہے۔**

باب 05

بائبل کو اللہ خود محفوظ رکھتا ہے
کیا اللہ نے بائبل کو محفوظ رکھنے کا وعدہ کیا ہے؟

قرآن کی ایک بہت اہم آیت **واضح طور پر اس بات کی تصدیق کرتی ہے کہ اللہ اپنے کلام یا پیغام کو تحریف سے محفوظ رکھے گا۔**

سورۃ الحجر 15:9 📖
بے شک ہم نے ہی ذکر (پیغام) نازل کیا اور ہم ہی اس کے محافظ ہیں۔" (یوسف علی)"

یہاں **"ذکر** (Zhikri) "کا مطلب **اللہ کا الہامی پیغام** ہے، جس میں صرف قرآن ہی نہیں، بلکہ وہ تمام صحیفے شامل ہیں جو اللہ نے اپنے رسولوں پر نازل کیے، جیسے **تورات، زبور، اور انجیل۔**

مسلمانوں کا بائبل کے خلاف بے بنیاد الزام

جب مسلمانوں کو یہ آیت دکھائی جاتی ہے، تو وہ یہ **غلط دعویٰ کرتے ہیں کہ یہ آیت صرف قرآن کے لیے ہے۔**

لیکن جب ہم **اللہ کے الفاظ اور سیاق و سباق** کو دیکھتے ہیں، تو واضح ہو جاتا ہے کہ **یہ اصول تمام الہامی کتابوں کے لیے ہے، نہ کہ صرف قرآن کے لیے۔**

قرآن **اللہ کے پیغام کو تحریف سے محفوظ رکھنے کا اصول** بیان کرتا ہے۔ سوال یہ ہے کہ **اللہ کا پیغام کون کون سی کتابوں میں شامل ہے؟**

سورة الحجر 15:10-11 📖
"ہم نے تم سے پہلے بھی امتوں میں رسول بھیجے۔ مگر جب کبھی ان کے پاس کوئی رسول آیا، تو انہوں نے اس کا مذاق اڑایا۔" (یوسف علی)

یہ آیت **واضح طور پر اس حقیقت کو اجاگر کرتی ہے کہ اللہ نے محمدؐ سے پہلے بھی رسول بھیجے، اور ان پر کتابیں نازل کیں۔**

بائبل کی حفاظت کی قرآنی شہادت

اگر سورة الحجر 15:9 کے بعد کی آیات کو غور سے پڑھیں، تو یہ حقیقت کھل کر سامنے آتی ہے کہ:

1. **"ذکر" (Zhikri) کا مطلب وہ تمام صحیفے ہیں جو اللہ نے نازل کیے، نہ کہ صرف قرآن۔**
2. **اللہ نے محمدؐ سے پہلے بھی اپنے رسولوں پر کتابیں نازل کیں، اور ان کی حفاظت کا وعدہ بھی کیا۔**
3. **اگر اللہ نے بائبل)تورات، زبور، اور انجیل (کو محفوظ نہ رکھا ہوتا، تو اس کا مطلب یہ ہوگا کہ اللہ اپنا وعدہ پورا نہیں کر سکا، جو کہ ناممکن ہے۔**

بھی ہے

قرآن میں اللہ نے بائبل کی کتابوں کو بھی **"ذکر"** کہا ہے، جو ثابت کرتا ہے کہ ان کتابوں کی حفاظت بھی اللہ کے وعدے کے مطابق ہوئی ہے۔

سورۃ الانبیاء 21:105 📖
"اور ہم نے زبور میں لکھ دیا تھا، تورات کے بعد، کہ میرے نیک بندے زمین کے وارث ہوں گے۔" (یوسف علی)

سورۃ النحل 16:43 📖
"اور ہم نے تم سے پہلے بھی رسول بھیجے، وہ سب انسان ہی تھے جنہیں ہم نے وحی دی تھی، اگر تمہیں معلوم نہ ہو تو اہلِ ذکر (یعنی کتاب کے حاملین) سے پوچھ لو۔" (یوسف علی)

یہاں **"اہلِ ذکر"** کا مطلب **یہود و نصاریٰ**)**اہلِ کتاب** (ہیں، جو بائبل کے پیروکار ہیں۔

اگر بائبل بدل دی گئی ہوتی، تو اللہ اہلِ کتاب سے پوچھنے کا حکم کیوں دیتا؟

سورۃ النحل 16:43 📖
"اگر تمہیں معلوم نہ ہو تو اہلِ ذکر سے پوچھ لو۔"

یہ آیت واضح طور پر ثابت کرتی ہے کہ **بائبل اللہ کا اصل کلام ہے اور محفوظ ہے۔**

1. **اگر بائبل تحریف شدہ ہوتی، تو کیا اللہ مسلمانوں کو اہلِ کتاب سے رہنمائی لینے کا حکم دیتا؟**
2. **اگر بائبل بدل دی گئی ہوتی، تو کیا اللہ اسے "ذکر "کہہ کر اپنی محفوظ کتابوں میں شمار کرتا؟**
3. **اللہ کا یہ وعدہ کہ وہ اپنے "پیغام "کو محفوظ رکھے گا، صرف قرآن تک محدود کیوں ہوگا جب کہ وہ خود تورات اور زبور کو بھی "ذکر "کہتا ہے؟**

یہ حقیقت بالکل واضح ہے کہ **بائبل)تورات، زبور، اور انجیل (بھی اللہ کی محفوظ کردہ کتابیں ہیں۔**

قرآن خود کہتا ہے کہ بائبل سچ ہے

مسلمان کہتے ہیں کہ **بائبل میں تبدیلی ہو چکی ہے**، لیکن جب ہم قرآن کو پڑھتے ہیں تو ہمیں کئی آیات ملتی ہیں جو ثابت کرتی ہیں کہ **بائبل اللہ کی طرف سے ہے اور محفوظ ہے۔**

سورۃ المائدہ 5:47 📖
اور اہلِ انجیل کو چاہیے کہ جو کچھ اللہ نے اس میں نازل کیا ہے، اس کے مطابق" حکم کریں۔"

سورۃ المائدہ 5:68 📖
کہو! اے اہلِ کتاب، جب تک تم تورات اور انجیل اور جو کچھ تمہارے رب کی" طرف سے نازل کیا گیا ہے، اس پر عمل نہیں کرتے، تمہارے لیے کچھ بھی راہِ نجات نہیں۔"

یہ آیات **بائبل کی سچائی کی سب سے بڑی دلیل ہیں۔** اگر بائبل بدل چکی ہوتی، تو اللہ اہلِ کتاب کو اس پر عمل کرنے کا حکم نہ دیتا۔

اگر مسلمان کہتے ہیں کہ بائبل بدل دی گئی، تو وہ دو خدا مان رہے ہیں؟

اگر مسلمان کہتے ہیں کہ **اللہ نے قرآن کو محفوظ رکھا، لیکن بائبل کو نہیں،** تو اس کا مطلب کیا ہوگا؟

1. **یا تو اللہ بائبل کی حفاظت نہیں کر سکا،** جو کہ قرآن کے مطابق ناممکن ہے۔

محفوظ کلام کہتا ہے۔

یہاں ایک بڑا سوال پیدا ہوتا ہے:

کیا مسلمان دو مختلف خداؤں پر ایمان رکھتے ہیں؟ 📌

- **ایک اللہ جو بائبل کو محفوظ نہ رکھ سکا؟**
- **اور دوسرا اللہ جو قرآن کو محفوظ رکھتا ہے؟**

یہ ایک بہت بڑا تضاد ہے جو **مسلمانوں کے نظریے کو خود ہی رد کر دیتا ہے۔**

نتیجہ :بائبل اللہ کا محفوظ کلام ہے، اور قرآن اس کی سچائی کی گواہی دیتا ہے

✔ **قرآن خود کہتا ہے کہ اللہ نے "ذکر) "اپنا پیغام (محفوظ رکھا، اور بائبل کو بھی ذکر "کہا ہے۔"**
✔ **اللہ نے محمد صلی اللہ علیہ وسلم کو بائبل کے حاملین سے سوال کرنے کا حکم دیا، جو ثابت کرتا ہے کہ بائبل سچ ہے۔**
✔ **اللہ نے اہلِ کتاب کو اپنے صحیفوں پر عمل کرنے کا حکم دیا، جو اس بات کا ثبوت ہے کہ بائبل محفوظ ہے۔**
✔ **اگر مسلمان بائبل کو تحریف شدہ مانتے ہیں، تو انہیں قرآن کو بھی جھٹلانا ہوگا، کیونکہ قرآن بائبل کو سچا مانتا ہے۔**

📌 **لہٰذا، اگر کوئی واقعی سچائی کی تلاش میں ہے، تو اسے بائبل کا مطالعہ کرنا چاہیے، کیونکہ یہی وہ اصل الہامی کتاب ہے جو اللہ نے نازل کی اور آج تک محفوظ رکھی ہے۔**

بائبل کو اللہ نے خود محفوظ کیا ہے

قرآن کی مزید آیات جو بائبل کی صداقت کو ثابت کرتی ہیں

قرآن میں بہت سی آیات موجود ہیں جو یہ ثابت کرتی ہیں کہ اللہ نے اپنی وحی کی حفاظت کا وعدہ کیا ہے، اور یہ وعدہ صرف قرآن تک محدود نہیں، بلکہ بائبل)تورات، زبور اور انجیل (پر بھی لاگو ہوتا ہے۔

سورة الحجر 15:9 📖
بے شک ہم نے ہی ذکر (پیغام) نازل کیا اور ہم ہی اس کے محافظ ہیں۔" (یوسف علی)"

،مسلمان یہ دعویٰ کرتے ہیں کہ یہ آیت صرف قرآن کی حفاظت کے بارے میں ہے لیکن جب ہم اس آیت کے سیاق و سباق کا مطالعہ کرتے ہیں، تو یہ واضح ہوتا ہے کہ **اللہ نے تمام الہامی کتابوں کی حفاظت کا وعدہ کیا تھا، نہ کہ صرف قرآن کا۔**

محمد صلی اللہ علیہ وسلم کے دور میں یہود و نصاریٰ کے پاس بائبل موجود تھی

قرآن یہ ثابت کرتا ہے کہ محمد صلی اللہ علیہ وسلم کے زمانے میں یہود و نصاریٰ کے پاس تورات، زبور اور انجیل موجود تھیں، اور وہ اللہ کا "پیغام "تھیں۔

سورة غافر 54-40:53 📖
ہم نے اس سے پہلے موسیٰ کو ہدایت دی اور ہم نے بنی اسرائیل کو وہ کتاب وراثت" "میں دی۔ یہ عقل والوں کے لیے ہدایت اور نصیحت تھی۔

سورة الانبياء 21:7 📖
اور ہم نے تم سے پہلے بھی رسول بھیجے جو سب انسان ہی تھے، اور ان پر وحی" "نازل کی جاتی تھی۔ اگر تمہیں معلوم نہ ہو تو اہلِ ذکر (یعنی اہلِ کتاب) سے پوچھ لو۔

سورة الانبياء 21:105 📖
اور ہم نے زبور میں لکھ دیا تھا، تورات کے بعد، کہ میرے نیک بندے زمین کے" "وارث ہوں گے۔

1. **بائبل)تورات، زبور، اور انجیل (اللہ کی طرف سے نازل کردہ وحی ہے۔**
2. **یہ کتابیں محمد صلی اللہ علیہ وسلم کے زمانے میں یہود و نصاریٰ کے پاس موجود تھیں۔**
3. **قرآن نے اہلِ کتاب کو ان کتابوں سے رہنمائی لینے کا حکم دیا۔**

اگر بائبل میں تحریف ہوئی ہوتی، تو اللہ محمد صلی اللہ علیہ وسلم کو یہود و نصاریٰ سے پوچھنے کا حکم کیوں دیتا؟

سورة یونس 10:94 🕮
"اگر تمہیں (محمدؐ) اس وحی کے بارے میں کوئی شک ہو جو ہم نے تم پر نازل کی، تو ان لوگوں سے پوچھ لو جو تم سے پہلے کتاب پڑھتے تھے۔"

سورة النحل 16:43 🕮
"اور ہم نے تم سے پہلے بھی رسول بھیجے، وہ سب انسان ہی تھے جنہیں ہم نے وحی دی تھی، اگر تمہیں معلوم نہ ہو تو اہلِ ذکر (یعنی اہلِ کتاب) سے پوچھ لو۔"

یہ آیات **واضح طور پر بتاتی ہیں کہ اگر محمد صلی اللہ علیہ وسلم کو کوئی شک ہو، تو وہ اہلِ کتاب)یہود و نصاریٰ (سے رجوع کریں۔**

◇ **اگر بائبل میں تحریف ہو چکی ہوتی، تو اللہ محمد صلی اللہ علیہ وسلم کو اس کی پیروی کرنے کا حکم کیوں دیتا؟**
◇ **اگر بائبل میں تحریف ہو چکی ہوتی، تو اللہ یہود و نصاریٰ کو اس پر عمل کرنے کا حکم کیوں دیتا؟**
◇ **اگر بائبل میں تحریف ہو چکی ہوتی، تو اللہ محمد صلی اللہ علیہ وسلم کو اہلِ کتاب سے سوال کرنے کا حکم کیوں دیتا؟**

یہ سوالات **مسلمانوں کے لیے بہت بڑا چیلنج ہیں، کیونکہ ان کے پاس ان کے جوابات نہیں ہیں۔**

کیا اللہ اپنی کتابوں کے ساتھ ناانصافی کر سکتا ہے؟

سورة یونس 10:64 📖
"اللہ کے کلمات کو کوئی بدلنے والا نہیں، یہی سب سے بڑی کامیابی ہے۔"

سورة المائدہ 5:68 📖
"کہو! اے اہلِ کتاب، جب تک تم تورات اور انجیل اور جو کچھ تمہارے رب کی طرف سے نازل کیا گیا ہے، اس پر عمل نہیں کرتے، تمہارے لیے کچھ بھی راہِ نجات نہیں۔"

یہ آیات ثابت کرتی ہیں کہ **اللہ کی کتابیں بدل نہیں سکتیں۔** اگر مسلمان کہتے ہیں کہ **بائبل بدل دی گئی، تو وہ درحقیقت اللہ کے وعدے کو جھٹلا رہے ہیں۔**

📌 **کیا اللہ اپنی وحی کی حفاظت صرف قرآن کے لیے کرے گا اور بائبل کو نظرانداز کر دے گا؟**
📌 **کیا اللہ کی قدرت محدود ہے کہ وہ صرف قرآن کو بچا سکتا ہے، لیکن بائبل کو نہیں؟**
📌 **اگر اللہ بائبل کی حفاظت نہ کر سکا، تو پھر مسلمان اللہ پر کیسے اعتماد کر سکتے ہیں کہ وہ قرآن کو محفوظ رکھ سکے گا؟**

یہ بہت اہم سوالات ہیں، جن کا **مسلمانوں کے پاس کوئی تسلی بخش جواب نہیں۔**

نتیجہ :بائبل اللہ کی محفوظ کردہ کتاب ہے، اور قرآن اس کی سچائی کی تصدیق کرتا ہے

✔ **قرآن واضح طور پر کہتا ہے کہ اللہ اپنی وحی کی حفاظت کرتا ہے۔**
✔ **بائبل)تورات، زبور، اور انجیل (کو بھی قرآن نے "ذکر "کہا ہے، اور اللہ نے ذکر "کی حفاظت کا وعدہ کیا ہے۔"**
✔ **محمد صلی اللہ علیہ وسلم کو بائبل پڑھنے والوں سے رجوع کرنے کا حکم دیا گیا تھا، جو ثابت کرتا ہے کہ بائبل سچ ہے۔**

ہے کہ بائبل محفوظ ہے۔

اگر مسلمان بائبل کو تحریف شدہ مانتے ہیں، تو انہیں قرآن کو بھی جھٹلانا ✔ ہوگا، کیونکہ قرآن بائبل کو سچا مانتا ہے۔

لہٰذا، اگر کوئی واقعی سچائی کی تلاش میں ہے، تو اسے بائبل کا مطالعہ کرنا 📌 چاہیے، کیونکہ یہی وہ اصل الہامی کتاب ہے جو اللہ نے نازل کی اور آج تک محفوظ رکھی ہے۔

کیا اللہ اپنے کلام کی حفاظت کر سکتا ہے؟

سورۃ یونس 10:64 🕮

"یہی سب سے بڑی کامیابی ہے، اور اللہ کے کلمات کو کوئی بدلنے والا نہیں۔"

یہ آیت **اللہ کی سب سے بڑی فتح** کی وضاحت کرتی ہے، جو کہ **اس کا اپنے الہامی کلام کو محفوظ رکھنا ہے۔**

- **اگر اللہ واقعی قادرِ مطلق ہے**، تو وہ اپنے الفاظ کو محفوظ رکھنے میں ناکام کیوں ہوگا؟
- **اگر بائبل اللہ کا کلام ہے**، تو کیا وہ اسے بدلنے دے گا؟

سورۃ الحجر 15:9 🕮

"ہم نے ہی ذکر نازل کیا، اور ہم ہی اس کے محافظ ہیں۔"

یہاں اللہ نے **اپنے پیغام)ذکر (کو محفوظ رکھنے کا وعدہ کیا۔**

◇ **ذکر "صرف قرآن کے لیے نہیں، بلکہ بائبل کے لیے بھی استعمال ہوا ہے۔"**

◇ **اگر بائبل بدل گئی، تو اس کا مطلب یہ ہوگا کہ اللہ اپنے وعدے کو پورا نہیں کر سکا، جو کہ ناقابلِ قبول ہے۔**

اگر بائبل بدل گئی، تو کیا مسلمان اللہ کو جھوٹا مان رہے ہیں؟

سورة یونس 10:64 📖
"اللہ کے کلمات کو کوئی بدلنے والا نہیں۔"

اگر بائبل میں تبدیلی ہو چکی ہے، تو اس کا مطلب یہ ہے کہ اللہ نے **جھوٹ** بولا، کیونکہ اس نے کہا کہ اس کے کلمات کو کوئی بدل نہیں سکتا۔

مسلمان کہتے ہیں: "بائبل بدل دی گئی ہے!"
اللہ کہتا ہے: "میرے کلمات کو کوئی بدل نہیں سکتا!"

اب سوال یہ ہے:
ہمیں کس پر یقین کرنا چاہیے؟ اللہ پر یا مسلمانوں پر؟

یہاں مسلمان **اللہ کے وعدے کو جھٹلا** رہے ہیں اور یہ **بہت خطرناک موقف** ہے۔

محمد صلی اللہ علیہ وسلم کو اہلِ کتاب سے پوچھنے کا حکم

سورة النحل 16:43 📖
"اور ہم نے تم سے پہلے بھی رسول بھیجے، وہ سب انسان ہی تھے جنہیں ہم نے وحی دی تھی، اگر تمہیں معلوم نہ ہو تو اہلِ ذکر (یعنی اہلِ کتاب) سے پوچھ لو۔"
(داؤد)

یہ آیت واضح طور پر محمد صلی اللہ علیہ وسلم کو حکم دے رہی ہے کہ وہ اہلِ کتاب (یہودی اور عیسائی) سے سوال کریں۔

- **اگر بائبل تحریف شدہ ہوتی، تو کیا اللہ محمد صلی اللہ علیہ وسلم کو اس کے ماننے والوں سے سوال کرنے کا حکم دیتا؟**
- **اگر بائبل میں تبدیلی ہو چکی تھی، تو اللہ محمد صلی اللہ علیہ وسلم کو کسی اور ذریعہ سے ہدایت کیوں نہ دیتا؟**

گئی "کتاب کے حاملین سے رجوع کرنے کا حکم دے۔

اللہ نے محمد صلی اللہ علیہ وسلم کو گزرے ہوئے رسولوں سے پوچھنے کا حکم دیا؟

سورة الزخرف 45-43:44 📖
یہ قرآن تمہارے لیے اور تمہاری قوم کے لیے نصیحت ہے، اور جلد ہی تم سے اس" کے بارے میں سوال ہوگا۔ اور تم ہمارے ان رسولوں سے پوچھو جنہیں ہم نے تم سے پہلے بھیجا، کیا ہم نے رحمان کے سوا کسی اور کی عبادت کا حکم دیا تھا؟" (یوسف علی)

یہاں اللہ محمد صلی اللہ علیہ وسلم کو "پہلے گزرے ہوئے رسولوں "سے سوال کرنے کا حکم دے رہا ہے۔ 📌

- **لیکن یہ کیسے ممکن ہے؟**
- **محمد صلی اللہ علیہ وسلم کے دور میں پچھلے رسولوں میں سے کوئی بھی زندہ نہیں تھا!**
- **تو محمد صلی اللہ علیہ وسلم ان سے سوال کیسے کر سکتے تھے؟**

یہ صرف **ایک ہی صورت میں ممکن ہے کہ محمد صلی اللہ علیہ وسلم ان کے لکھے ہوئے صحیفوں "کو دیکھیں، یعنی بائبل کو پڑھیں"!**

اگر بائبل بدل چکی ہوتی، تو کیا اللہ محمد صلی اللہ علیہ وسلم کو مردہ رسولوں کی لکھی ہوئی کتابوں کو پڑھنے کا حکم دیتا؟ 📌

یہ بات **مسلمانوں کے لیے ایک بہت بڑا چیلنج ہے، کیونکہ اس کا جواب ان کے پاس نہیں ہے!**

مسلمانوں کو ایک فیصلہ کرنا ہوگا

- **یا تو بائبل اللہ کا اصل اور محفوظ کلام ہے۔**
- **یا پھر اللہ نے جھوٹ بولا کہ وہ اپنی وحی کی حفاظت کرے گا۔**

سورۃ یونس 10:64 📖
"اللہ کے کلمات کو کوئی بدلنے والا نہیں۔"

سورۃ الحجر 15:9 📖
"ہم نے ہی ذکر نازل کیا، اور ہم ہی اس کے محافظ ہیں۔"

سورۃ المائدہ 5:68 📖
"اے اہلِ کتاب! جب تک تم تورات اور انجیل پر عمل نہیں کرتے، تمہارے لیے کچھ بھی راہِ نجات نہیں۔"

یہ تمام آیات **ثابت کرتی ہیں کہ بائبل تحریف شدہ نہیں، بلکہ اللہ کی محفوظ کردہ کتاب ہے۔**

📌 **اگر مسلمان کہتے ہیں کہ بائبل تحریف شدہ ہے، تو وہ اللہ کے وعدے کو جھٹلا رہے ہیں!**

نتیجہ :بائبل اللہ کا محفوظ کلام ہے اور قرآن اس کی سچائی کی گواہی دیتا ہے

✔ **اللہ نے کہا کہ اس کے کلمات کو کوئی بدل نہیں سکتا۔**
✔ **اللہ نے محمد صلی اللہ علیہ وسلم کو اہلِ کتاب سے سوال کرنے کا حکم دیا۔**
✔ **اللہ نے محمد صلی اللہ علیہ وسلم کو گزرے ہوئے رسولوں)بائبل کے مصنفین(سے سوال کرنے کا حکم دیا، جو صرف ان کی لکھی ہوئی کتابوں کے ذریعے ممکن تھا۔**

طرف رجوع کرنے کا حکم نہ دیتا۔

لہٰذا، یہ بات بالکل واضح ہے کہ بائبل اللہ کا محفوظ کردہ کلام ہے، اور 📌
مسلمانوں کو بھی اسے ماننا چاہیے!

باب 06

مسلمانوں کو انجیل اور تورات پر ایمان لانا چاہیے

قرآن مسلمانوں کو سابقہ الہامی کتابوں پر ایمان لانے کا حکم دیتا ہے

سورۃ البقرہ 2:136 📖
کہو (اے مسلمانو): ہم اللہ پر ایمان لائے اور اس پر جو ہم پر نازل کیا گیا اور جو" ابراہیم، اسماعیل، اسحاق، یعقوب اور ان کی اولاد پر نازل کیا گیا، اور جو موسیٰ اور عیسیٰ کو دیا گیا، اور جو دوسرے نبیوں کو ان کے رب کی طرف سے دیا گیا۔ ہم ان میں سے کسی میں فرق نہیں کرتے اور ہم اسی کے فرمانبردار ہیں۔" (پکتھال)

یہ آیت واضح طور پر بیان کرتی ہے کہ **مسلمانوں کو نہ صرف قرآن پر بلکہ تمام پچھلی کتابوں پر بھی ایمان لانا ضروری ہے**، جن میں **تورات**، **زبور اور انجیل شامل ہیں۔**

◇ **اگر بائبل تحریف شدہ ہوتی، تو اللہ مسلمانوں کو اس پر ایمان لانے کا حکم کیوں دیتا؟**
◇ **اگر بائبل بدل چکی ہوتی، تو اللہ یہ کیوں کہتا کہ تمام کتابوں میں کوئی فرق نہیں؟**

یہ واضح کرتا ہے کہ **بائبل اللہ کا اصل اور محفوظ کلام ہے، اور قرآن بھی اس کی تصدیق کرتا ہے۔**

اگر بائبل بدل چکی ہے، تو مسلمان آج بھی اسے ماننے کے پابند کیوں ہیں؟

📌 **سورۃ البقرہ ایک مدنی سورۃ ہے، جو اس وقت نازل ہوئی جب محمد صلی اللہ علیہ وسلم کو وحی آئے 13 سال گزر چکے تھے۔**

📌 **یہ مطلب ہے کہ محمد صلی اللہ علیہ وسلم کی نبوت کے 13 سال بعد بھی، اللہ مسلمانوں کو پچھلی کتابوں پر ایمان لانے کا حکم دے رہا تھا۔**

◇ **اگر بائبل منسوخ ہو چکی ہوتی، تو اللہ کیوں مسلمانوں کو اس پر ایمان لانے کا حکم دیتا؟**
◇ **یہ حکم صرف محمد صلی اللہ علیہ وسلم کے وقت تک محدود نہیں، بلکہ قیامت تک تمام مسلمانوں کے لیے ہے۔**

📖 **سورۃ المائدہ 5:68**
"□□و! اے اہلِ کتاب، جب تک تم تورات اور انجیل اور جو کچھ تمہارے رب کی طرف سے نازل کیا گیا ہے، اس پر عمل نہیں کرتے، تمہارے لیے کچھ بھی راہِ نجات نہیں۔"

📌 **اگر بائبل بدل چکی ہوتی، تو اللہ یہود و نصاریٰ کو اس پر عمل کرنے کا حکم کیوں دیتا؟**

یہ ثابت کرتا ہے کہ **بائبل محفوظ ہے اور قرآن خود اس کی سچائی کی گواہی دیتا ہے۔**

قرآن بائبل کو منسوخ نہیں کرتا، بلکہ اس کی تصدیق کرتا ہے

📖 **سورۃ البقرہ 2:136**
"ہم کسی کتاب میں فرق نہیں کرتے، ہم اللہ کے فرمانبردار ہیں۔"

یہاں واضح ہے کہ قرآن بائبل کو منسوخ نہیں کرتا بلکہ اس کی تصدیق کرتا ہے۔ ◇
اگر بائبل بدل چکی ہوتی، تو اللہ یہ کیوں کہتا کہ ان میں کوئی فرق نہیں؟ ◇

📌 **،مسلمان اگر قرآن پر ایمان رکھتے ہیں، تو انہیں بائبل کو بھی قبول کرنا ہوگا کیونکہ قرآن خود اس کی تصدیق کرتا ہے۔**

اگر بائبل بدل گئی ہے، تو مسلمان قرآن کو کیسے سچا مان سکتے ہیں؟

سورۃ الحجر 15:9 📖
"ہم نے ہی ذکر نازل کیا اور ہم ہی اس کے محافظ ہیں۔"

اگر اللہ نے بائبل کو محفوظ نہ رکھا، تو مسلمان کیسے یقین کریں کہ وہ قرآن کو محفوظ رکھ سکتا ہے؟ ◇
اگر اللہ پہلے دو بار)تورات اور انجیل (اپنے کلام کی حفاظت میں ناکام ہوا، تو مسلمان کیسے مان سکتے ہیں کہ اس بار)قرآن (وہ کامیاب ہوگا؟ ◇

📌 **یہی وجہ ہے کہ مسلمانوں کو بائبل کو سچا ماننا ہوگا، ورنہ وہ خود قرآن کے الٰہی وعدے کو جھٹلا رہے ہیں۔**

مسلمانوں کو بائبل کو کیوں پڑھنا چاہیے؟

سورۃ النحل 16:43 📖
"اور ہم نے تم سے پہلے بھی رسول بھیجے، وہ سب انسان ہی تھے جنہیں ہم نے وحی دی تھی، اگر تمہیں معلوم نہ ہو تو اہلِ ذکر (یعنی اہلِ کتاب) سے پوچھ لو۔"

📌 **،اللہ مسلمانوں کو حکم دے رہا ہے کہ اگر وہ کسی معاملے میں شک میں ہوں تو اہلِ کتاب)یہود و نصاریٰ (سے رجوع کریں۔**

کا حکم دیتا؟

یہ ظاہر کرتا ہے کہ بائبل سچائی پر مبنی ہے اور اس میں اللہ کا پیغام آج بھی محفوظ ہے۔ ◇

📌 **اگر مسلمان واقعی اللہ کے حکم پر عمل کرنا چاہتے ہیں، تو انہیں بائبل پڑھنی ہوگی۔**

مسلمان اللہ کے خلاف بغاوت کیوں کر رہے ہیں؟

📖 **سورۃ یونس 10:64**

"اللہ کے کلمات کو کوئی بدلنے والا نہیں، یہی سب سے بڑی کامیابی ہے۔"

📌 **اللہ خود کہہ رہا ہے کہ اس کے الفاظ کو کوئی نہیں بدل سکتا، پھر مسلمان کیوں کہتے ہیں کہ بائبل بدل گئی؟**

- ◇ **کیا مسلمان اللہ سے زیادہ جانتے ہیں؟**
- ◇ **کیا مسلمان اللہ کے وعدے کو جھٹلا رہے ہیں؟**

📌 **اگر مسلمان کہتے ہیں کہ بائبل بدل چکی ہے، تو وہ دراصل اللہ پر جھوٹ بولنے کا الزام لگا رہے ہیں، جو کہ بہت بڑا گناہ ہے۔**

نتیجہ :مسلمان قرآن کی تعلیمات کے خلاف جا رہے ہیں

✔ **اللہ نے بائبل)تورات، زبور، اور انجیل (کو نازل کیا اور اسے محفوظ رکھا۔**

✔ **اللہ نے مسلمانوں کو بائبل پر ایمان لانے اور اس کے احکام پر عمل کرنے کا حکم دیا۔**

✔ **،اللہ نے محمد صلی اللہ علیہ وسلم کو بھی اہلِ کتاب سے سوال کرنے کا حکم دیا جو ثابت کرتا ہے کہ بائبل محفوظ ہے۔**

اللہ نے کہا کہ اس کے الفاظ کو کوئی نہیں بدل سکتا، تو بائبل کیسے بدل سکتی ہے؟ ✔

اگر مسلمان بائبل کو جھٹلاتے ہیں، تو وہ دراصل قرآن کی تعلیمات کے خلاف جا رہے ہیں! 📌
اگر بائبل بدل چکی ہے، تو قرآن کا حکم بھی قابلِ عمل نہیں رہا، جو قرآن کے الہامی ہونے کو مشکوک بنا دیتا ہے۔ 📌

لہٰذا، اگر کوئی واقعی اللہ کے سچے پیغام کو جاننا چاہتا ہے، تو اسے بائبل کو پڑھنا اور اس پر ایمان لانا ہوگا، کیونکہ یہی وہ الہامی کتاب ہے جو آج بھی محفوظ ہے۔

مسلمانوں کو حضرت عیسیٰ اور حضرت موسیٰ کو دی گئی کتابوں پر ایمان لانا چاہیے

کیا مسلمان حضرت عیسیٰ اور حضرت موسیٰ کو دی گئی کتابوں پر ایمان رکھتے ہیں؟

مسلمانوں کو **بچپن سے ہی سکھایا جاتا ہے کہ وہ بائبل کو اللہ کا کلام نہیں مانیں۔**
چونکہ مسلمان یہ عقیدہ رکھتے ہیں کہ **قرآن تمام وحیوں میں سب سے افضل ہے**، اس لیے وہ **بائبل اور دیگر الہامی کتابوں کو کم تر سمجھتے ہیں۔**

لیکن **مسلمانوں کو یہ حقیقت نظرانداز نہیں کرنی چاہیے کہ قرآن کے مطابق کسی مسلمان کے لیے اللہ کی نازل کردہ کسی بھی کتاب کا انکار کرنا جائز نہیں۔**

سورۃ آل عمران 3:84 📖
"کہو: ہم اللہ پر ایمان لائے اور جو کچھ ہم پر نازل کیا گیا اور جو کچھ ابراہیم، اسماعیل، اسحاق، یعقوب اور ان کی اولاد پر نازل کیا گیا، اور جو کچھ موسیٰ اور عیسیٰ کو اور دوسرے نبیوں کو ان کے رب کی طرف سے دیا گیا، ہم ان میں سے کسی میں فرق نہیں کرتے، اور ہم اسی کے فرمانبردار ہیں۔" (یوسف علی)

لانا ضروری ہے

یہ آیت واضح طور پر یہ حکم دیتی ہے کہ تمام الہامی کتابوں کو یکساں طور پر ماننا لازم ہے، یعنی:

- ✔ تورات (Moses کو دی گئی کتاب)
- ✔ زبور (David کو دی گئی کتاب)
- ✔ انجیل (Jesus کو دی گئی کتاب)
- ✔ قرآن

- ◇ اگر مسلمان یہ مانتے ہیں کہ اللہ کی حفاظت صرف قرآن تک محدود ہے، تو وہ قرآن کی اس آیت کو نظرانداز کر رہے ہیں۔
- ◇ اللہ نے کہا کہ ہم ان کتابوں میں کوئی فرق نہیں کرتے، تو مسلمان کیوں کر رہے ہیں؟

📌 اگر مسلمان کہتے ہیں کہ تورات، زبور اور انجیل بدل چکی ہیں، تو وہ درحقیقت اللہ کے کلام کو جھٹلا رہے ہیں۔

کیا اللہ صرف قرآن کی حفاظت کر سکتا ہے؟

بعض مسلمان یہ دعویٰ کرتے ہیں کہ **اللہ نے صرف قرآن کی حفاظت کا وعدہ کیا ہے، باقی کتابوں کو چھوڑ دیا ہے۔**

📖 **سورۃ الحجر 15:9**
"ہم نے ہی ذکر نازل کیا اور ہم ہی اس کے محافظ ہیں۔"

لیکن یہ آیت **صرف قرآن کے لیے مخصوص نہیں، بلکہ ہر اس الہامی کتاب کے لیے ہے جو اللہ نے نازل کی۔**

- ◇ **اللہ کی حفاظت کا وعدہ صرف قرآن تک محدود نہیں ہو سکتا، ورنہ وہ خود اپنی بات کی خلاف ورزی کر رہا ہوگا۔**

◇ اگر اللہ نے انجیل اور تورات کو محفوظ نہ رکھا، تو اس کا مطلب ہے کہ وہ اپنے وعدے کو پورا کرنے میں ناکام ہوا، جو کہ ناممکن ہے۔

📌 اگر اللہ نے اپنی پہلی کتابوں کی حفاظت نہ کی، تو مسلمان کیسے یقین کر سکتے ہیں کہ وہ قرآن کی حفاظت کرے گا؟

مسلمانوں کو انجیل اور تورات پر ایمان لانے کا حکم کیوں دیا گیا؟

سورۃ آل عمران 3:84 📖

"کہو: ہم ان تمام کتابوں پر ایمان لاتے ہیں جو اللہ نے نازل کی ہیں، اور ہم ان میں کوئی فرق نہیں کرتے۔"

📌 **اگر یہ کتابیں بدل چکی ہوتیں، تو اللہ مسلمانوں کو ان پر ایمان لانے کا حکم کیوں دیتا؟**

یہ آیت ثابت کرتی ہے کہ اللہ نے حضرت عیسیٰ اور حضرت موسیٰ کو جو کتابیں دیں، وہ آج بھی محفوظ ہیں۔

📌 **اگر تورات اور انجیل میں تحریف ہو چکی ہے، تو مسلمانوں کو ان پر ایمان لانے کا حکم دینا بے معنی ہوگا۔**

📌 **یہ قرآن کی اس آیت کو بے اثر بنا دے گا، جو ممکن نہیں کیونکہ قرآن اللہ کا کلام ہے۔**

◇ **لہٰذا، بائبل کے محفوظ ہونے کے بغیر، قرآن کی یہ آیت بے معنی ہو جائے گی۔**

لانے کا حکم کیوں دیتا؟

سورۃ النساء 4:136 📖

"اے ایمان والو! اللہ پر اور اس کے رسول پر اور اس کتاب پر جو اس نے اپنے رسول پر نازل کی، اور ان کتابوں پر جو اس نے پہلے نازل کیں، ایمان لاؤ۔"

📌 یہ حکم محمد صلی اللہ علیہ وسلم کے وقت تک محدود نہیں بلکہ تمام مسلمانوں کے لیے ہے۔
📌 اگر بائبل بدل چکی ہوتی، تو اللہ مسلمانوں کو اس پر ایمان لانے کا حکم کیوں دیتا؟

◇ یہ ثابت کرتا ہے کہ تورات اور انجیل کو محفوظ رکھا گیا ہے، اور مسلمان ان پر ایمان لانے کے پابند ہیں۔

مسلمانوں کے لیے ایک چیلنج :بائبل کہاں ملے گی؟

سورۃ المائدہ 5:68 📖

"کہو! اے اہلِ کتاب، جب تک تم تورات اور انجیل اور جو کچھ تمہارے رب کی طرف سے نازل کیا گیا ہے، اس پر عمل نہیں کرتے، تمہارے لیے کچھ بھی راہِ نجات نہیں۔"

📌 اگر بائبل بدل چکی ہوتی، تو اللہ یہود و نصاریٰ کو اس پر عمل کرنے کا حکم کیوں دیتا؟
📌 اگر بائبل بدل چکی ہوتی، تو کیا مسلمانوں کے لیے اس پر ایمان لانا ممکن ہوتا؟

◇ بائبل صرف ایک ہی جگہ موجود ہے :عہدِ قدیم (Old Testament) اور عہدِ جدید (New Testament) میں، یعنی آج کی بائبل میں۔

📌 اگر مسلمان واقعی قرآن پر ایمان رکھتے ہیں، تو انہیں بائبل کو بھی تسلیم کرنا ہوگا، کیونکہ قرآن خود اس کی تصدیق کرتا ہے۔

نتیجہ :بائبل کو جھٹلانا درحقیقت قرآن کو جھٹلانا ہے

✔ **اللہ نے کہا کہ وہ اپنی وحی کو محفوظ رکھے گا، اور قرآن نے بائبل کو اللہ کی کتابوں میں شمار کیا ہے۔**
✔ **اللہ نے مسلمانوں کو حکم دیا کہ وہ انجیل اور تورات پر ایمان لائیں، جو ثابت کرتا ہے کہ وہ محفوظ ہیں۔**
✔ **اگر بائبل بدل چکی ہوتی، تو اللہ کبھی بھی مسلمانوں کو اس پر ایمان لانے کا حکم نہ دیتا۔**
✔ **اگر مسلمان بائبل کو رد کرتے ہیں، تو وہ درحقیقت قرآن کے ایک بنیادی حکم کو مسترد کر رہے ہیں۔**

📌 **مسلمانوں کو بائبل کے محفوظ ہونے کو تسلیم کرنا چاہیے، کیونکہ قرآن یہی سکھاتا ہے۔**
📌 **اگر مسلمان بائبل کو جھٹلاتے ہیں، تو وہ دراصل قرآن کو جھٹلا رہے ہیں، جو کہ ان کے ایمان کے لیے ایک بڑا خطرہ ہے۔**

سورۃ المائدہ 5:47 📖
اور اہلِ انجیل کو چاہیے کہ جو کچھ اللہ نے اس میں نازل کیا ہے، اس کے مطابق" "حکم کریں۔

📌 **یہ سب سے بڑا ثبوت ہے کہ بائبل اللہ کا محفوظ کلام ہے، اور مسلمانوں کو اس !پر ایمان لانا چاہیے**

مسلمانوں کے لیے حضرت موسیٰؑ، حضرت عیسیٰؑ اور دیگر نبیوں کو دی گئی کتابوں پر ایمان لانا لازم ہے

ممکن نہیں

سورۃ آل عمران 3:84

"کہو: ہم اللہ پر ایمان لائے اور اس پر جو کچھ ہم پر نازل کیا گیا اور جو کچھ ابراہیم، اسماعیل، اسحاق، یعقوب اور ان کی اولاد پر نازل کیا گیا، اور جو کچھ موسیٰ اور عیسیٰ کو اور دوسرے نبیوں کو ان کے رب کی طرف سے دیا گیا، ہم ان میں سے کسی میں فرق نہیں کرتے، اور ہم اسی کے فرمانبردار ہیں۔" (یوسف علی)

یہ آیت **صاف الفاظ میں بیان کرتی ہے کہ اللہ پر ایمان اس وقت تک مکمل نہیں ہو سکتا جب تک کہ ایک مسلمان حضرت موسیٰ، حضرت عیسیٰ اور دیگر نبیوں پر نازل ہونے والی کتابوں پر ایمان نہ لے آئے۔**

- **اللہ نے خود کہا کہ اس کی کتابوں میں کوئی فرق نہیں،** تو مسلمان کیوں فرق کر رہے ہیں؟
- **اگر قرآن پر ایمان لانا ضروری ہے، تو تورات، زبور، اور انجیل پر ایمان لانا بھی اتنا ہی ضروری ہے۔**

اگر کوئی مسلمان بائبل (اللہ کی پچھلی کتابوں) کو رد کرتا ہے، تو وہ اللہ کی نافرمانی کر رہا ہے۔

کیا مسلمان بغیر سمجھے ان کتابوں پر ایمان لا سکتے ہیں؟

بائبل (تورات، زبور، اور انجیل) پر ایمان لانے کے لیے، مسلمانوں کو پہلے یہ جاننا ہوگا کہ یہ کتابیں کیا کہتی ہیں۔

اگر بائبل میں "اصل پیغام" ختم ہو چکا ہوتا، تو کیا مسلمان اسے پڑھ سکتے؟
اگر بائبل بدل چکی ہوتی، تو اللہ مسلمانوں کو اس پر ایمان لانے کا حکم کیوں دیتا؟

- **یہ ثابت کرتا ہے کہ بائبل آج بھی محفوظ ہے اور اللہ کا اصل پیغام اس میں موجود ہے۔**

مسلمانوں کو بائبل پڑھنی چاہیے تاکہ وہ اس پر صحیح معنوں میں ایمان لا سکیں۔ 📌

مسلمانوں کے لیے بائبل کا انکار "ایمان کے چھ ستون" کی خلاف ورزی ہے

اسلام میں ایمان کے چھ ستون **(Six Pillars of Faith)** یہ ہیں:

1. اللہ پر ایمان
2. اس کے فرشتوں پر ایمان
3. اس کی کتابوں پر ایمان
4. اس کے رسولوں پر ایمان
5. قیامت کے دن پر ایمان
6. تقدیر پر ایمان

📌 تیسرا ستون یہ کہتا ہے کہ ہر مسلمان کو اللہ کی تمام کتابوں پر ایمان لانا چاہیے، بشمول تورات، زبور اور انجیل۔

📌 اگر کوئی مسلمان بائبل کو مسترد کرتا ہے، تو وہ اپنے ایمان کے ایک بنیادی ستون کو جھٹلا رہا ہے۔

◇ اس کا مطلب یہ ہے کہ جو مسلمان بائبل کو رد کرتے ہیں، وہ حقیقت میں اسلام کو رد کر رہے ہیں!

📌 کوئی بھی شخص مسلمان نہیں ہو سکتا جب تک وہ بائبل کو اللہ کا کلام تسلیم نہ کرے۔

کتابوں کو نظرانداز کر سکتا ہے؟

سورۃ الحجر 15:9 📖
"ہم نے ہی ذکر نازل کیا اور ہم ہی اس کے محافظ ہیں۔"

📌 **یہ آیت اللہ کے تمام نازل کردہ پیغام کے لیے ہے، نہ کہ صرف قرآن کے لیے۔**
📌 **اگر مسلمان مانتے ہیں کہ اللہ نے قرآن کو محفوظ رکھا، تو انہیں یہ بھی ماننا ہوگا کہ اس نے اپنی پچھلی کتابوں کو بھی محفوظ رکھا۔**

◇ **اگر اللہ نے اپنی پہلی کتابوں کی حفاظت نہ کی، تو مسلمان کیسے یقین کر سکتے ہیں کہ وہ قرآن کی حفاظت کر رہا ہے؟**

سورۃ یونس 10:64 📖
"اللہ کے کلمات کو کوئی بدلنے والا نہیں، یہی سب سے بڑی کامیابی ہے۔"

📌 **اگر مسلمان کہتے ہیں کہ بائبل بدل چکی ہے، تو وہ درحقیقت اللہ کو جھوٹا ثابت کر رہے ہیں، جو کہ کفر ہے۔**

📌 **اللہ نے کہا کہ اس کے کلمات تبدیل نہیں ہو سکتے، تو بائبل کیسے بدل گئی؟**

◇ **یہ واضح کرتا ہے کہ بائبل آج بھی محفوظ ہے، اور مسلمان اس پر ایمان لانے کے پابند ہیں۔**

اللہ نے مسلمانوں کو بائبل کو ماننے کا حکم دیا ہے، تو وہ کیوں اس کا انکار کر رہے ہیں؟

سورۃ المائدہ 5:68 📖
"کہو! اے اہلِ کتاب، جب تک تم تورات اور انجیل اور جو کچھ تمہارے رب کی طرف سے نازل کیا گیا ہے، اس پر عمل نہیں کرتے، تمہارے لیے کچھ بھی راہِ نجات نہیں۔"

یہ آیت ثابت کرتی ہے کہ تورات اور انجیل قیامت تک رہنمائی کے لیے ہیں، اور 📌 اللہ انہیں ختم نہیں کرے گا۔

اگر بائبل بدل چکی ہوتی، تو اللہ یہود و نصاریٰ کو اس پر عمل کرنے کا حکم 📌 کیوں دیتا؟

یہ ثابت کرتا ہے کہ اللہ نے بائبل کی حفاظت کی ہے، اور وہ آج بھی اللہ کا اصل ◇ کلام ہے۔

اگر مسلمان بائبل پر حملہ کرتے ہیں، تو وہ دراصل قرآن پر حملہ کر رہے ہیں

📌 اگر بائبل اللہ کا کلام نہیں، تو قرآن بھی نہیں! 📌

سورۃ آل عمران 3:84 📖
"ہم کسی بھی کتاب میں فرق نہیں کرتے، ہم اللہ کے فرمانبردار ہیں۔"

اللہ نے کہا کہ اس کی تمام کتابیں برابر ہیں، تو مسلمان کیوں فرق کر رہے ہیں؟ 📌
اگر مسلمان بائبل پر حملہ کرتے ہیں، تو وہ دراصل قرآن کی صداقت کو بھی 📌 خطرے میں ڈال رہے ہیں۔

بائبل اور قرآن کو ایک دوسرے کے خلاف کھڑا کرنا قرآن کے خلاف جانا ہے! ◇

اگر مسلمان واقعی اللہ کے سچے پیغام کو ماننا چاہتے ہیں، تو انہیں بائبل کو 📌 قبول کرنا ہوگا۔

رہے ہیں

✔ اللہ نے کہا کہ اس کے الفاظ کو کوئی نہیں بدل سکتا، تو بائبل کیسے بدل سکتی ہے؟

✔ اللہ نے کہا کہ اس کی تمام کتابوں میں کوئی فرق نہیں، تو مسلمان کیوں فرق کر رہے ہیں؟

✔ اللہ نے مسلمانوں کو حکم دیا کہ وہ تورات، زبور اور انجیل پر ایمان لائیں، تو وہ کیوں انکار کر رہے ہیں؟

✔ اگر مسلمان بائبل کو جھٹلاتے ہیں، تو وہ درحقیقت قرآن کے ایک بنیادی حکم کو رد کر رہے ہیں!

📌 اگر مسلمان بائبل پر ایمان نہیں رکھتے، تو وہ حقیقی طور پر مسلمان نہیں ہو سکتے!

📌 بائبل کو رد کرنے کا مطلب ہے قرآن کو رد کرنا، کیونکہ قرآن بائبل کی صداقت کی گواہی دیتا ہے!

📖 سورۃ المائدہ 5:47

"اور اہلِ انجیل کو چاہیے کہ جو کچھ اللہ نے اس میں نازل کیا ہے، اس کے مطابق حکم کریں۔"

📌 یہی سب سے بڑا ثبوت ہے کہ بائبل اللہ کا محفوظ کردہ کلام ہے، اور مسلمانوں کو اس پر ایمان لانا چاہیے!

باب 07
بقرآن تصدیق کرتا ہے کہ محمد صلی اللہ علیہ وسلم انجیل اور تورات پر ایمان رکھتے تھے

کیا کوئی مسلمان بائبل کو جھٹلا کر بھی مسلمان رہ سکتا ہے؟

سورۃ البقرہ 2:285 📖
رسول اس پر ایمان لایا جو اس کے رب کی طرف سے اس پر نازل کیا گیا، اور" مومن بھی۔ ہر ایک اللہ اور اس کے فرشتوں، اس کی کتابوں اور اس کے رسولوں پر ایمان رکھتا ہے، ہم اس کے کسی بھی رسول میں فرق نہیں کرتے۔ وہ کہتے ہیں: ہم نے سنا اور ہم نے اطاعت کی، اے ہمارے رب! ہم تیری مغفرت چاہتے ہیں اور تیری ہی طرف لوٹ کر جانا ہے۔" (قاریب اللہ)

یہ آیت **واضح طور پر بیان کرتی ہے کہ محمد صلی اللہ علیہ وسلم اور ان کے ماننے والے تمام الہامی کتابوں پر ایمان رکھتے تھے، نہ کہ صرف قرآن پر۔**

- **یہاں "کتابوں" (Books) "کتاب" نہ کہ صرف "کا ذکر کیا گیا ہے، (Book) کا۔**
- **اگر بائبل تحریف شدہ ہوتی، تو اللہ محمد صلی اللہ علیہ وسلم کو اس پر ایمان لانے کا حکم کیوں دیتا؟**
- **اگر کوئی مسلمان کہتا ہے کہ بائبل بدل چکی ہے، تو وہ درحقیقت قرآن کے اس واضح حکم کی نافرمانی کر رہا ہے۔**

کے مترادف ہے۔

کیا مسلمان بائبل کو جھٹلا کر "ہم نے سنا اور ہم نے اطاعت کی "کہہ سکتے ہیں؟

سورۃ البقرہ 2:285 📖
"ہم نے سنا اور ہم نے اطاعت کی۔"

◇ **اگر مسلمان واقعی اللہ کے حکم کی اطاعت کرنا چاہتے ہیں، تو انہیں بائبل کو تسلیم کرنا ہوگا۔**
◇ **اگر بائبل بدل چکی ہوتی، تو یہ کہنا کہ "ہم نے اطاعت کی "سراسر جھوٹ ہوگا۔**

📌 **مسلمانوں کے لیے بائبل کو ماننا نہ صرف قرآن کی اطاعت ہے، بلکہ ان کے ایمان کی صداقت کا بھی امتحان ہے۔**

بائبل کو جھٹلانے کا مطلب اسلام سے انکار ہے

صحیح بخاری، جلد 6، کتاب 60، حدیث 300 📖
ابوہریرہؓ سے روایت ہے کہ ایک دن جب اللہ کے رسول صلی اللہ علیہ وسلم لوگوں" کے ساتھ بیٹھے تھے، ایک آدمی آیا اور پوچھا: اے اللہ کے رسول، ایمان کیا ہے؟ نبی صلی اللہ علیہ وسلم نے فرمایا: ایمان یہ ہے کہ تم اللہ، اس کے فرشتوں، اس کی "کتابوں، اس کے رسولوں اور قیامت کے دن پر ایمان لاؤ۔

📌 **یہ حدیث اسلام میں "ایمان کے چھ ستونوں "کو بیان کرتی ہے، جن میں "اللہ کی کتابوں پر ایمان "بھی شامل ہے۔**

◇ **اگر کوئی مسلمان بائبل کو جھٹلاتا ہے، تو وہ درحقیقت ایمان کے بنیادی ستونوں میں سے ایک کو رد کر رہا ہے۔**

◇ یہ اسلامی ایمان کی بنیادی شرط کی خلاف ورزی ہے، جو اسلام سے انکار کے مترادف ہے۔

📌 مسلمانوں کے پاس صرف دو راستے ہیں:
1. یا تو وہ قرآن اور حدیث کی تعلیمات کی پیروی کریں اور بائبل کو قبول کریں۔
2. یا پھر وہ بائبل کو رد کر کے قرآن اور حدیث کی نافرمانی کریں، جو ان کے ایمان کو باطل کر دیتا ہے۔

کیا اللہ مسلمانوں کو کسی "بدل دی گئی "کتاب پر ایمان لانے کا حکم دے گا؟

سورۃ النساء 4:136 📖

اے ایمان والو! اللہ پر، اس کے رسول پر، اس کتاب پر جو اس نے اپنے رسول پر" "نازل کی، اور ان کتابوں پر جو اس نے پہلے نازل کیں، ایمان لاؤ۔

📌 **یہ آیت مسلمانوں کو حکم دے رہی ہے کہ وہ پچھلی الہامی کتابوں پر ایمان لائیں۔**

◇ **اگر بائبل بدل چکی ہوتی، تو کیا اللہ مسلمانوں کو اس پر ایمان لانے کا حکم دیتا؟**
◇ **کیا اللہ ایک ایسی چیز کو ماننے کا حکم دے گا جس میں تحریف ہو چکی ہو؟**
◇ **یہ اللہ کی حکمت کے خلاف ہے کہ وہ ایسی چیز پر ایمان لانے کا مطالبہ کرے جو غلط ہو چکی ہو۔**

📌 **یہ ثابت کرتا ہے کہ بائبل آج بھی محفوظ ہے، اور مسلمانوں پر لازم ہے کہ وہ اس پر ایمان لائیں۔**

کریں

◇ مسلمان کہتے ہیں" :ہم بائبل پر ایمان لاتے ہیں، لیکن صرف اس بائبل پر جو "پہلے موجود تھی، نہ کہ آج کی بائبل پر۔
◇ یہ بات مضحکہ خیز ہے، کیونکہ آج تک کسی مسلمان نے یہ ثابت نہیں کیا کہ بائبل میں کوئی بنیادی تحریف ہوئی ہو۔

📌 اگر مسلمان واقعی یہ مانتے ہیں کہ بائبل کبھی درست تھی، تو انہیں یہ بھی ماننا ہوگا کہ اللہ نے اس کی حفاظت کی ہے، کیونکہ اللہ کا وعدہ ہے کہ وہ اپنے کلام کی حفاظت کرے گا۔

📖 سورة یونس **10:64**
"اللہ کے کلمات کو کوئی بدلنے والا نہیں۔"

📌 اگر بائبل بدل گئی ہوتی، تو اس کا مطلب ہے کہ اللہ جھوٹ بول رہا ہے، جو کہ ناممکن ہے!

📌 لہٰذا، یہ کہنا کہ "ہم بائبل پر ایمان رکھتے ہیں، لیکن پہلے والی پر "صرف ایک دھوکہ ہے، جو قرآن کی واضح تعلیمات کے خلاف ہے۔

نتیجہ :مسلمان بائبل کو جھٹلا کر اسلام سے دور جا رہے ہیں

✔ قرآن تصدیق کرتا ہے کہ محمد صلی اللہ علیہ وسلم اور ان کے پیروکار بائبل)تورات، زبور، انجیل (پر ایمان رکھتے تھے۔
✔ قرآن میں بار بار حکم دیا گیا ہے کہ تمام مسلمانوں کو پچھلی کتابوں پر ایمان لانا ضروری ہے۔
✔ صحیح بخاری کی حدیث بھی ثابت کرتی ہے کہ ایمان کے چھ ستونوں میں "اللہ کی کتابوں پر ایمان "شامل ہے۔
✔ اگر کوئی مسلمان بائبل کو جھٹلاتا ہے، تو وہ دراصل اسلام کے بنیادی عقائد کی

خلاف ورزی کر رہا ہے۔

"مسلمانوں کا یہ کہنا کہ "ہم بائبل پر ایمان رکھتے ہیں، لیکن پہلے والی پر ✔ صرف ایک چالاکی ہے، جو قرآن کی واضح تعلیمات کے خلاف ہے۔

اگر مسلمان واقعی قرآن اور حدیث کی پیروی کرنا چاہتے ہیں، تو انہیں بائبل کو 📌 تسلیم کرنا ہوگا۔

بائبل کو رد کرنے کا مطلب یہ ہے کہ وہ درحقیقت اللہ کی وحی کو رد کر رہے 📌 ہیں، اور یہ اسلام سے انکار کے مترادف ہے!

سورۃ المائدہ 5:47 📖

اور اہلِ انجیل کو چاہیے کہ جو کچھ اللہ نے اس میں نازل کیا ہے، اس کے مطابق" حکم کریں۔"

یہ سب سے بڑا ثبوت ہے کہ بائبل اللہ کا محفوظ کردہ کلام ہے، اور مسلمانوں 📌 کو اس پر ایمان لانا چاہیے!

کیا مسلمان بائبل کو مسترد کر کے بھی مسلمان رہ سکتے ہیں؟

سورۃ البقرہ 2:285 📖

رسول اس پر ایمان لایا جو اس کے رب کی طرف سے اس پر نازل کیا گیا، اور" مومن بھی۔ ہر ایک اللہ اور اس کے فرشتوں، اس کی کتابوں اور اس کے رسولوں پر ایمان رکھتا ہے، ہم اس کے کسی بھی رسول میں فرق نہیں کرتے۔ وہ کہتے ہیں: ہم نے سنا اور ہم نے اطاعت کی، اے ہمارے رب! ہم تیری مغفرت چاہتے ہیں اور تیری ہی طرف لوٹ کر جانا ہے۔" (قاریب اللہ)

یہ آیت واضح طور پر بیان کرتی ہے کہ محمد صلی اللہ علیہ وسلم اور ان کے 📌 پیروکار تمام الہامی کتابوں پر ایمان رکھتے تھے۔

اگر بائبل واقعی بدل گئی ہوتی، تو کیا اللہ مسلمانوں کو اس پر ایمان لانے کا 📌 حکم دیتا؟

اگر کوئی مسلمان بائبل کو رد کرتا ہے، تو وہ درحقیقت قرآن کے اس حکم کی 📌 نافرمانی کر رہا ہے۔

انکار کے مترادف ہے۔

"ہم پرانی بائبل پر ایمان رکھتے ہیں، آج کی بائبل پر نہیں" یہ دعویٰ ناقابلِ قبول کیوں ہے؟ –

○ **مسلمان اکثر کہتے ہیں:**
"ہم بائبل پر ایمان رکھتے ہیں، لیکن اس بائبل پر جو پہلے موجود تھی، نہ کہ آج کی بائبل پر۔"

📌 **یہ بات منطقی طور پر ناقابلِ قبول ہے، اور اسے سمجھنے کے لیے ایک مثال دیکھتے ہیں:**

✔ تصور کریں کہ **عبداللہ ایک ایماندار پولیس افسر تھا، لیکن بعد میں وہ کرپٹ ہو گیا۔**
✔ **جب سے آپ پیدا ہوئے، آپ نے اسے صرف ایک کرپٹ پولیس افسر کے طور پر جانا ہے۔**
✔ **اب اگر آپ عدالت میں جا کر کہیں، "میں عبداللہ پر یقین رکھتا ہوں، لیکن اس ایماندار پولیس افسر پر جو وہ پہلے تھا" – تو کیا آپ کا یہ بیان کوئی وزن رکھتا ہے؟**

📌 **نہیں! کیونکہ آپ کسی ایسی چیز پر ایمان نہیں رکھ سکتے جس کا آپ کو کوئی علم ہی نہ ہو۔**

✔ **اسی طرح، اگر مسلمان کہتے ہیں کہ وہ "پہلی بائبل" پر ایمان رکھتے ہیں، تو سوال یہ ہے کہ وہ کہاں ہے؟**
✔ **اگر وہ کھو چکی ہے، تو وہ کس چیز پر ایمان رکھ رہے ہیں؟**

📌 **اگر مسلمان بائبل کو رد کرتے ہیں، تو وہ قرآن کے حکم کی نافرمانی کر رہے ہیں جو کہتا ہے کہ بائبل پر ایمان لانا فرض ہے۔**

قرآن کے مطابق بائبل آج بھی محفوظ ہے

سورۃ آل عمران 3:84 🕮
"کہو: ہم اللہ پر ایمان لائے اور اس پر جو کچھ ہم پر نازل کیا گیا اور جو کچھ ابراہیم، اسماعیل، اسحاق، یعقوب اور ان کی اولاد پر نازل کیا گیا، اور جو کچھ موسیٰ اور عیسیٰ کو اور دوسرے نبیوں کو ان کے رب کی طرف سے دیا گیا، ہم ان میں سے کسی میں فرق نہیں کرتے، اور ہم اسی کے فرمانبردار ہیں۔"

یہ آیت "موجودہ وقت "میں بات کر رہی ہے، اور مسلمانوں کو حکم دے رہی ہے کہ وہ تورات، زبور اور انجیل پر ایمان رکھیں۔ 📌
اگر بائبل بدل گئی ہوتی، تو کیا اللہ اس پر ایمان لانے کا حکم دیتا؟ 📌

- **اللہ کا حکم آج بھی موجود ہے، اس کا مطلب ہے کہ بائبل بھی آج موجود ہے اور محفوظ ہے۔**
- **اگر بائبل تبدیل ہو چکی ہوتی، تو اللہ کبھی بھی مسلمانوں کو اس پر ایمان لانے کا حکم نہ دیتا۔**

یہ کہنا کہ "ہم پرانی بائبل پر ایمان رکھتے ہیں "صرف ایک فریب ہے، جو قرآن کی تعلیمات کے خلاف ہے۔ 📌

کیا مسلمان قرآن کے واضح احکام کی نافرمانی کر رہے ہیں؟

سورۃ المائدہ 5:68 🕮
"کہو! اے اہلِ کتاب، جب تک تم تورات اور انجیل اور جو کچھ تمہارے رب کی طرف سے نازل کیا گیا ہے، اس پر عمل نہیں کرتے، تمہارے لیے کچھ بھی راہِ نجات نہیں۔"

یہاں اللہ اہلِ کتاب (یہود و نصاریٰ) کو حکم دے رہا ہے کہ وہ بائبل پر عمل کریں۔ 📌
اگر بائبل بدل چکی ہوتی، تو اللہ یہ حکم کیوں دیتا؟ 📌

سورۃ النساء 4:136 📖

"اے ایمان والو! اللہ پر، اس کے رسول پر، اس کتاب پر جو اس نے اپنے رسول پر نازل کی، اور ان کتابوں پر جو اس نے پہلے نازل کیں، ایمان لاؤ۔"

📌 یہ حکم صرف محمد صلی اللہ علیہ وسلم کے وقت تک محدود نہیں بلکہ قیامت تک تمام مسلمانوں کے لیے ہے۔
📌 اگر بائبل بدل چکی ہوتی، تو کیا یہ حکم قابلِ عمل رہتا؟

◇ یہ ثابت کرتا ہے کہ بائبل آج بھی محفوظ ہے اور مسلمانوں کو اس پر ایمان لانا چاہیے۔

مسلمان دو میں سے ایک راستہ چن سکتے ہیں:

📌 یا تو وہ بائبل کو اللہ کا محفوظ کلام تسلیم کریں۔
📌 یا پھر وہ اللہ، قرآن اور اسلام کو مسترد کریں۔

◇ اگر مسلمان کہتے ہیں کہ بائبل بدل چکی ہے، تو وہ درحقیقت اللہ کو جھوٹا قرار دے رہے ہیں، جو کہ کفر ہے۔
◇ اگر مسلمان بائبل کو مسترد کرتے ہیں، تو وہ قرآن کی ان آیات کو بھی مسترد کر رہے ہیں جو بائبل پر ایمان لانے کا حکم دیتی ہیں۔

📌 بائبل کو جھٹلانا درحقیقت اسلام کو جھٹلانا ہے۔

نتیجہ :بائبل پر ایمان لانا قرآن اور اسلام کی بنیاد ہے

✔ قرآن واضح طور پر کہتا ہے کہ محمد صلی اللہ علیہ وسلم اور ان کے پیروکار بائبل)تورات، زبور، انجیل (پر ایمان رکھتے تھے۔

- **اللہ نے مسلمانوں کو حکم دیا کہ وہ ان کتابوں پر ایمان لائیں۔** ✔
- **اگر کوئی مسلمان بائبل کو جھٹلاتا ہے، تو وہ درحقیقت قرآن کے بنیادی احکام کی خلاف ورزی کر رہا ہے۔** ✔
- **یہ کہنا کہ "ہم پرانی بائبل پر ایمان رکھتے ہیں "ایک فریب ہے، جو قرآن کی واضح تعلیمات کے خلاف ہے۔** ✔
- **اگر مسلمان بائبل کو مسترد کرتے ہیں، تو وہ درحقیقت اسلام سے دور جا رہے ہیں۔** ✔

📌 **اگر مسلمان واقعی قرآن اور حدیث پر ایمان رکھتے ہیں، تو انہیں بائبل کو بھی قبول کرنا ہوگا۔**

📌 **اگر وہ بائبل کو مسترد کرتے ہیں، تو وہ قرآن اور اسلام کو مسترد کر رہے ہیں!**

سورۃ المائدہ 5:47 📖

اور اہلِ انجیل کو چاہیے کہ جو کچھ اللہ نے اس میں نازل کیا ہے، اس کے مطابق" حکم کریں۔"

📌 **یہ سب سے بڑا ثبوت ہے کہ بائبل اللہ کا محفوظ کلام ہے، اور مسلمانوں کو اس پر ایمان لانا چاہیے!**

اگر بائبل بدل گئی، تو کیا اللہ اپنی حفاظت میں ناکام ہوا؟

مسلمان اکثر یہ دعویٰ کرتے ہیں کہ پہلی **الہامی کتابیں یا تو ضائع ہو چکی ہیں یا بدل دی گئی ہیں۔** لیکن یہ **دعویٰ قرآن کے واضح احکام کے خلاف ہے، جو یہ کہتا ہے کہ اللہ نے اپنی تمام کتابوں کو محفوظ رکھنے کا وعدہ کیا تھا۔**

سورۃ المائدہ 5:48 📖

پھر ہم نے تمہاری طرف (اے محمدؐ!) یہ کتاب (قرآن) سچائی کے ساتھ نازل کی، جو" اس سے پہلے کی کتاب کی تصدیق کرنے والی اور اس کی محافظ ہے۔" (مودودی)

📖 *"اور ہم نے تم پر وہ کتاب نازل کی جو سچ پر مبنی ہے، اس سے پہلے نازل ہونے والی کتابوں کی تصدیق کرتی ہے اور ان کی حفاظت کرتی ہے۔" (احمد علی)

📖 *"اور ہم نے تمہاری طرف یہ کتاب نازل کی جو سچائی پر مبنی ہے، اس سے پہلے کی کتابوں کی تصدیق کرنے والی اور ان کی نگران ہے۔" (پکتھال)

کتابوں کی تصدیق کرتی ہے اور ان کی محافظ ہے۔" (شاکر)

📖 *"اور ہم نے تمہاری طرف کتاب سچائی کے ساتھ نازل کی، جو اس سے پہلے کی کتابوں کی تصدیق کرتی ہے اور انہیں محفوظ رکھتی ہے۔" (یوسف علی)

📌 **یہ آیت واضح طور پر کہتی ہے کہ قرآن کا کام صرف سابقہ کتابوں)تورات، زبور، انجیل (کی تصدیق کرنا ہی نہیں بلکہ ان کی "حفاظت "بھی کرنا ہے۔**

◇ **اگر بائبل قرآن کے آنے سے پہلے ہی بدل چکی تھی، تو قرآن کو اس کی حفاظت کے لیے کیوں بھیجا گیا؟**
◇ **اللہ کیوں کسی ایسی چیز کی حفاظت کا حکم دے گا جو پہلے ہی خراب ہو چکی ہو؟**
◇ **اگر بائبل کے بدلنے کا عمل قرآن کے بعد ہوا، تو اس کا مطلب ہے کہ قرآن اپنی حفاظت کی ذمہ داری میں ناکام رہا۔**

📌 **یہ ثابت کرتا ہے کہ بائبل قرآن کے نازل ہونے کے وقت بھی اصل حالت میں تھی اور آج بھی محفوظ ہے۔**

اگر بائبل بدل گئی، تو اللہ ناکام ہوا؟

📌 **مسلمان کہتے ہیں کہ بائبل بدل گئی، لیکن کیا وہ سوچتے ہیں کہ ایسا ماننے سے وہ اللہ کو ناکام قرار دے رہے ہیں؟**

◇ **اگر بائبل قرآن کے نزول سے پہلے بدل گئی، تو اللہ کیوں کہے گا کہ قرآن اس کی تصدیق اور حفاظت کے لیے آیا ہے؟**
◇ **اگر بائبل قرآن کے نزول کے بعد بدل گئی، تو اس کا مطلب ہے کہ قرآن اپنی ذمہ داری پوری نہ کر سکا۔**

سورۃ یونس 10:64 📖
"اللہ کے کلمات کو کوئی بدلنے والا نہیں، یہی سب سے بڑی کامیابی ہے۔"

اگر بائبل بدل گئی، تو اس کا مطلب یہ ہوگا کہ یا تو اللہ کا وعدہ غلط تھا، یا مسلمان غلطی پر ہیں۔
اگر مسلمان مانتے ہیں کہ بائبل بدل گئی، تو وہ اللہ کو جھوٹا کہہ رہے ہیں، جو کہ کفر ہے۔

- **کیا مسلمان یہ ماننے کے لیے تیار ہیں کہ اللہ ناکام ہوا؟**
- **اگر نہیں، تو انہیں بائبل کو سچ ماننا ہوگا، کیونکہ قرآن یہی کہتا ہے۔**

کیا مسلمان اللہ کے احکام کی خلاف ورزی کر رہے ہیں؟

سورۃ آل عمران 3:84

"کہو: ہم اللہ پر ایمان لائے اور اس پر جو کچھ ہم پر نازل کیا گیا اور جو کچھ ابراہیم، اسماعیل، اسحاق، یعقوب اور ان کی اولاد پر نازل کیا گیا، اور جو کچھ موسیٰ اور عیسیٰ کو اور دوسرے نبیوں کو ان کے رب کی طرف سے دیا گیا، ہم ان میں سے کسی میں فرق نہیں کرتے، اور ہم اسی کے فرمانبردار ہیں۔"

یہ آیت مسلمانوں کو حکم دے رہی ہے کہ وہ تمام الہامی کتابوں پر ایمان لائیں، بشمول تورات، زبور اور انجیل۔
اگر یہ کتابیں بدل چکی ہوتیں، تو کیا اللہ مسلمانوں کو ان پر ایمان لانے کا حکم دیتا؟

- **یہ ثابت کرتا ہے کہ بائبل آج بھی اصل حالت میں ہے اور اللہ کے کلام کی سچائی پر قائم ہے۔**

سورۃ النساء 4:136

"اے ایمان والو! اللہ پر، اس کے رسول پر، اس کتاب پر جو اس نے اپنے رسول پر نازل کی، اور ان کتابوں پر جو اس نے پہلے نازل کیں، ایمان لاؤ۔"

یہ حکم محمد صلی اللہ علیہ وسلم کے وقت تک محدود نہیں بلکہ قیامت تک تمام مسلمانوں کے لیے ہے۔
اگر بائبل بدل چکی ہوتی، تو کیا یہ حکم قابلِ عمل رہتا؟

چاہیے۔

اگر مسلمان بائبل کو جھٹلاتے ہیں، تو وہ اسلام سے دور جا رہے ہیں

مسلمانوں کے پاس دو راستے ہیں: 📌
1. **یا تو وہ بائبل کو اللہ کا محفوظ کلام مانیں، اور قرآن پر ایمان رکھیں۔**
2. **یا پھر وہ بائبل کو جھٹلائیں، اور قرآن کی ان آیات کو بھی مسترد کریں جو بائبل کی تصدیق کرتی ہیں۔**

📌 **اگر مسلمان بائبل کو مسترد کرتے ہیں، تو وہ درحقیقت اسلام کی بنیادی تعلیمات سے انکار کر رہے ہیں۔**

📖 **سورة المائده 5:47**
"اور اہلِ انجیل کو چاہیے کہ جو کچھ اللہ نے اس میں نازل کیا ہے، اس کے مطابق حکم کریں۔"

📌 **اگر بائبل بدل گئی ہوتی، تو کیا اللہ یہ حکم دیتا؟**
📌 **یہ آیت واضح طور پر ثابت کرتی ہے کہ بائبل اللہ کا اصل اور محفوظ کلام ہے۔**

نتیجہ :اگر بائبل بدل چکی ہے، تو قرآن بھی جھوٹا ہے

✔ **اللہ نے کہا کہ اس کے الفاظ کو کوئی بدل نہیں سکتا، تو بائبل کیسے بدل سکتی ہے؟**
✔ **قرآن کہتا ہے کہ وہ بائبل کی تصدیق اور حفاظت کے لیے آیا ہے، تو بائبل کیسے بدل سکتی ہے؟**
✔ **اگر بائبل بدل گئی، تو قرآن اپنی ذمہ داری پوری نہ کر سکا، جو کہ قرآن کی ناکامی ہے۔**

اگر مسلمان بائبل کو مسترد کرتے ہیں، تو وہ درحقیقت قرآن کے بنیادی اصولوں کو جھٹلا رہے ہیں۔ ✔

اگر مسلمان واقعی اللہ اور قرآن پر ایمان رکھتے ہیں، تو انہیں بائبل کو بھی تسلیم کرنا ہوگا۔ 📌
اگر وہ بائبل کو مسترد کرتے ہیں، تو وہ درحقیقت قرآن اور اسلام کو مسترد کر رہے ہیں! 📌

سورة المائدہ 5:68 📖
"کہو! اے اہلِ کتاب، جب تک تم تورات اور انجیل اور جو کچھ تمہارے رب کی طرف سے نازل کیا گیا ہے، اس پر عمل نہیں کرتے، تمہارے لیے کچھ بھی راہِ نجات نہیں۔"

یہ سب سے بڑا ثبوت ہے کہ بائبل اللہ کا محفوظ کردہ کلام ہے، اور مسلمانوں کو اس پر ایمان لانا چاہیے! 📌

اگر بائبل کبھی اصل اور محفوظ تھی، تو وہ کیسے بدل گئی؟

بہت سے مسلمان مفکرین یہ دعویٰ کرتے ہیں کہ **اصل بائبل کبھی موجود تھی لیکن بعد میں تبدیل ہو گئی یا گم ہو گئی۔**

اگر یہ دعویٰ درست ہے، تو مسلمانوں کو درج ذیل سوالات کے جوابات دینے ہوں گے: 📌

1. **اگر بائبل پہلے محفوظ اور اصل تھی، تو کیا انسانوں کے لیے یہ ممکن تھا کہ وہ اللہ کی کتاب کو تبدیل کر سکیں؟**
2. **کیا اس کا مطلب یہ نہیں کہ اللہ کمزور انسانوں کے ہاتھوں شکست کھا گیا؟**
3. **کون تھا جس نے اللہ کی اس محفوظ شدہ کتاب کو تبدیل کر دیا، جبکہ اللہ نے خود وعدہ کیا تھا کہ کوئی بھی اس کے الفاظ کو تبدیل نہیں کر سکتا؟**
4. **اللہ نے اپنی وحی کو محفوظ رکھنے کا وعدہ کیا تھا، تو کیا اس کا وعدہ صرف قرآن تک محدود تھا؟**
5. **اگر اللہ نے اپنی پہلی کتابوں کی حفاظت نہ کی، تو مسلمان کیسے یقین کر سکتے**

6 کیا مسلمان اللہ پر جھوٹ کا الزام نہیں لگا رہے جب وہ کہتے ہیں کہ بائبل بدل گئی؟

7 کیا مسلمان اللہ پر ناکامی کا الزام نہیں لگا رہے کہ وہ اپنی کتابوں کی حفاظت نہیں کر سکا؟

8 کیا مسلمان دوسرے مخلص مسلمانوں کو اس قرآنی حکم کی خلاف ورزی پر مجبور نہیں کر رہے کہ تمام الہامی کتابوں پر ایمان لانا فرض ہے؟

📌 یہ تمام سوالات ظاہر کرتے ہیں کہ "بائبل بدل گئی "کا دعویٰ نہ صرف قرآن کے خلاف ہے بلکہ خود اللہ کی عظمت اور قدرت پر بھی حملہ ہے۔

،مسلمانوں کی یہ کوشش کہ وہ بائبل کو جھوٹا ثابت کریں درحقیقت اللہ کی توہین ہے

📖 سورۃ البقرہ 2:85

تو کیا تم کتاب کے بعض حصے پر ایمان لاتے ہو اور بعض کا انکار کرتے ہو؟ تو" ،تم میں سے جو لوگ ایسا کرتے ہیں ان کی سزا دنیا میں رسوائی کے سوا کچھ نہیں اور قیامت کے دن ان پر سخت عذاب ہوگا، اور اللہ تمہارے اعمال سے بے خبر نہیں ہے۔" (یوسف علی)

📖 *"کیا تم کتاب کے بعض حصے پر ایمان رکھتے ہو اور بعض کا انکار کرتے ہو؟ جو لوگ ایسا کرتے ہیں ان کے لیے دنیا میں ذلت ہے، اور قیامت کے دن انہیں بدترین عذاب میں ڈالا جائے گا۔ اور اللہ تمہارے اعمال سے بے خبر نہیں ہے۔" (آربری)

📌 اللہ صاف کہہ رہا ہے کہ جو لوگ اس کی کتاب کے کچھ حصے مانتے ہیں اور کچھ کا انکار کرتے ہیں، وہ دنیا میں ذلیل ہوں گے اور آخرت میں سخت ترین عذاب پائیں گے۔

- **یہ وہی کام ہے جو آج مسلمان بائبل کے ساتھ کر رہے ہیں۔**
- **وہ بائبل کے کچھ حصے قبول کرتے ہیں لیکن باقی کا انکار کرتے ہیں۔**
- **یہی رویہ اللہ کے غصے اور سزا کو دعوت دے رہا ہے۔**

الله نے یہ حکم دیا ہے کہ "الکتاب "یعنی پوری بائبل کو قبول کرو، ورنہ سزا کے لیے تیار رہو۔

کیا مسلمانوں کو بائبل کے مستند یا غیر مستند ہونے کا فیصلہ کرنے کا اختیار حاصل ہے؟

کون سے مسلمان یہ فیصلہ کریں گے کہ بائبل کے کون سے حصے درست ہیں اور کون سے غلط؟

کیا اللہ نے کسی مسلمان کو اختیار دیا ہے کہ وہ بائبل کے بعض حصے تسلیم کرے اور بعض کا انکار کرے؟

◇ اگر کوئی مسلمان یہ دعویٰ کرتا ہے کہ بائبل میں کچھ چیزیں صحیح ہیں اور کچھ غلط، تو سوال یہ پیدا ہوتا ہے:

- ✔ کیا ان کے پاس کوئی "اصلی بائبل "ہے جس سے وہ موجودہ بائبل کا موازنہ کر سکیں؟
- ✔ اگر نہیں، تو وہ کیسے کہہ سکتے ہیں کہ بائبل میں تحریف ہوئی ہے؟
- ✔ یہ ایسا ہی ہے جیسے کوئی آپ پر جعلی دستخط کا الزام لگائے، لیکن اصل دستخط کا کوئی ثبوت نہ دے!

یہ بالکل واضح ہے کہ مسلمانوں کے پاس بائبل کے خلاف کوئی اصل دلیل نہیں، اور ان کا الزام محض ایک جھوٹ ہے۔

کیا قرآن نے بائبل کو مسترد کیا یا اس کی تصدیق کی؟

سورۃ المائدہ 5:47 📖

"اور اہلِ انجیل کو چاہیے کہ جو کچھ اللہ نے اس میں نازل کیا ہے، اس کے مطابق حکم کریں۔"

یہ آیت ثابت کرتی ہے کہ انجیل)یعنی بائبل (قیامت تک قابلِ عمل اور محفوظ رہے گی۔ 📌

سورۃ آل عمران 3:84 📖

،کہو: ہم اللہ پر ایمان لائے اور اس پر جو کچھ ہم پر نازل کیا گیا اور جو کچھ موسیٰ"
عیسیٰ اور دیگر نبیوں کو ان کے رب کی طرف سے دیا گیا، ہم ان میں سے کسی میں
"فرق نہیں کرتے، اور ہم اسی کے فرمانبردار ہیں۔

یہ آیت مسلمانوں کو حکم دے رہی ہے کہ وہ بائبل پر بھی ایمان لائیں، جس طرح وہ قرآن پر ایمان رکھتے ہیں۔ 📌

- **اگر مسلمان بائبل کو مسترد کرتے ہیں، تو وہ اللہ کے حکم کی نافرمانی کر رہے ہیں۔**
- **اگر مسلمان بائبل کو قبول کرتے ہیں، تو انہیں اسے اللہ کا محفوظ کلام بھی ماننا ہوگا۔**

!اللہ کی کتاب کو مسترد کرنے کا مطلب ہے کہ مسلمان اللہ کے خلاف جا رہے ہیں 📌

نتیجہ :اگر مسلمان بائبل کو جھٹلاتے ہیں، تو وہ اسلام کو جھٹلا رہے ہیں

- ✔ **قرآن واضح طور پر کہتا ہے کہ اللہ کی تمام کتابیں برابر ہیں، اور انہیں قبول کرنا لازم ہے۔**
- ✔ **قرآن نے بائبل کو مستند قرار دیا اور مسلمانوں کو اس پر ایمان لانے کا حکم دیا۔**
- ✔ **اگر مسلمان بائبل کو مسترد کرتے ہیں، تو وہ قرآن کے حکم کو بھی مسترد کر رہے ہیں۔**
- ✔ **یہ کہنا کہ "بائبل بدل گئی "درحقیقت اللہ پر جھوٹا ہونے کا الزام لگانا ہے، جو کہ کفر ہے۔**
- ✔ **اگر بائبل بدل گئی، تو اس کا مطلب ہے کہ اللہ اپنے وعدے کی حفاظت کرنے میں ناکام ہوا، جو کہ ناممکن ہے۔**

اگر مسلمان واقعی قرآن اور اللہ پر ایمان رکھتے ہیں، تو انہیں بائبل کو بھی تسلیم کرنا ہوگا۔

اگر وہ بائبل کو مسترد کرتے ہیں، تو وہ درحقیقت قرآن اور اسلام کو مسترد کر رہے ہیں!

سورۃ المائدہ 5:68 📖

"کہو! اے اہلِ کتاب، جب تک تم تورات اور انجیل اور جو کچھ تمہارے رب کی طرف سے نازل کیا گیا ہے، اس پر عمل نہیں کرتے، تمہارے لیے کچھ بھی راہِ نجات نہیں۔"

یہ سب سے بڑا ثبوت ہے کہ بائبل اللہ کا محفوظ کردہ کلام ہے، اور مسلمانوں کو اس پر ایمان لانا چاہیے!

اللہ ان مسلمانوں پر کیا الزام لگاتا ہے جو بائبل کو جھٹلاتے ہیں؟

سورۃ النساء 4:136 📖

"اے ایمان والو! اللہ پر، اس کے رسول پر، اور اس کتاب پر جو اس نے اپنے رسول پر نازل کی، اور ان کتابوں پر جو اس نے پہلے نازل کیں، ایمان لاؤ۔ جو کوئی اللہ، اس کے فرشتوں، اس کی کتابوں، اس کے رسولوں اور قیامت کے دن کا انکار کرے، وہ بہت دور کی گمراہی میں جا پڑا۔" (یوسف علی)

یہ آیت واضح طور پر بیان کرتی ہے کہ جو کوئی اللہ کی کتابوں کو جھٹلاتا ہے، وہ "بہت دور کی گمراہی میں جا پڑا" اور اللہ کی پکڑ کا مستحق ہو گیا۔

- **یہاں "کتاب" نہیں بلکہ "کتابیں" (Books) کا ذکر ہے، جس کا مطلب ہے کہ تمام الہامی کتابوں کو تسلیم کرنا لازمی ہے۔**
- **چونکہ قرآن کے بعد کوئی اور الہامی کتاب نازل نہیں ہوئی، اس لیے یہاں ذکر کردہ "کتابیں" وہی ہیں جو قرآن سے پہلے نازل ہوئیں۔**
- **قرآن صرف چار کتابوں کو تسلیم کرتا ہے: تورات، زبور، انجیل اور قرآن۔**

ان میں سے تین کتابیں (تورات، زبور، اور انجیل) صرف بائبل میں موجود ہیں، جو آج ہمارے پاس ہے۔

"بائبل پر ایمان نہیں رکھتا، تو وہ اللہ کے مطابق "گمراہی میں پڑ چکا ہے۔
◇ ایسا شخص اللہ کے سخت عذاب کا مستحق ہو سکتا ہے۔

📌 اگر آپ مسلمان ہیں اور آپ مانتے ہیں کہ یہ آیات اللہ کا ابدی کلام ہیں، تو آپ کو خود سے سوال کرنا چاہیے:

کیا اللہ کسی ایسی چیز کے انکار پر سزا دے سکتا ہے جو موجود ہی نہ ہو؟

? اگر اللہ کی کتابیں گم ہو چکی ہیں، تو کیا اللہ مجھے ان کے انکار پر سزا دے سکتا ہے؟
? اگر اللہ کی کتابیں بدل چکی ہیں، تو کیا اللہ مجھے ان پر ایمان نہ لانے پر عذاب دے سکتا ہے؟
? اگر اللہ کی کتابیں واقعی ضائع ہو چکی ہیں یا تبدیل ہو چکی ہیں، تو پھر اللہ مجھے ان پر ایمان لانے کا حکم کیوں دیتا ہے؟

📌 یہ سب سوالات اس بات کو ثابت کرتے ہیں کہ بائبل آج بھی اللہ کی محفوظ شدہ کتاب ہے۔
📌 ورنہ اللہ کا یہ انتباہ بے معنی ہو جائے گا۔

◇ کیا اللہ کسی مسلمان کو ایسی کتابوں کو تسلیم نہ کرنے پر سزا دے گا جو سرے سے موجود ہی نہیں؟
◇ اگر بائبل بدل چکی ہوتی، تو اللہ کبھی بھی قرآن میں اس کے انکار پر سخت عذاب کی دھمکی نہ دیتا۔

📖 سورۃ المائدہ 5:68
"کہو! اے اہلِ کتاب، جب تک تم تورات اور انجیل اور جو کچھ تمہارے رب کی طرف سے نازل کیا گیا ہے، اس پر عمل نہیں کرتے، تمہارے لیے کچھ بھی راہِ نجات نہیں۔"

یہ آیت ثابت کرتی ہے کہ تورات اور انجیل اب بھی قابلِ عمل ہیں اور اللہ کا اصل کلام ہیں۔ 📌

اگر مسلمان بائبل کو جھٹلاتے ہیں، تو وہ قرآن کو بھی جھٹلا رہے ہیں

- ◇ **مسلمان عام طور پر یہ کہتے ہیں کہ بائبل کو بدل دیا گیا ہے، لیکن قرآن ہمیشہ بائبل کی تصدیق کرتا ہے۔**
- ◇ **کیا مسلمان یہ کہنے کی جرات رکھتے ہیں کہ قرآن غلط ہے؟**

سورۃ یونس 10:64 📖
"اللہ کے کلمات کو کوئی بدلنے والا نہیں، یہی سب سے بڑی کامیابی ہے۔"

اگر بائبل بدل چکی ہے، تو اس کا مطلب ہے کہ یا تو اللہ کا وعدہ جھوٹا تھا یا مسلمان غلطی پر ہیں۔ 📌
اگر مسلمان بائبل کے خلاف بات کرتے ہیں، تو وہ درحقیقت اللہ کو جھوٹا کہہ رہے ہیں، جو کہ کفر ہے۔ 📌

- ◇ **کیا مسلمان یہ ماننے کے لیے تیار ہیں کہ اللہ ناکام ہوا؟**
- ◇ **اگر نہیں، تو انہیں بائبل کو سچ ماننا ہوگا، کیونکہ قرآن یہی کہتا ہے۔**

سورۃ المائدہ 5:47 📖
"□ور اہلِ انجیل کو چاہیے کہ جو کچھ اللہ نے اس میں نازل کیا ہے، اس کے مطابق حکم کریں۔"

اگر بائبل بدل گئی ہوتی، تو اللہ یہ حکم کیوں دیتا؟ 📌

- ✔ قرآن واضح طور پر کہتا ہے کہ جو کوئی اللہ کی کتابوں کو مسترد کرے، وہ گمراہ ہے۔
- ✔ اللہ نے مسلمانوں کو حکم دیا کہ وہ تورات، زبور اور انجیل پر ایمان لائیں۔
- ✔ اگر مسلمان بائبل کو مسترد کرتے ہیں، تو وہ قرآن کے حکم کو بھی مسترد کر رہے ہیں۔
- ✔ یہ کہنا کہ "بائبل بدل گئی "درحقیقت اللہ کے وعدے کو جھوٹا قرار دینا ہے، جو کہ کفر ہے۔
- ✔ اگر بائبل بدل گئی، تو اس کا مطلب ہے کہ اللہ اپنے وعدے کو پورا کرنے میں ناکام رہا، جو کہ ناممکن ہے۔

📌 اگر مسلمان واقعی قرآن اور اللہ پر ایمان رکھتے ہیں، تو انہیں بائبل کو بھی تسلیم کرنا ہوگا۔
📌 اگر وہ بائبل کو مسترد کرتے ہیں، تو وہ درحقیقت قرآن اور اسلام کو مسترد کر رہے ہیں!

سورۃ المائدہ 5:68 📖
"کہو! اے اہلِ کتاب، جب تک تم تورات اور انجیل اور جو کچھ تمہارے رب کی طرف سے نازل کیا گیا ہے، اس پر عمل نہیں کرتے، تمہارے لیے کچھ بھی راہِ نجات نہیں۔"

📌 یہ سب سے بڑا ثبوت ہے کہ بائبل اللہ کا محفوظ کردہ کلام ہے، اور مسلمانوں کو اس پر ایمان لانا چاہیے!

باب 08

پہلے کے نبیوں کو کتاب، حکمت اور نبوت دی گئی

اللہ نے اپنے نبیوں کو کیا عطا کیا؟

سورۃ الانعام 6:84-89 📖
"اور ہم نے اسے اسحاق اور یعقوب عطا کیے۔ ہم نے سب کو ہدایت دی، اور اس سے پہلے ہم نے نوح کو ہدایت دی، اور اس کی نسل میں سے داؤد، سلیمان، ایوب، یوسف، موسیٰ اور ہارون کو بھی۔ اور ہم نیکی کرنے والوں کو اسی طرح جزا دیتے ہیں۔ اور زکریا، یحییٰ، عیسیٰ اور الیاس، سب نیکوکاروں میں سے تھے... یہی وہ لوگ ہیں جنہیں ہم نے کتاب، حکمت اور نبوت عطا کی۔ پس اگر یہ (ان کی اولاد) ان پر ایمان نہ لائیں تو ہم ان کی ذمہ داری ایسے لوگوں کے سپرد کریں گے جو ان پر ایمان لائیں گے۔" (یوسف علی)

یہ آیات اللہ کے ان نبیوں کے بارے میں ہیں جنہیں "کتاب"، "حکمت "اور نبوت "دی گئی تھی۔"
یہ نبی وہ وفادار لوگ تھے جنہیں اللہ نے خود چن کر ہدایت دی۔

- **ان میں کئی معروف بائبل کے نبیوں کے نام شامل ہیں جیسے داؤد، موسیٰ، عیسیٰ، اور دیگر۔**

کا تھا۔

"لہٰذا، جب اللہ نے محمد صلی اللہ علیہ وسلم سے کہا کہ "اگر یہ ایمان نہ لائیں تو اس کا اشارہ ان نبیوں کی نسلوں کی طرف تھا، جو محمد صلی اللہ علیہ وسلم کے زمانے میں موجود تھیں۔

سورۃ الانعام 6:89 📖
"یہی وہ لوگ ہیں جنہیں ہم نے کتاب، حکم اور نبوت دی۔ پس اگر (ان کی اولاد) ان باتوں کو جھٹلائے تو ہم ان کی ذمہ داری ایسے لوگوں کو دیں گے جو انہیں نہیں جھٹلائیں گے۔"

- **یہ آیت بہت اہم ہے کیونکہ اس میں اللہ کا وعدہ ہے کہ اس کی کتاب)بائبل(ہمیشہ ان لوگوں کے پاس رہے گی جو اسے اللہ کے کلام کے طور پر قبول کریں گے۔**
- **اللہ یہ یقینی بنائے گا کہ اس کی کتاب کبھی غلط ہاتھوں میں نہ جائے، اور ہمیشہ محفوظ رہے۔**

یہ آیت بائبل کی حفاظت پر اللہ کے پختہ ارادے کو ثابت کرتی ہے۔

اگر بائبل بدل چکی ہوتی تو اللہ اس کی حفاظت کی بات کیوں کرتا؟

اللہ کا وعدہ تھا کہ اس کی کتاب ہمیشہ ان لوگوں کے پاس رہے گی جو اس پر ایمان رکھتے ہیں۔

- **اگر بائبل بدل چکی ہوتی، تو اللہ یہ وعدہ کیوں کرتا کہ وہ اسے محفوظ رکھے گا؟**
- **اگر بائبل کو رد کیا جانا تھا، تو اللہ اسے ہمیشہ محفوظ رکھنے کی بات کیوں کرتا؟**

سورۃ الحجر 15:9 📖
"بے شک، ہم نے ذکر (وحی) کو نازل کیا ہے اور ہم ہی اس کے محافظ ہیں۔"

،یہ حفاظت صرف قرآن کے لیے نہیں، بلکہ تمام الہامی کتابوں کے لیے ہے
بشمول بائبل۔

اللہ نے بائبل کی حفاظت کا وعدہ کیا، تو وہ کیسے بدل سکتی ہے؟

اگر بائبل بدل چکی ہے، تو اس کا مطلب ہے کہ اللہ اپنے وعدے کو پورا کرنے
!میں ناکام رہا، جو کہ ناممکن ہے

یہ آیت یہ بھی ثابت کرتی ہے کہ بائبل محمد صلی اللہ علیہ وسلم کے وقت بھی
اصل حالت میں تھی، اور آج بھی محفوظ ہے۔

قرآن کے آنے کے بعد بھی بائبل محفوظ ہے

مسلمان دعویٰ کرتے ہیں کہ قرآن بائبل کو بدلنے کے لیے آیا، لیکن یہ قرآنی
آیات اس دعوے کو جھوٹا ثابت کرتی ہیں۔

سورۃ المائدہ 5:68

"کہو! اے اہلِ کتاب، جب تک تم تورات اور انجیل اور جو کچھ تمہارے رب کی
طرف سے نازل کیا گیا ہے، اس پر عمل نہیں کرتے، تمہارے لیے کچھ بھی راہِ نجات
نہیں۔"

اگر بائبل بدل چکی ہوتی، تو اللہ یہ کیوں کہتا کہ یہود و نصاریٰ کو بائبل پر عمل
کرنا چاہیے؟

اگر بائبل ناقابلِ اعتماد ہو چکی ہوتی، تو اللہ یہ حکم کیوں دیتا؟

یہ ثابت کرتا ہے کہ بائبل قرآن کے آنے کے بعد بھی قابلِ عمل اور مستند ہے۔

سورۃ الانعام 6:89

"یہی وہ لوگ ہیں جنہیں ہم نے کتاب، حکم اور نبوت دی۔ پس اگر (ان کی اولاد) ان
باتوں کو جھٹلائے تو ہم ان کی ذمہ داری ایسے لوگوں کو دیں گے جو انہیں نہیں
جھٹلائیں گے۔"

کی حفاظت کریں گے۔
📌 اگر بائبل بدل چکی ہوتی، تو یہ وعدہ بے معنی ہو جاتا۔

◇ یہ آیت بائبل کے تحفظ کی ایک اور دلیل ہے۔

اگر مسلمان بائبل کو رد کرتے ہیں، تو وہ درحقیقت اللہ کو رد کر رہے ہیں

📌 **مسلمان عام طور پر یہ کہتے ہیں کہ بائبل بدل چکی ہے، لیکن قرآن ہمیشہ بائبل کی تصدیق کرتا ہے۔**
📌 **کیا مسلمان یہ کہنے کی جرات رکھتے ہیں کہ قرآن غلط ہے؟**

📖 **سورۃ یونس 10:64**
"اللہ کے کلمات کو کوئی بدلنے والا نہیں، یہی سب سے بڑی کامیابی ہے۔"

📌 **اگر بائبل بدل چکی ہے، تو اس کا مطلب ہے کہ یا تو اللہ کا وعدہ جھوٹا تھا یا مسلمان غلطی پر ہیں۔**
📌 **اگر مسلمان بائبل کے خلاف بات کرتے ہیں، تو وہ درحقیقت اللہ کو جھوٹا کہہ رہے ہیں، جو کہ کفر ہے۔**

◇ **کیا مسلمان یہ ماننے کے لیے تیار ہیں کہ اللہ ناکام ہوا؟**
◇ **اگر نہیں، تو انہیں بائبل کو سچ ماننا ہوگا، کیونکہ قرآن یہی کہتا ہے۔**

📖 **سورۃ المائدہ 5:47**
"□ور اہلِ انجیل کو چاہیے کہ جو کچھ اللہ نے اس میں نازل کیا ہے، اس کے مطابق حکم کریں۔"

📌 **اگر بائبل بدل گئی ہوتی، تو اللہ یہ حکم کیوں دیتا؟**

نتیجہ :اگر بائبل کو رد کرنا اللہ کو رد کرنے کے برابر ہے

- **قرآن واضح طور پر کہتا ہے کہ جو کوئی اللہ کی کتابوں کو مسترد کرے، وہ گمراہ ہے۔** ✔
- **اللہ نے مسلمانوں کو حکم دیا کہ وہ تورات، زبور اور انجیل پر ایمان لائیں۔** ✔
- **اگر مسلمان بائبل کو مسترد کرتے ہیں، تو وہ قرآن کے حکم کو بھی مسترد کر رہے ہیں۔** ✔
- **یہ کہنا کہ "بائبل بدل گئی "درحقیقت اللہ کے وعدے کو جھوٹا قرار دینا ہے، جو کہ کفر ہے۔** ✔
- **اگر بائبل بدل گئی، تو اس کا مطلب ہے کہ اللہ اپنے وعدے کو پورا کرنے میں ناکام رہا، جو کہ ناممکن ہے۔** ✔

📌 **اگر مسلمان واقعی قرآن اور اللہ پر ایمان رکھتے ہیں، تو انہیں بائبل کو بھی تسلیم کرنا ہوگا۔**
📌 **اگر وہ بائبل کو مسترد کرتے ہیں، تو وہ درحقیقت قرآن اور اسلام کو مسترد کر رہے ہیں!**

سورۃ المائدہ 5:68 📖
"کہو! اے اہلِ کتاب، جب تک تم تورات اور انجیل اور جو کچھ تمہارے رب کی طرف سے نازل کیا گیا ہے، اس پر عمل نہیں کرتے، تمہارے لیے کچھ بھی راہِ نجات نہیں۔"

📌 **یہ سب سے بڑا ثبوت ہے کہ بائبل اللہ کا محفوظ کردہ کلام ہے، اور مسلمانوں کو اس پر ایمان لانا چاہیے!**

کیا پہلے کے نبیوں کی کتابیں نامکمل تھیں؟

سورۃ الانعام 6:89 📖
"یہی وہ لوگ ہیں جنہیں ہم نے کتاب، حکم اور نبوت دی۔ پس اگر (ان کی اولاد) ان باتوں کو جھٹلائے تو ہم ان کی ذمہ داری ایسے لوگوں کو دیں گے جو انہیں نہیں جھٹلائیں گے۔"

ان کے ذریعے دنیا کو ہدایت دی۔

اگر یہ کتابیں نامکمل ہوتیں، تو اللہ بار بار انہیں محفوظ رکھنے اور ان پر ایمان لانے کا حکم کیوں دیتا؟ 📌

- اگر تورات، زبور، اور انجیل مکمل تھیں، تو قرآن کی ضرورت کیوں پیش آئی؟ ◇
- کیا اللہ پہلی کتابوں کو نامکمل چھوڑ کر قرآن کے ذریعے ان کی تکمیل کرنا چاہتا تھا؟ ◇
- اگر پہلے کے نبیوں کی کتابیں مکمل اور درست تھیں، تو قرآن کیوں آیا، جو کہ ان کے خلاف ہے؟ ◇

سورۃ المائدہ 5:47 📖

اور اہلِ انجیل کو چاہیے کہ جو کچھ اللہ نے اس میں نازل کیا ہے، اس کے مطابق" "حکم کریں۔

یہ واضح کرتا ہے کہ بائبل قرآن کے وقت میں بھی موجود تھی اور مستند تھی۔ 📌

- اگر قرآن آ کر انجیل کو منسوخ کرنے آیا تھا، تو اللہ مسلمانوں کو یہ کیوں کہہ رہا تھا کہ وہ انجیل کے مطابق فیصلے کریں؟ ◇
- یہ ظاہر کرتا ہے کہ انجیل اور تورات نہ صرف قرآن سے پہلے مکمل تھیں بلکہ وہ قیامت تک کے لیے مستند بھی ہیں۔ ◇

اگر بائبل قرآن کے وقت میں موجود تھی، تو محمد صلی اللہ علیہ وسلم نے اس سے فیصلے کیوں کیے؟

سورۃ المائدہ 5:43 📖

اور وہ تم سے فیصلہ چاہتے ہیں، حالانکہ ان کے پاس تورات ہے جس میں اللہ کا" "حکم موجود ہے۔

یہ آیت ثابت کرتی ہے کہ محمد صلی اللہ علیہ وسلم کے وقت میں یہود و نصاریٰ کے پاس اصل تورات موجود تھی۔ 📌

◇ **اگر بائبل تحریف شدہ ہوتی، تو محمد صلی اللہ علیہ وسلم اس کا استعمال کیوں کرتے؟**
◇ **اگر بائبل بدل چکی ہوتی، تو کیا محمد صلی اللہ علیہ وسلم قرآن کے بجائے اس پر فیصلے کرنے کو کہتے؟**
◇ **یہ ثابت کرتا ہے کہ تورات اور انجیل نہ صرف محفوظ تھیں بلکہ محمد صلی اللہ علیہ وسلم کے وقت بھی قابلِ اعتماد تھیں۔**

سورۃ المائدہ 5:46 📖
اور ہم نے ان نبیوں کے نقش قدم پر عیسیٰ بن مریم کو بھیجا، جو اپنے سے پہلے آئی ہوئی تورات کی تصدیق کرنے والے تھے، اور ہم نے انہیں انجیل عطا کی، جس میں ہدایت اور روشنی تھی، اور جو اس سے پہلے آئی ہوئی تورات کی تصدیق کرنے والی تھی، اور پرہیزگاروں کے لیے ہدایت اور نصیحت تھی۔"

📌 **یہ ثابت کرتا ہے کہ بائبل میں اللہ کی ہدایت اور روشنی ہے، اور وہ قرآن سے پہلے ہی مکمل تھی۔**

اگر یہود و نصاریٰ محمد صلی اللہ علیہ وسلم کے وقت تورات، زبور، اور انجیل کو استعمال کر رہے تھے، تو آج کے مسلمان ان کتابوں کو جھوٹا کیوں کہتے ہیں؟

📌 **اگر بائبل قرآن کے وقت میں محفوظ تھی، تو آج کے مسلمان کس بنیاد پر کہتے ہیں کہ یہ بدل گئی؟**

◇ **کیا کوئی تاریخی ثبوت ہے کہ پوری دنیا میں موجود بائبل کو ایک ساتھ بدلا گیا؟**
◇ **کیا یہ ممکن ہے کہ یورپ، ایشیا اور افریقہ میں موجود ہزاروں نسخے ایک ساتھ تحریف کیے گئے ہوں؟**

📌 **یہ ایک غیر معقول دعویٰ ہے جس کا کوئی ثبوت موجود نہیں۔**

"اللہ کے کلمات کو کوئی بدلنے والا نہیں۔"

اگر اللہ نے کہا کہ اس کے کلمات کو کوئی نہیں بدل سکتا، تو مسلمان کیسے کہہ سکتے ہیں کہ بائبل بدل چکی ہے؟

◇ اگر بائبل تبدیل ہوئی ہے، تو اس کا مطلب یہ ہوگا کہ اللہ کا وعدہ جھوٹا تھا، جو کہ ناممکن ہے۔

مسلمانوں کو یہ تسلیم کرنا ہوگا کہ بائبل آج بھی محفوظ ہے، کیونکہ قرآن بھی یہی کہتا ہے۔

بائبل قرآن سے بہتر کیوں ہے؟

قرآن خود بائبل کی تصدیق کرتا ہے، لیکن بائبل قرآن کی تصدیق نہیں کرتی۔
بائبل میں اللہ کے سچے نبیوں کی تعلیمات موجود ہیں، جنہیں قرآن نے بھی مستند مانا ہے۔
قرآن کئی جگہ بائبل سے متضاد ہے، جبکہ بائبل کا پیغام ابتدا سے ایک ہی ہے۔

سورۃ المائدہ 5:68 📖
"کہو! اے اہلِ کتاب، جب تک تم تورات اور انجیل اور جو کچھ تمہارے رب کی طرف سے نازل کیا گیا ہے، اس پر عمل نہیں کرتے، تمہارے لیے کچھ بھی راہِ نجات نہیں۔"

اگر قرآن کے مطابق بھی بائبل پر عمل ضروری ہے، تو پھر بائبل کو جھٹلانے کا کیا جواز ہے؟

◇ بائبل میں ایک مسلسل اور غیر متبدل پیغام ہے، جبکہ قرآن میں تضادات اور تبدیلیاں نظر آتی ہیں۔
◇ بائبل میں نجات کی خوشخبری ہے، جبکہ قرآن میں شک اور خوف کی تعلیم دی گئی ہے۔

📌 **یہ واضح ہے کہ بائبل قرآن سے زیادہ مستند، غیر متبدل، اور نجات کا ذریعہ ہے۔**

نتیجہ :بائبل اللہ کا سچا کلام ہے، اور قرآن کے مقابلے میں برتر ہے

✔ **اللہ نے بائبل کو محفوظ رکھنے کا وعدہ کیا تھا، اور وہ آج بھی محفوظ ہے۔**
✔ **اگر بائبل محمد صلی اللہ علیہ وسلم کے وقت میں محفوظ تھی، تو آج بھی محفوظ ہے۔**
✔ **قرآن میں تضادات موجود ہیں، جبکہ بائبل کا پیغام ابتدا سے ایک ہی ہے۔**
✔ **اگر بائبل میں نجات ہے اور قرآن کے مطابق بھی اس پر عمل کرنا ضروری ہے، تو پھر قرآن کی کیا ضرورت ہے؟**

📌 **اگر مسلمان واقعی قرآن اور اللہ پر ایمان رکھتے ہیں، تو انہیں بائبل کو بھی تسلیم کرنا ہوگا۔**
📌 **اگر وہ بائبل کو مسترد کرتے ہیں، تو وہ درحقیقت قرآن اور اسلام کو مسترد کر رہے ہیں!**

📖 **سورۃ المائدہ 5:47**
"اور اہلِ انجیل کو چاہیے کہ جو کچھ اللہ نے اس میں نازل کیا ہے، اس کے مطابق حکم کریں۔"

📌 **یہ سب سے بڑا ثبوت ہے کہ بائبل اللہ کا محفوظ کردہ کلام ہے، اور مسلمانوں کو اس پر ایمان لانا چاہیے!**

باب 09

سورۃ الانعام 6:89-90 کے مطابق بائبل غیر متبدل اور معصوم ہے

بائبل ناقابلِ تغیر اور اللہ کی طرف سے محفوظ کردہ کتاب ہے

سورۃ الانعام 6:89-90 📖

"یہی وہ لوگ ہیں جنہیں ہم نے کتاب، حکم اور نبوت دی۔ پس اگر (ان کی اولاد) ان باتوں کو جھٹلائے تو ہم ان کی ذمہ داری ایسے لوگوں کو دیں گے جو انہیں نہیں جھٹلائیں گے۔ یہی وہ (نبی) ہیں جنہیں اللہ کی ہدایت ملی، تو تم بھی ان کی ہدایت کی پیروی کرو۔ کہہ دو: میں تم سے اس (تبلیغ) پر کوئی اجر نہیں مانگتا، یہ تو صرف تمام جہانوں کے لیے نصیحت ہے۔" (یوسف علی)

یہ آیات ایک اور ناقابلِ تردید ثبوت پیش کرتی ہیں کہ بائبل اللہ کا محفوظ کلام ہے۔ 📌

اللہ نے محمد صلی اللہ علیہ وسلم کو حکم دیا کہ وہ پہلے کے نبیوں کی دی ہوئی ہدایت کی پیروی کریں۔ 📌

یہ کیسے ممکن ہو سکتا ہے کہ اللہ محمد صلی اللہ علیہ وسلم کو ایک ایسی کتاب کی پیروی کرنے کا حکم دے جو تبدیل ہو چکی ہو؟ ◇

اگر بائبل محمد صلی اللہ علیہ وسلم کے وقت میں قابلِ اعتماد تھی، تو وہ آج بھی قابلِ اعتماد ہے۔ ◇

یہ آیت اس بات کا ثبوت ہے کہ بائبل کی ہدایت کو اللہ نے ہر دور میں محفوظ رکھا ہے۔ 📌

اگر بائبل تبدیل ہو چکی ہوتی تو محمد صلی اللہ علیہ وسلم کو اس کی پیروی کا حکم کیوں دیا جاتا؟

سورۃ الانعام 6:89 📖
"یہی وہ لوگ ہیں جنہیں ہم نے کتاب، حکم اور نبوت دی، تو اگر یہ لوگ (ان کی نسل) ان پر ایمان نہ لائیں، تو ہم ان کی ذمہ داری ایسے لوگوں کو دیں گے جو ان پر ایمان لائیں گے۔"

یہاں واضح طور پر کہا جا رہا ہے کہ اللہ نے اپنے نبیوں کو کتاب اور حکمت دی، اور اگر ان کی نسل ان کو جھٹلائے، تو اللہ اس ہدایت کو ان لوگوں کے سپرد کرے گا جو اس پر ایمان لائیں گے۔ 📌

اگر بائبل بدل گئی ہوتی، تو اللہ کیسے کہہ سکتا تھا کہ وہ اسے ایسے لوگوں کے سپرد کرے گا جو اس پر ایمان لائیں گے؟ ◇
یہ اس بات کا ثبوت ہے کہ بائبل اللہ کے وعدے کے مطابق ہمیشہ محفوظ رہی ہے۔ ◇

محمد صلی اللہ علیہ وسلم کو حکم دیا گیا تھا کہ وہ انہی نبیوں کی پیروی کریں جنہیں اللہ نے پہلے کتاب اور حکمت دی تھی۔ 📌
یہ ثابت کرتا ہے کہ بائبل، جس میں ان نبیوں کی تعلیمات موجود ہیں، مکمل اور غیر متبدل ہے۔ 📌

محمد صلی اللہ علیہ وسلم کو بائبل کی پیروی کا حکم کیوں دیا؟

سورۃ الانعام 6:90 🕮
"یہی وہ (نبی) ہیں جنہیں اللہ کی ہدایت ملی، تو تم بھی ان کی ہدایت کی پیروی کرو۔"

یہ واضح حکم ہے کہ محمد صلی اللہ علیہ وسلم کو سابقہ نبیوں کی ہدایت پر عمل کرنا تھا، جس کا مطلب ہے کہ وہ ہدایت اب بھی مستند تھی۔

- **اگر بائبل تبدیل ہو چکی ہوتی، تو اللہ محمد صلی اللہ علیہ وسلم کو اس کی پیروی کا حکم کیوں دیتا؟**
- **اگر قرآن بائبل کو منسوخ کرنے آیا تھا، تو اللہ نے کیوں کہا کہ محمد صلی اللہ علیہ وسلم بائبل کے مطابق فیصلے کریں؟**

یہ ثابت کرتا ہے کہ بائبل قرآن کے وقت میں بھی اصل حالت میں تھی، اور آج بھی ہے۔

صحیح بخاری میں بھی بائبل کی تصدیق موجود ہے

صحیح بخاری، جلد 6، کتاب 60، حدیث 156 🕮
:مجاہد نے ابن عباس سے پوچھا: "کیا سورۃ ص میں سجدہ ہے؟" ابن عباس نے کہا" ہاں" اور پھر انہوں نے یہ آیت تلاوت کی: 'ہم نے... پس تم ان کی ہدایت کی پیروی کرو' (سورۃ الانعام 6:85-90)۔ پھر ابن عباس نے کہا: 'تمہارے نبی (محمد) ان نبیوں میں سے ایک تھے جنہیں ان کی پیروی کا حکم دیا گیا تھا۔'"

یہ حدیث اس بات کو مزید ثابت کرتی ہے کہ محمد صلی اللہ علیہ وسلم کو سابقہ نبیوں کی ہدایت پر عمل کرنے کا حکم دیا گیا تھا۔

- **اگر بائبل تبدیل ہو چکی تھی، تو محمد صلی اللہ علیہ وسلم کو اس کی پیروی کا حکم کیوں دیا جاتا؟**

◇ اگر بائبل تبدیل ہو چکی تھی، تو کیا محمد صلی اللہ علیہ وسلم اس کی تصدیق کرتے؟

📌 یہ ثابت کرتا ہے کہ بائبل محمد صلی اللہ علیہ وسلم کے وقت میں بھی محفوظ تھی، اور آج بھی محفوظ ہے۔

اگر بائبل اللہ کی طرف سے محفوظ نہیں، تو کیا اللہ ناکام ہو گیا؟

سورۃ یونس 10:64 📖
"اللہ کے کلمات کو کوئی بدلنے والا نہیں، یہی سب سے بڑی کامیابی ہے۔"

📌 اگر اللہ نے وعدہ کیا کہ اس کے الفاظ تبدیل نہیں ہو سکتے، تو مسلمان کیسے کہہ سکتے ہیں کہ بائبل بدل گئی؟

◇ ،اگر بائبل بدل چکی ہے، تو اس کا مطلب یہ ہے کہ یا تو اللہ کا وعدہ جھوٹا تھا یا مسلمان غلط ہیں۔
◇ اللہ کا وعدہ جھوٹا نہیں ہو سکتا، لہٰذا مسلمان غلط ہیں۔

📌 بائبل اللہ کا سچا کلام ہے اور قیامت تک محفوظ رہے گی۔

نتیجہ :بائبل ناقابلِ تغیر اور قرآن سے برتر ہے

✔ سورۃ الانعام 6:89-90 کے مطابق، اللہ نے محمد صلی اللہ علیہ وسلم کو بائبل کی ہدایت کی پیروی کا حکم دیا۔
✔ اگر بائبل بدل چکی ہوتی، تو محمد صلی اللہ علیہ وسلم کو اس پر عمل کرنے کا حکم کیوں دیا جاتا؟
✔ صحیح بخاری کی حدیث بھی ثابت کرتی ہے کہ محمد صلی اللہ علیہ وسلم کو

✔ اللہ نے کہا کہ اس کے الفاظ کو کوئی بدل نہیں سکتا، لہٰذا بائبل تبدیل نہیں ہو سکتی۔

📌 اگر بائبل اللہ کی طرف سے محفوظ ہے، تو اس پر ایمان نہ لانے والے مسلمان خود قرآن کی مخالفت کر رہے ہیں۔
📌 اگر بائبل محفوظ نہیں، تو اس کا مطلب یہ ہوگا کہ اللہ اپنے وعدے کو پورا کرنے میں ناکام رہا، جو کہ ناممکن ہے۔

سورۃ المائدہ 5:68 📖
کہو! اے اہلِ کتاب، جب تک تم تورات اور انجیل اور جو کچھ تمہارے رب کی" طرف سے نازل کیا گیا ہے، اس پر عمل نہیں کرتے، تمہارے لیے کچھ بھی راہِ نجات "نہیں۔

📌 یہ سب سے بڑا ثبوت ہے کہ بائبل اللہ کا محفوظ کردہ کلام ہے، اور مسلمانوں !کو اس پر ایمان لانا چاہیے

باب 9 :سورۃ الانعام 6:84-90 کے مطابق بائبل غیر متبدل اور معصوم ہے

اللہ نے محمد صلی اللہ علیہ وسلم کو داؤد علیہ السلام کی ہدایت کی پیروی کرنے کا حکم دیا

سورۃ الانعام 6:84 📖
"ہم نے نوح کو ہدایت دی، اور ان کی نسل میں سے داؤد کو بھی۔"

📌 یہ آیت اس بات کو ثابت کرتی ہے کہ اللہ نے داؤد علیہ السلام کو خاص ہدایت عطا کی، جو کہ بائبل کی کتاب زبور میں محفوظ ہے۔
📌 محمد صلی اللہ علیہ وسلم کو حکم دیا گیا کہ وہ پہلے کے نبیوں کی ہدایت کی پیروی کریں، جس میں داؤد علیہ السلام بھی شامل ہیں۔

سورۃ النساء 4:163 📖
اور ہم نے تمہاری طرف وحی بھیجی... اور داؤد کو زبور عطا کی۔" (یوسف علی)"

سورة بنی اسرائیل 17:55 🕮
"اور ہم نے بعض نبیوں کو بعض پر فضیلت دی، اور ہم نے داؤد کو زبور عطا کی۔"
(پکتھال)

یہ واضح کرتا ہے کہ داؤد علیہ السلام کو زبور دی گئی، اور محمد صلی اللہ علیہ وسلم کو اس کی ہدایت کی پیروی کرنے کا حکم دیا گیا۔
لیکن اگر زبور یا بائبل بدل چکی ہوتی، تو کیا اللہ محمد صلی اللہ علیہ وسلم کو اس پر عمل کرنے کا حکم دیتا؟

◇ **یہ ثابت کرتا ہے کہ زبور اور بائبل قرآن کے وقت میں بھی محفوظ اور مستند تھیں۔**

اگر قرآن بائبل کی جگہ لینے آیا تھا، تو بائبل کی ہدایت کو کیوں نقل کیا گیا؟

سورة الانبیاء 21:105 🕮
اور ہم نے زبور میں، تورات کے بعد لکھ دیا کہ میرے نیک بندے زمین کے وارث ہوں گے۔" (علی قُلی قُرائی)

یہ آیت زبور سے نقل کی گئی ہے، جو ظاہر کرتی ہے کہ زبور قرآن کے وقت میں بھی محفوظ تھی۔
اگر زبور یا بائبل بدل چکی ہوتی، تو محمد صلی اللہ علیہ وسلم کو اس کی ہدایت کی پیروی کرنے کا حکم کیوں دیا جاتا؟

زبور 37:29)بائبل(🕮
"نیک لوگ زمین کے وارث ہوں گے اور اس پر ہمیشہ کے لیے بسیں گے۔"

◇ **یہ وہی الفاظ ہیں جو قرآن نے زبور سے نقل کیے۔**
◇ **یہ ظاہر کرتا ہے کہ بائبل کا متن اب بھی وہی ہے جو محمد صلی اللہ علیہ وسلم کے وقت میں تھا۔**

اگر زبور قرآن میں مکمل طور پر محفوظ نہیں، تو اصل زبور کہاں ہے؟

📌 **اگر قرآن زبور کو بحال کرنے کے لیے آیا تھا، تو پوری زبور قرآن میں کیوں نہیں؟**

◇ **مسلمان دعویٰ کرتے ہیں کہ بائبل کے کچھ حصے بدل گئے ہیں، تو کیا زبور کا مکمل متن قرآن میں موجود ہے؟**
◇ **اگر نہیں، تو پھر حقیقی زبور کہاں ہے؟**

📌 **اللہ کے کلام کو کوئی ختم نہیں کر سکتا، اور مکمل زبور آج بھی بائبل میں محفوظ ہے – 150 مکمل ابواب کے ساتھ!**

📖 **زبور 89:34)بائبل(**
"میرا عہد میں نہیں توڑوں گا، نہ ہی اپنے ہونٹوں سے نکلی ہوئی بات کو بدلوں گا۔"

📌 **یہ ظاہر کرتا ہے کہ اللہ کے الفاظ کبھی نہیں بدلتے۔**

کیا زبور یا بائبل میں کوئی تحریف موجود ہے؟

📖 **زبور 15:1-5)بائبل(**
"اے یہوواہ، تیرے خیمہ میں کون مہمان ہوگا؟
تیری مقدس پہاڑی پر کون بسے گا؟
وہ جو بے عیب طریقے سے چلتا ہے،
اور راستبازی پر عمل کرتا ہے،
اور سچائی کو دل سے بولتا ہے۔
جو اپنی زبان سے کسی کی برائی نہیں کرتا،
اور اپنے ساتھی کے ساتھ برائی نہیں کرتا،

اور اپنے پڑوسی کو بے عزت نہیں کرتا۔
،وہ جو ظالموں کو رد کرتا ہے
لیکن خدا سے ڈرنے والوں کی عزت کرتا ہے۔
،وہ جو اپنی قسم کو پورا کرتا ہے، چاہے وہ اس کے لیے نقصان دہ ہو
اور پھر بھی اسے تبدیل نہیں کرتا۔
،جو سود پر پیسے نہیں دیتا
اور بے گناہ کے خلاف رشوت نہیں لیتا۔
"ایسا شخص کبھی متزلزل نہیں ہوگا۔

کیا آپ کو ان آیات میں کوئی تحریف نظر آتی ہے؟ 📌
کیا ان میں کوئی ایسا پیغام ہے جو اللہ کے خلاف ہو؟ 📌
اگر نہیں، تو پھر مسلمان بائبل کو کیوں جھٹلاتے ہیں؟ 📌

- **زبور میں اللہ کی ہدایت موجود ہے، جو محمد صلی اللہ علیہ وسلم کو بھی دی گئی تھی۔**
- **یہی بائبل آج بھی محفوظ ہے، اور اس کا انکار اللہ کے کلام کا انکار ہے۔**

اگر اللہ نے محمد صلی اللہ علیہ وسلم کو بائبل کی پیروی کرنے کا حکم دیا، تو مسلمان اسے کیوں مسترد کرتے ہیں؟ 📌

کیا مسلمان اللہ کے حکم کے خلاف جا رہے ہیں؟

سورۃ المائدہ 5:47 📖
اور اہلِ انجیل کو چاہیے کہ جو کچھ اللہ نے اس میں نازل کیا ہے، اس کے مطابق"
"حکم کریں۔

اگر بائبل بدل گئی ہوتی، تو اللہ یہ حکم کیوں دیتا؟ 📌

- **محمد صلی اللہ علیہ وسلم نے بائبل کو قبول کیا، لیکن آج کے مسلمان اسے مسترد کر رہے ہیں۔**
- **کیا اسلام مسلمانوں کو محمد صلی اللہ علیہ وسلم کی پیروی کا حکم نہیں دیتا؟**

مسلمانوں کو اس سے منع کرے گا؟

یہ ظاہر کرتا ہے کہ جو مسلمان بائبل کو جھٹلاتے ہیں، وہ درحقیقت اللہ اور محمد صلی اللہ علیہ وسلم کی نافرمانی کر رہے ہیں۔ 📌

نتیجہ :بائبل اللہ کا محفوظ کلام ہے اور قرآن کے وقت میں بھی اصل حالت میں تھی

سورۃ الانعام 6:84-90 اور دیگر آیات ثابت کرتی ہیں کہ بائبل محمد صلی اللہ علیہ وسلم کے وقت میں بھی محفوظ تھی۔ ✔
اللہ نے محمد صلی اللہ علیہ وسلم کو بائبل)زبور، تورات، انجیل (کی پیروی کرنے کا حکم دیا۔ ✔
صحیح بخاری کی حدیث بھی اس کی تصدیق کرتی ہے۔ ✔
زبور اور بائبل کا مکمل متن آج بھی موجود ہے، جو قرآن کے وقت بھی محفوظ تھا۔ ✔
اگر بائبل بدل گئی ہوتی، تو محمد صلی اللہ علیہ وسلم کو اس پر عمل کرنے کا حکم کیوں دیا جاتا؟ ✔

اگر محمد صلی اللہ علیہ وسلم بائبل کو مستند مانتے تھے، تو مسلمان اسے کیوں جھٹلا رہے ہیں؟ 📌
اگر بائبل محفوظ ہے، تو اس کا انکار کرنے والے درحقیقت قرآن اور اللہ کے خلاف جا رہے ہیں! 📌

سورۃ المائدہ 5:68 📖
"کہو! اے اہلِ کتاب، جب تک تم تورات اور انجیل اور جو کچھ تمہارے رب کی طرف سے نازل کیا گیا ہے، اس پر عمل نہیں کرتے، تمہارے لیے کچھ بھی راہِ نجات نہیں۔"

یہ سب سے بڑا ثبوت ہے کہ بائبل اللہ کا محفوظ کردہ کلام ہے، اور مسلمانوں کو اس پر ایمان لانا چاہیے! 📌

اگر بائبل تبدیل ہو چکی ہوتی تو اللہ محمد صلی اللہ علیہ وسلم کو اس کی پیروی کا حکم کیوں دیتا؟

سورۃ الانعام 6:89-90 📖

"یہی وہ لوگ ہیں جنہیں ہم نے کتاب، حکم اور نبوت دی۔ پس اگر (ان کی اولاد) ان باتوں کو جھٹلائے تو ہم ان کی ذمہ داری ایسے لوگوں کو دیں گے جو انہیں نہیں جھٹلائیں گے۔ یہی وہ (نبی) ہیں جنہیں اللہ کی ہدایت ملی، تو تم بھی ان کی ہدایت کی پیروی کرو۔"

📌 **یہ آیات واضح کرتی ہیں کہ اللہ نے پہلے کے نبیوں کو ہدایت دی، اور محمد صلی اللہ علیہ وسلم کو حکم دیا کہ وہ ان کی ہدایت کی پیروی کریں۔**

📌 **اگر بائبل تبدیل ہو چکی ہوتی، تو کیا اللہ محمد صلی اللہ علیہ وسلم کو اس کی پیروی کرنے کا حکم دیتا؟**

◇ **بائبل کے بارے میں مسلمانوں کو منطق سے سوچنا چاہیے:**

1. **اگر قرآن کہتا ہے کہ بائبل اللہ کا کلام ہے، تو اسے تبدیل نہیں کیا جا سکتا۔**
2. **اگر قرآن محمد صلی اللہ علیہ وسلم کو بائبل کی ہدایت پر عمل کرنے کا حکم دیتا ہے، تو مسلمان بائبل کو جھٹلا کر اللہ کی نافرمانی کر رہے ہیں۔**

سورۃ یونس 10:94 📖

"□ ہر اگر تمہیں اُس چیز میں شک ہو جو ہم نے تمہاری طرف نازل کی، تو اُن لوگوں سے پوچھ لو جو تم سے پہلے کتاب پڑھ رہے ہیں۔"

📌 **یہ آیت محمد صلی اللہ علیہ وسلم کو واضح طور پر حکم دیتی ہے کہ وہ یہود و نصاریٰ سے بائبل کے بارے میں رجوع کریں، کیونکہ وہ سچی کتاب پڑھ رہے تھے۔**

📌 **اگر بائبل تبدیل ہو چکی ہوتی، تو اللہ محمد صلی اللہ علیہ وسلم کو اس کی پیروی کا حکم کیوں دیتا؟**

گئی؟

تورات بائبل کا ایک بنیادی حصہ ہے اور یہ قرآن کے نزول سے بیس صدیوں پہلے نازل کی گئی تھی۔

قرآن خود تورات کی صداقت کی گواہی دیتا ہے۔

- سوچنے کی چند اہم باتیں:

1. کیسے ممکن ہے کہ تورات جو بیس صدیوں تک مستند تھی، اچانک اسلام کے آنے کے بعد بدل گئی؟
2. اگر تورات، زبور اور انجیل محمد صلی اللہ علیہ وسلم کے شکوک کو دور کرنے کے لیے دی گئی تھیں)سورۃ یونس 10:94(، تو وہ اچانک غیر معتبر کیسے ہو گئیں؟
3. اگر اللہ نے محمد صلی اللہ علیہ وسلم کو تورات، زبور اور انجیل کو ہدایت کے طور پر دیا، تو کیا یہ کتابیں صرف اس وقت مستند تھیں اور بعد میں بدل گئیں؟

سورۃ المائدہ 5:47

"اور اہلِ انجیل کو چاہیے کہ جو کچھ اللہ نے اس میں نازل کیا ہے، اس کے مطابق حکم کریں۔"

اگر انجیل تبدیل ہو چکی ہوتی، تو اللہ یہ حکم کیوں دیتا؟

یہ ظاہر کرتا ہے کہ انجیل محمد صلی اللہ علیہ وسلم کے وقت میں بھی مستند تھی، اور آج بھی محفوظ ہے۔

مسلمانوں کا ایک عام اعتراض :کیا بائبل کا ذکر قرآن میں موجود ہے؟

کچھ مسلمان کہتے ہیں کہ چونکہ "بائبل "کا نام قرآن میں نہیں آیا، اس لیے بائبل قرآن میں مذکور کتابوں سے مختلف ہے۔

◇ یہ دعویٰ ایک فریب ہے!

◇ "Biblia" سے آیا "بائبل" کا مطلب "کتابوں کا مجموعہ" ہے۔ یہ یونانی لفظ ہے، جس کا مطلب ہے "چھوٹی کتابیں"۔

سورۃ البقرہ 2:113 📖

"یہودی کہتے ہیں کہ عیسائیوں کے پاس کچھ بھی نہیں، اور عیسائی کہتے ہیں کہ یہودیوں کے پاس کچھ بھی نہیں، حالانکہ دونوں 'کتاب' کی تلاوت کرتے ہیں۔"

📌 یہاں "الکتاب" (کتاب) کا ذکر کیا گیا ہے، جو بائبل کے لیے عربی اصطلاح ہے۔

📌 قرآن میں کئی جگہ "الکتاب" کا ذکر ہے، جو کہ بائبل کے لیے ایک عام اصطلاح ہے۔

اگر مسلمان بائبل کو مسترد کرتے ہیں، تو وہ قرآن کی تعلیمات کے خلاف جاتے ہیں

سورۃ المائدہ 5:68 📖

"کہو! اے اہلِ کتاب، جب تک تم تورات اور انجیل اور جو کچھ تمہارے رب کی طرف سے نازل کیا گیا ہے، اس پر عمل نہیں کرتے، تمہارے لیے کچھ بھی راہِ نجات نہیں۔"

📌 اگر بائبل بدل چکی ہوتی، تو اللہ یہ حکم کیوں دیتا کہ تورات اور انجیل پر عمل کیا جائے؟

📌 یہ ثابت کرتا ہے کہ بائبل قابلِ اعتماد اور الہامی کتاب ہے۔

◇ مسلمان دعویٰ کرتے ہیں کہ بائبل میں تبدیلی ہوئی، لیکن وہ اس بات کا ثبوت نہیں دے سکتے کہ اصل بائبل کہاں ہے۔

◇ اگر اللہ نے اپنے الفاظ کو محفوظ رکھنے کا وعدہ کیا، تو مسلمان کیسے کہہ سکتے ہیں کہ وہ بدل گئے؟

سورۃ یونس 10:64 📖

"اللہ کے کلمات کو کوئی بدلنے والا نہیں۔"

اگر مسلمان کہتے ہیں کہ بائبل بدل گئی، تو وہ اللہ کے اس وعدے کو جھٹلا رہے ہیں! 📌

نتیجہ :بائبل ہمیشہ کے لیے محفوظ ہے اور مسلمانوں کو اس پر ایمان لانا چاہیے

- **محمد صلی اللہ علیہ وسلم کو بائبل کی پیروی کا حکم دیا گیا۔** ✔
- **اللہ نے تورات، زبور اور انجیل کو مستند اور الہامی کتابیں قرار دیا۔** ✔
- **اگر بائبل بدل چکی ہوتی، تو اللہ اس کی پیروی کا حکم نہ دیتا۔** ✔
- **قرآن میں "الکتاب "کے نام سے بائبل کا ذکر کئی جگہ موجود ہے۔** ✔
- **اللہ نے کہا کہ اس کے کلام کو کوئی بدل نہیں سکتا، لہٰذا بائبل تبدیل نہیں ہوئی۔** ✔

اگر مسلمان واقعی قرآن اور اللہ پر ایمان رکھتے ہیں، تو انہیں بائبل کو بھی قبول کرنا ہوگا۔ 📌
اگر وہ بائبل کو مسترد کرتے ہیں، تو وہ درحقیقت قرآن اور اللہ کے وعدے کو مسترد کر رہے ہیں! 📌

سورۃ المائدہ 5:47 📖
"اور اہلِ انجیل کو چاہیے کہ جو کچھ اللہ نے اس میں نازل کیا ہے، اس کے مطابق حکم کریں۔"

یہ سب سے بڑا ثبوت ہے کہ بائبل اللہ کا محفوظ کردہ کلام ہے، اور مسلمانوں کو اس پر ایمان لانا چاہیے! 📌

باب 9 :بائبل قرآن کے مطابق محفوظ اور غیر متبدل کتاب ہے

قرآن کے مطابق "الکتاب "کا مطلب بائبل ہے

سورۃ البقرہ 2:113 📖
"یہودی کہتے ہیں کہ عیسائی کسی چیز پر نہیں ہیں، اور عیسائی کہتے ہیں کہ یہودی

کسی چیز پر نہیں ہیں، حالانکہ وہ دونوں 'کتاب' کی تلاوت کرتے ہیں۔" (احمد رضا خان)

📌 **یہ آیت واضح کرتی ہے کہ یہود و نصاریٰ کے پاس ایک ہی کتاب تھی، جسے وہ تلاوت کرتے تھے۔**
📌 **الکتاب "سے مراد وہی مقدس کتاب)بائبل (ہے جس پر یہودی اور عیسائی" دونوں ایمان رکھتے تھے۔**

◇ **مسلمان عالم، مولانا عبدالمجید دریابادی نے اپنی تفسیر "تفسیر القرآن "میں سورۃ 2:113 کی وضاحت میں لکھا:**
یہ حقیقت کہ دونوں فریق ایک ہی مستند کتاب کا حوالہ دے رہے تھے، اس بات کو" مزید تقویت دیتی ہے کہ ان کا اختلاف غیر ضروری تھا۔ نیا مذہب (اسلام) یہ دعویٰ کر رہا تھا کہ وہ یہودیت کے مشن کو مکمل کرنے کے لیے آیا ہے، اور اس کے حق میں "بائبل سے دلیل پیش کر رہا تھا، جو کہ یہودیت کی بنیاد ہے۔

📌 **یہ بات ثابت کرتی ہے کہ بائبل کو قرآن میں "الکتاب "کے نام سے پکارا گیا ہے، اور اسے یہودیت اور عیسائیت دونوں کے لیے الہامی کتاب تسلیم کیا گیا ہے۔**
📌 **یہ اعتراف کہ قرآن خود بائبل سے دلیل پیش کر رہا تھا، ظاہر کرتا ہے کہ بائبل اُس وقت بھی مستند تھی، اور آج بھی محفوظ ہے۔**

مشہور مسلم اسکالرز بھی "الکتاب "کا مطلب بائبل تسلیم کرتے ہیں

◇ **معروف مسلم مفسر اور مترجم محمد اسد نے بھی اس حقیقت کو تسلیم کیا کہ الکتاب "کا مطلب بائبل ہے۔"**
◇ **)بائبل (کے طور پر ترجمہ "Bible" انہوں نے اپنی تفسیر میں "الکتاب "کو کیا۔**

📖 **محمد اسد کے ترجمہ کردہ قرآن میں چند مثالیں:**

"اے بائبل کے پیروکارو!"

سورۃ المائدہ 5:19 ✔
"اے بائبل کے پیروکارو!"

سورۃ المائدہ 5:65-66 ✔
"اگر بائبل کے پیروکار واقعی ایمان لے آتے اور اللہ سے ڈرتے، اور اگر وہ واقعی تورات اور انجیل اور ان تمام وحیوں پر عمل کرتے جو ان کے رب کی طرف سے ان پر نازل کی گئی ہیں، تو انہیں آسمان اور زمین کی تمام برکتیں نصیب ہوتیں۔"

سورۃ المائدہ 5:68 ✔
"کہو! اے بائبل کے پیروکارو! تمہارے عقائد کی کوئی بنیاد نہیں جب تک کہ تم سچے دل سے تورات، انجیل اور وہ تمام وحی پر عمل نہ کرو جو تمہارے رب کی طرف سے تم پر نازل کی گئی ہیں۔"

یہ آیات ثابت کرتی ہیں کہ قرآن میں جب بھی "الکتاب" یا "کتاب" کا ذکر یہود و نصاریٰ کے حوالے سے ہوتا ہے، تو اس سے مراد بائبل ہی ہے۔

قرآن خود بائبل کو مستند اور الہامی کتاب قرار دیتا ہے

سورۃ المائدہ 5:66 📖
"اور اگر وہ تورات اور انجیل کو اور جو کچھ ان کے رب کی طرف سے ان پر نازل کیا گیا ہے، اسے قائم رکھتے تو انہیں اوپر سے اور نیچے سے رزق دیا جاتا۔"

یہ آیت ظاہر کرتی ہے کہ بائبل کے احکامات کو قائم رکھنا ضروری ہے، اور جو لوگ اس پر عمل کرتے ہیں، ان کے لیے برکتوں کے دروازے کھل جاتے ہیں۔
اگر بائبل تبدیل ہو چکی ہوتی، تو اللہ اس پر عمل کرنے کا حکم کیوں دیتا؟

سورۃ المائدہ 5:47 📖
"اور اہلِ انجیل کو چاہیے کہ جو کچھ اللہ نے اس میں نازل کیا ہے، اس کے مطابق حکم کریں۔"

📌 یہ واضح حکم ہے کہ انجیل کے مطابق فیصلے کیے جائیں۔ اگر انجیل بدل گئی ہوتی، تو اللہ یہ حکم کیوں دیتا؟

اگر مسلمان کہتے ہیں کہ بائبل تبدیل ہو چکی ہے، تو وہ قرآن کی خلاف ورزی کر رہے ہیں

📌 کچھ مسلمان دعویٰ کرتے ہیں کہ بائبل تبدیل ہو گئی ہے، لیکن ان کا دعویٰ قرآن کے بالکل خلاف ہے۔
📌 اگر بائبل بدل گئی ہوتی، تو مسلمان ان سوالات کے جواب دیں:

- ◇ اگر بائبل بدل چکی ہے، تو اللہ نے محمد صلی اللہ علیہ وسلم کو اس پر عمل کرنے کا حکم کیوں دیا؟
- ◇ اگر بائبل بدل چکی ہے، تو اللہ نے اسے "الکتاب "کہہ کر محفوظ کتاب کیوں قرار دیا؟
- ◇ اگر بائبل بدل چکی ہے، تو کیا اس کا مطلب یہ نہیں کہ اللہ بائبل کی حفاظت کرنے میں ناکام رہا؟

📖 سورۃ یونس 10:64
"اللہ کے کلمات کو کوئی بدلنے والا نہیں۔"

📌 یہاں اللہ واضح طور پر کہہ رہا ہے کہ اس کے الفاظ کو کوئی بھی نہیں بدل سکتا۔
📌 اگر مسلمان بائبل کے تبدیل ہونے کا دعویٰ کرتے ہیں، تو وہ درحقیقت اللہ کے اس وعدے کو جھٹلا رہے ہیں۔

✔ **قرآن میں "الکتاب "کا مطلب بائبل ہے، جسے مستند اور الہامی تسلیم کیا گیا ہے۔**
✔ **مشہور مسلم اسکالرز نے بھی تسلیم کیا کہ "الکتاب "سے مراد بائبل ہے۔**
✔ **قرآن بائبل کی سچائی کی گواہی دیتا ہے اور محمد صلی اللہ علیہ وسلم کو اس پر عمل کرنے کا حکم دیتا ہے۔**
✔ **اگر بائبل تبدیل ہو چکی ہوتی، تو اللہ اس پر عمل کرنے کا حکم نہ دیتا۔**
✔ **اللہ نے فرمایا کہ اس کے کلمات کو کوئی بدل نہیں سکتا، اس لیے بائبل آج بھی محفوظ ہے۔**

📌 **مسلمان جو بائبل کو مسترد کرتے ہیں، وہ درحقیقت قرآن کو مسترد کر رہے ہیں!**

📖 **سورۃ المائدہ 5:68**
کہو! اے بائبل کے پیروکارو! جب تک تم تورات اور انجیل اور جو کچھ تمہارے" رب کی طرف سے نازل کیا گیا ہے، اس پر عمل نہیں کرتے، تمہارے لیے کچھ بھی "راہِ نجات نہیں۔

📌 **یہ سب سے بڑا ثبوت ہے کہ بائبل اللہ کا محفوظ کردہ کلام ہے، اور مسلمانوں !کو اس پر ایمان لانا چاہیے**

باب 9 :بائبل اللہ کا محفوظ کردہ کلام ہے – سورۃ المائدہ 5:68 کے مطابق

اللہ نے بائبل کے پیروکاروں کو تورات، زبور، انجیل اور دیگر الہامی کتابوں پر عمل کرنے کا حکم دیا

📖 **سورۃ المائدہ 5:68**
کہو! اے بائبل کے پیروکارو! جب تک تم تورات، انجیل، اور جو کچھ تمہارے رب" کی طرف سے نازل کیا گیا ہے، اس پر عمل نہیں کرتے، تمہارے لیے کچھ بھی راہِ "نجات نہیں۔

📌 **یہ آیت اس حقیقت کو ثابت کرتی ہے کہ "بائبل کے پیروکاروں) "اہلِ کتاب (کو صرف تورات اور انجیل پر ہی عمل کرنے کا حکم نہیں دیا گیا، بلکہ ان تمام وحیوں پر**

جو اللہ نے ان پر نازل کیں۔

یہ اس بات کا ناقابلِ تردید ثبوت ہے کہ بائبل میں دیگر الہامی کتابیں بھی شامل ہیں، جنہیں قرآن نے تسلیم کیا ہے۔

◇ بائبل)الکتاب (ایک مجموعہ ہے جس میں کئی الہامی کتابیں شامل ہیں، جن میں تورات، زبور، اور انجیل بطور خاص قرآن میں ذکر کی گئی ہیں۔

◇ اگر بائبل محفوظ نہ ہوتی، تو اللہ اس پر عمل کرنے کا حکم کیوں دیتا؟

بائبل کے الہامی کلام کے مجموعے کی مثال

بائبل صرف ایک کتاب نہیں بلکہ کئی الہامی کتابوں کا مجموعہ ہے۔

یہ 66 مختلف کتابوں پر مشتمل ہے، جنہیں اللہ نے اپنے نبیوں پر نازل کیا۔

اگر ایک عمارت کئی اپارٹمنٹس پر مشتمل ہو، تو کیا ممکن ہے کہ پوری عمارت تباہ ہو جائے لیکن اس کے اندر کے اپارٹمنٹس محفوظ رہیں؟

◇ مسلمان یہ دعویٰ کرتے ہیں کہ بائبل کے کچھ حصے بدل گئے، لیکن صرف تورات، زبور اور انجیل محفوظ رہیں۔

◇ یہ دعویٰ ایسا ہی ہے جیسے کوئی کہے کہ ایک عمارت تباہ ہو گئی لیکن اس کے اندر کے اپارٹمنٹس محفوظ ہیں!

◇ یہ ایک غیر منطقی دلیل ہے۔ اگر بائبل کے کچھ حصے محفوظ ہیں، تو پوری بائبل محفوظ ہے، کیونکہ اسے اللہ نے محفوظ رکھنے کا وعدہ کیا ہے۔

سورۃ یونس 10:64
"اللہ کے کلمات کو کوئی بدلنے والا نہیں۔"

اگر بائبل اللہ کی طرف سے ہے، تو کوئی بھی اسے تبدیل نہیں کر سکتا، کیونکہ اللہ نے خود اس کی حفاظت کا وعدہ کیا ہے۔

مخالفت ہے

📌 **مسلمان جو بائبل کی صداقت کو جھٹلاتے ہیں، وہ دراصل اپنے ہی دعوے کی نفی کر رہے ہیں۔**

📌 **اگر وہ تسلیم کرتے ہیں کہ تورات، زبور اور انجیل الہامی کتابیں ہیں، تو انہیں مکمل بائبل کو بھی قبول کرنا چاہیے، کیونکہ یہ انہی کتابوں کا مجموعہ ہے۔**

◇ **اگر مسلمان کہتے ہیں کہ بائبل محفوظ نہیں، تو وہ یہ بھی کہہ رہے ہیں کہ اللہ اسے محفوظ رکھنے میں ناکام رہا۔**

◇ **اگر وہ مانتے ہیں کہ بائبل کا کچھ حصہ محفوظ ہے، تو انہیں تسلیم کرنا ہوگا کہ پوری بائبل محفوظ ہے۔**

📖 **سورۃ المائدہ 5:47**

"اور اہلِ انجیل کو چاہیے کہ جو کچھ اللہ نے اس میں نازل کیا ہے، اس کے مطابق حکم کریں۔"

📌 **اگر انجیل تبدیل ہو چکی ہوتی، تو اللہ اہلِ انجیل کو اس پر عمل کرنے کا حکم کیوں دیتا؟**

📌 **یہ اس بات کا واضح ثبوت ہے کہ انجیل اور پوری بائبل قرآن کے وقت میں بھی محفوظ تھی، اور آج بھی محفوظ ہے۔**

کیا مسلمان اللہ کے وعدے پر یقین رکھتے ہیں؟

📖 **سورۃ الحجر 15:9**

"بے شک، ہم نے ہی اس ذکر (وحی) کو نازل کیا ہے اور ہم ہی اس کی حفاظت کرنے والے ہیں۔"

📌 **اگر اللہ نے اپنی کتابوں کو محفوظ رکھنے کا وعدہ کیا، تو مسلمان کیسے کہہ سکتے ہیں کہ بائبل بدل گئی؟**

◇ **اگر بائبل بدل گئی، تو کیا مسلمان یہ تسلیم کر رہے ہیں کہ اللہ اپنی کتاب کی حفاظت نہیں کر سکا؟**
◇ **یہ ایک ایسا دعویٰ ہے جو نہ صرف قرآن بلکہ خود اسلام کے بنیادی عقائد کے خلاف ہے۔**

📌 **مسلمان جو بائبل کو مسترد کرتے ہیں، وہ دراصل اللہ کے وعدے کو جھٹلا رہے ہیں!**

مسلمان بائبل کو جھٹلا کر حقیقت میں قرآن اور اللہ کے خلاف جا رہے ہیں

📌 **قرآن خود اس بات کی گواہی دیتا ہے کہ بائبل محفوظ ہے اور اس پر عمل کرنا ضروری ہے۔**
📌 **مسلمان جو بائبل کی صداقت کو رد کرتے ہیں، وہ دراصل قرآن اور اللہ کے احکامات کو جھٹلا رہے ہیں۔**

سورۃ المائدہ 5:68 📖
"کہو! اے بائبل کے پیروکارو! جب تک تم تورات، انجیل، اور جو کچھ تمہارے رب کی طرف سے نازل کیا گیا ہے، اس پر عمل نہیں کرتے، تمہارے لیے کچھ بھی راہِ نجات نہیں۔"

📌 **یہ سب سے بڑا ثبوت ہے کہ بائبل اللہ کا محفوظ کردہ کلام ہے، اور مسلمانوں کو اس پر ایمان لانا چاہیے!**

◇ **اگر بائبل محفوظ نہ ہوتی، تو اللہ مسلمانوں کو اس پر عمل کرنے کا حکم کیوں دیتا؟**
◇ **اگر بائبل محفوظ نہ ہوتی، تو محمد صلی اللہ علیہ وسلم کو اس کی پیروی کا حکم کیوں دیا جاتا؟**
◇ **اگر بائبل محفوظ نہ ہوتی، تو قرآن بار بار اس کی تصدیق کیوں کرتا؟**

ہے۔

مسلمان جو بائبل کو مسترد کرتے ہیں، وہ درحقیقت قرآن کی تعلیمات کو مسترد
!کر رہے ہیں

ہے۔

مسلمان جو بائبل کو مسترد کرتے ہیں، وہ درحقیقت قرآن کی تعلیمات کو مسترد
!کر رہے ہیں

باب 10

محمد صلی اللہ علیہ وسلم کو بائبل پر ایمان لانے کا حکم دیا گیا

محمد صلی اللہ علیہ وسلم کو حکم دیا گیا کہ وہ تمام الہامی کتابوں پر ایمان لائیں

سورۃ الشوریٰ 42:15 📖

"اور (اے نبی!) ان کی خواہشات کی پیروی نہ کرو، بلکہ کہو: میں ہر اُس کتاب پر ایمان لاتا ہوں جو اللہ نے نازل کی ہے (چاہے وہ تورات ہو، انجیل ہو یا ابراہیم کے صحیفے ہوں)۔" (حلالی-خان)

محمد طاہر القادری ترجمہ: 📖

"اور کہو: میں ہر اس کتاب پر ایمان لاتا ہوں جو اللہ نے نازل کی ہے۔"

المنتخب ترجمہ: 📖

"اور ان سے کہہ دو: میں ان تمام کتابوں پر ایمان رکھتا ہوں جو اللہ نے نازل کی ہیں، اور میں ان سب پر یقین رکھتا ہوں۔"

📌 **یہ آیت واضح کرتی ہے کہ محمد صلی اللہ علیہ وسلم کو اللہ نے حکم دیا تھا کہ وہ نہ صرف قرآن بلکہ تمام پچھلی کتابوں پر بھی ایمان لائیں۔**

📌 **اس کا مطلب ہے کہ قرآن کے علاوہ، تورات، زبور، انجیل اور دیگر الہامی کتابوں پر ایمان لانا محمد صلی اللہ علیہ وسلم کے لیے لازم تھا۔**

ایمان لانے کا حکم دیتا؟

مسلمانوں پر تمام الہامی کتابوں پر ایمان لانا فرض ہے

سورۃ النساء 4:136 🕮

"اے ایمان والو! اللہ پر، اس کے رسول پر، اس کتاب پر جو اُس نے اپنے رسول پر نازل کی، اور ان کتابوں پر جو اس سے پہلے نازل کیں، ایمان لاؤ۔ اور جو شخص اللہ، اس کے فرشتوں، اس کی کتابوں، اس کے رسولوں اور قیامت کے دن کا انکار کرے گا، وہ راہِ راست سے بھٹک گیا۔" (علی انال)

📌 **یہ آیت واضح حکم دیتی ہے کہ ہر مسلمان کو "تمام کتابوں "پر ایمان لانا ہے، نہ کہ صرف قرآن پر۔**

📌 **اس آیت کو کبھی بھی منسوخ نہیں کیا گیا، جس کا مطلب ہے کہ یہ حکم آج بھی برقرار ہے۔**

📌 **اگر سابقہ کتابیں تبدیل ہو چکی ہوتیں، تو کیا اللہ مسلمانوں کو ان پر ایمان لانے کا حکم دیتا؟**

◇ **محمد صلی اللہ علیہ وسلم کے لیے اور تمام مسلمانوں کے لیے صرف قرآن پر ایمان لانا کافی نہیں تھا، بلکہ انہیں بائبل میں موجود تمام کتابوں پر بھی ایمان لانا تھا۔**

◇ **اگر کوئی مسلمان بائبل کو جھٹلاتا ہے، تو وہ اللہ کے حکم کی نافرمانی کر رہا ہے۔**

◇ **اگر مسلمان بائبل کو رد کر دیں، تو اللہ کے پچھلے تمام الہامی کلام کو جھٹلانے کے مترادف ہوگا، اور یہ قرآن کے حکم کے خلاف ہے۔**

تورات محمد صلی اللہ علیہ وسلم کے دور میں بھی مستند تھی

سورۃ السجدہ 32:23 🕮

"بے شک، ہم نے موسیٰ کو کتاب دی، پس (اے نبی!) تم اس کے ملنے میں کسی قسم کے شک میں نہ رہو، اور ہم نے اسے بنی اسرائیل کے لیے ہدایت بنایا تھا۔" (یوسف علی)

شاکر ترجمہ: 🕮

"اور یقیناً، ہم نے موسیٰ کو کتاب دی، پس تم اس کے پہنچنے میں شک نہ کرو، اور ہم نے اسے بنی اسرائیل کے لیے ہدایت بنایا تھا۔"

📌 **یہ آیت واضح کرتی ہے کہ محمد صلی اللہ علیہ وسلم کے دور میں بھی تورات موجود تھی اور محفوظ تھی۔**

اگر تورات بدل چکی ہوتی، تو اللہ محمد صلی اللہ علیہ وسلم کو یہ نہ کہتا کہ اس کے ملنے میں شک نہ کرو"۔"

اللہ محمد صلی اللہ علیہ وسلم کو ایک ایسی کتاب پر یقین کرنے کا حکم نہیں دے سکتا جو تبدیل ہو چکی ہو۔

اگر محمد صلی اللہ علیہ وسلم کے وقت میں تورات محفوظ تھی، تو انجیل بھی محفوظ تھی

تورات کو موسیٰ علیہ السلام پر تقریباً پندرہ صدیوں قبل نازل کیا گیا تھا، اور یہ محمد صلی اللہ علیہ وسلم کے وقت میں بھی موجود تھی۔

اگر ایک کتاب جو 1500 سال پرانی تھی وہ محفوظ تھی، تو اس سے چھوٹی عمر کی انجیل بھی لازمی محفوظ ہوگی۔

سورۃ یونس 10:94

ہر اگر تمہیں اُس چیز میں شک ہو جو ہم نے تمہاری طرف نازل کی، تو اُن" "لوگوں سے پوچھ لو جو تم سے پہلے کتاب پڑھ رہے ہیں۔

یہ واضح اشارہ ہے کہ محمد صلی اللہ علیہ وسلم کو ان لوگوں سے تصدیق کرنی چاہیے جو پہلے سے الہامی کتابیں پڑھتے آ رہے تھے، یعنی یہود و نصاریٰ۔

اگر بائبل تبدیل ہو چکی ہوتی، تو اللہ محمد صلی اللہ علیہ وسلم کو اہلِ کتاب سے پوچھنے کا حکم کیوں دیتا؟

اگر مسلمان بائبل کو رد کرتے ہیں، تو وہ خود قرآن کی خلاف ورزی کر رہے ہیں

اگر مسلمان بائبل کو ماننے سے انکار کرتے ہیں، تو انہیں ان سوالات کے جوابات دینے ہوں گے:

- **اگر بائبل بدل گئی، تو اللہ نے محمد صلی اللہ علیہ وسلم کو اس پر ایمان لانے کا حکم کیوں دیا؟**
- **اگر بائبل بدل گئی، تو اللہ نے مسلمانوں کو تمام کتابوں پر ایمان لانے کا حکم کیوں دیا؟**
- **اگر بائبل بدل گئی، تو قرآن میں بار بار اس پر عمل کرنے کا حکم کیوں دیا گیا؟**

سورۃ المائدہ 5:47

اور اہلِ انجیل کو چاہیے کہ جو کچھ اللہ نے اس میں نازل کیا ہے، اس کے مطابق" "حکم کریں۔

دیتا؟

یہ ثابت کرتا ہے کہ انجیل اور بائبل آج بھی محفوظ ہیں۔ 📌

نتیجہ :محمد صلی اللہ علیہ وسلم اور تمام مسلمانوں کو بائبل پر ایمان لانا ضروری ہے

✔ **محمد صلی اللہ علیہ وسلم کو اللہ نے حکم دیا تھا کہ وہ تمام کتابوں پر ایمان لائیں، بشمول بائبل۔**

✔ **قرآن واضح طور پر کہتا ہے کہ تورات، زبور اور انجیل محمد صلی اللہ علیہ وسلم کے وقت میں موجود اور محفوظ تھیں۔**

✔ **اگر بائبل بدل چکی ہوتی، تو اللہ محمد صلی اللہ علیہ وسلم کو اس پر ایمان لانے کا حکم نہ دیتا۔**

✔ **اگر مسلمان بائبل کو جھٹلاتے ہیں، تو وہ قرآن کی خلاف ورزی کر رہے ہیں۔**

✔ **اللہ نے بائبل پر ایمان لانے اور اس پر عمل کرنے کا حکم دیا، لہٰذا یہ آج بھی اللہ کا مستند اور محفوظ کلام ہے۔**

📖 **سورۃ المائدہ 5:68**

"کہو! اے بائبل کے پیروکارو! جب تک تم تورات، انجیل، اور جو کچھ تمہارے رب کی طرف سے نازل کیا گیا ہے، اس پر عمل نہیں کرتے، تمہارے لیے کچھ بھی راہِ نجات نہیں۔"

📌 **یہ سب سے بڑا ثبوت ہے کہ بائبل اللہ کا محفوظ کردہ کلام ہے، اور مسلمانوں کو اس پر ایمان لانا چاہیے!**

قرآن بائبل کو الہامی اور محفوظ کتاب تسلیم کرتا ہے

📖 **سورۃ البقرہ 2:41**

"اور ایمان لاؤ اس پر جو میں نے نازل کیا (قرآن)، جو تمہارے پاس موجود (تورات/بائبل) کی تصدیق کرتا ہے، اور تم سب سے پہلے اس کے منکر نہ بنو، اور میری آیات کو معمولی قیمت پر نہ بیچو، اور مجھ ہی سے ڈرو۔" (فریدالحق)

📖 **پکتھال ترجمہ:**

"اور اس (کتاب) پر ایمان لاؤ جو میں نے نازل کی ہے، جو اس کی تصدیق کرتی ہے جو تمہارے پاس پہلے سے موجود ہے (الہامی کتابیں)، اور سب سے پہلے اس کے منکر نہ بنو، اور میری آیات کو معمولی قیمت پر فروخت نہ کرو، اور صرف مجھ سے ڈرو۔"

📌 **یہ آیت واضح کرتی ہے کہ قرآن اس کتاب (بائبل) کی تصدیق کرتا ہے جو اہلِ کتاب (یہودیوں اور عیسائیوں) کے پاس پہلے سے موجود تھی۔**

📌 **اگر بائبل بدل چکی ہوتی، تو اللہ یہ کیسے کہہ سکتا تھا کہ "یہ اس کی تصدیق**

کرتا ہے جو تمہارے پاس ہے"؟"

یہ اس بات کا ثبوت ہے کہ بائبل محمد صلی اللہ علیہ وسلم کے وقت میں بھی محفوظ تھی اور آج بھی محفوظ ہے۔

قرآن کے مطابق، بائبل کی تصدیق ہی قرآن کی سچائی کا معیار ہے

سورۃ آل عمران 3:3

اس نے تم پر حق کے ساتھ کتاب نازل کی، جو اس سے پہلے نازل کی گئی کتابوں" کی تصدیق کرتی ہے، اور اس نے تورات اور انجیل کو بھی نازل کیا۔" (پکتھال)

یہ آیت واضح کرتی ہے کہ قرآن کا مقصد تورات اور انجیل)بائبل (کی تصدیق کرنا ہے، نہ کہ اسے رد کرنا۔

عربی میں "تصدیق "کے لیے استعمال ہونے والا لفظ "صَدَّقَ "ہے، جس کا مطلب ہوتا ہے" :کسی چیز کو درست تسلیم کرنا، سچ ماننا، اس کی سچائی ثابت "کرنا۔

اگر قرآن بائبل کی تصدیق کرتا ہے، تو مسلمان کیسے بائبل کو رد کر سکتے ہیں؟

- **عدالت میں، اگر ایک گواہ دوسرے گواہ کی گواہی کی تصدیق کرے، تو اس کا مطلب ہوتا ہے کہ وہ اسے درست تسلیم کر رہا ہے۔**
- **اسی طرح، جب قرآن کہتا ہے کہ وہ بائبل کی تصدیق کرتا ہے، تو اس کا مطلب ہے کہ بائبل سچائی پر مبنی اور اللہ کا محفوظ کردہ کلام ہے۔**
- **قرآن کا بائبل کو "تصدیق "کرنا صرف اسی صورت میں ممکن ہے جب بائبل محمد صلی اللہ علیہ وسلم کے وقت میں بھی غیر متبدل اور محفوظ ہو۔**

اگر بائبل تبدیل ہو چکی ہوتی، تو قرآن اسے تصدیق کیوں کرتا؟

اگر بائبل تبدیل ہو چکی ہوتی، تو اللہ یہ کیوں کہتا کہ قرآن اس کی تصدیق کرتا ہے؟

اگر بائبل تبدیل ہو چکی ہوتی، تو قرآن اس کی پیروی کا حکم کیوں دیتا؟

سورۃ المائدہ 5:46

،اور ہم نے ان کے پیچھے عیسیٰ ابن مریم کو بھیجا، تورات کی تصدیق کرنے والا" جو اس کے سامنے تھی، اور ہم نے اسے انجیل دی، جس میں ہدایت اور نور تھا اور "وہ تورات کی تصدیق کرتی تھی۔

دونوں میں کوئی تضاد نہیں ہے۔

- **اگر قرآن کو تورات اور انجیل کی تصدیق کرنا تھا، تو وہ کیسے ان کو رد کر سکتا تھا؟**
- **اگر انجیل نے تورات کی تصدیق کی اور قرآن نے انجیل کی، تو پھر بائبل کو جھٹلانے کا کوئی جواز نہیں ہے۔**

قرآن کے مطابق، بائبل کی حفاظت کرنا خود قرآن کی ذمہ داری ہے

سورۃ المائدہ 5:48 📖

"اور ہم نے تمہاری طرف حق کے ساتھ کتاب (قرآن) نازل کی ہے جو اس کتاب (بائبل) کی تصدیق کرتی ہے جو اس سے پہلے موجود تھی اور اس پر محافظ و نگہبان ہے۔"

- **یہ آیت کہتی ہے کہ قرآن بائبل کی "محافظ (Guardian)" ہے، یعنی اس کی حفاظت کی ذمہ داری رکھتا ہے۔**
- **اگر بائبل تبدیل ہو چکی ہوتی، تو قرآن اسے "محافظ" کیوں کہتا؟**
- **اگر بائبل محفوظ نہ ہوتی، تو کیا اللہ قرآن کو اس کی حفاظت کا حکم دیتا؟**

مسلمان بائبل کو رد کر کے قرآن کی خود تصدیق کو جھٹلا رہے ہیں

- **اگر مسلمان بائبل کو مسترد کرتے ہیں، تو وہ دراصل قرآن کو مسترد کر رہے ہیں، کیونکہ قرآن بار بار بائبل کی تصدیق کرتا ہے۔**
- **قرآن کا بائبل کی تصدیق کرنا اس بات کا ثبوت ہے کہ بائبل آج بھی محفوظ اور مستند ہے۔**

سورۃ یونس 10:94 📖

"پھر اگر تمہیں اس چیز میں شک ہو جو ہم نے تمہاری طرف نازل کی، تو اُن لوگوں سے پوچھ لو جو تم سے پہلے کتاب پڑھ رہے ہیں۔"

- **اگر بائبل بدل چکی ہوتی، تو کیا اللہ محمد صلی اللہ علیہ وسلم کو اہلِ کتاب سے پوچھنے کا حکم دیتا؟**
- **یہ اس بات کا ناقابلِ تردید ثبوت ہے کہ بائبل محمد صلی اللہ علیہ وسلم کے وقت میں بھی محفوظ تھی اور آج بھی محفوظ ہے۔**

نتیجہ :بائبل قرآن کے مطابق محفوظ اور مستند کتاب ہے

✔ **قرآن کہتا ہے کہ وہ تورات اور انجیل)بائبل (کی تصدیق کرتا ہے، نہ کہ اسے رد کرتا ہے۔**

✔ **قرآن کہتا ہے کہ تورات، زبور اور انجیل محمد صلی اللہ علیہ وسلم کے وقت میں بھی محفوظ تھیں۔**

✔ **قرآن کہتا ہے کہ بائبل کو قائم رکھنا اور اس پر عمل کرنا ضروری ہے۔**

✔ **اگر بائبل محفوظ نہ ہوتی، تو اللہ اسے قرآن کی "محافظ "قرار نہ دیتا۔**

✔ **اگر مسلمان بائبل کو رد کرتے ہیں، تو وہ قرآن کی بنیادی تعلیمات کو رد کر رہے ہیں۔**

📖 **سورۃ المائدہ 5:68**

"کہو! اے بائبل کے پیروکارو! جب تک تم تورات، انجیل، اور جو کچھ تمہارے رب کی طرف سے نازل کیا گیا ہے، اس پر عمل نہیں کرتے، تمہارے لیے کچھ بھی راہِ نجات نہیں۔"

📌 **یہ سب سے بڑا ثبوت ہے کہ بائبل اللہ کا محفوظ کردہ کلام ہے، اور مسلمانوں کو اس پر ایمان لانا چاہیے!**

باب 11

یہودیوں اور عیسائیوں کو تورات اور انجیل پر فیصلہ کرنے کا حکم دیا گیا ہے

یہودیوں اور عیسائیوں کو اللہ نے حکم دیا کہ وہ تورات اور انجیل کے مطابق فیصلہ کریں

سورۃ المائدہ 5:43 📖
"یہ (یہودی) آپ کو کیسے منصف بنا سکتے ہیں، جبکہ ان کے پاس تورات موجود ہے، جس میں اللہ کا فیصلہ ہے؟ پھر اس کے بعد بھی یہ منہ موڑ لیتے ہیں، یہ لوگ ہرگز مومن نہیں ہیں۔" (پکتھال)

شاکر ترجمہ: 📖
"اور وہ آپ کو کس طرح منصف بناتے ہیں جبکہ ان کے پاس تورات ہے جس میں اللہ کا فیصلہ ہے، پھر وہ اس کے بعد بھی منہ موڑ لیتے ہیں، اور یہ لوگ ایمان نہیں رکھتے۔"

📌 **یہ آیت مدینہ کے ماحول میں نازل ہوئی، جب محمد صلی اللہ علیہ وسلم کی موجودگی میں یہودی فیصلہ لینے کے لیے آئے۔**
📌 **اگر تورات بدل چکی ہوتی، تو اللہ یہودیوں کو اس کے مطابق فیصلہ کرنے کا حکم کیوں دیتا؟**

یہ اس بات کا ثبوت ہے کہ تورات محمد صلی اللہ علیہ وسلم کے دور میں بھی اصل حالت میں موجود تھی۔ 📌

اگر تورات تبدیل ہو چکی ہوتی، تو اللہ اس کے مطابق فیصلہ کرنے کا حکم کیوں دیتا؟

اگر یہودیوں کے پاس موجود تورات تبدیل ہو چکی ہوتی، تو اللہ انہیں اس پر فیصلہ کرنے کا حکم کیوں دیتا؟ 📌

اگر تورات بدل گئی ہوتی، تو اللہ یہودیوں کی سرزنش کرتا، نہ کہ انہیں اس پر چلنے کا حکم دیتا۔ 📌

سورۃ المائدہ 5:44 📖

"بے شک، ہم نے تورات نازل کی، جس میں ہدایت اور روشنی ہے، اس کے مطابق یہودی نبی فیصلے کرتے تھے۔"

یہ آیت واضح کرتی ہے کہ تورات میں ہدایت اور روشنی ہے، اور اسے یہودی نبیوں نے بھی صحیح تسلیم کیا۔ 📌

اگر تورات بدل چکی ہوتی، تو اللہ اسے "ہدایت اور روشنی "قرار نہ دیتا۔ 📌

اگر تورات اور انجیل کو یہودیوں اور عیسائیوں کے فیصلے کے لیے استعمال کرنا تھا، تو کیسے کہا جا سکتا ہے کہ وہ تبدیل ہو چکی ہیں؟

سورۃ المائدہ 5:47 📖

"اور اہلِ انجیل کو چاہیے کہ جو کچھ اللہ نے اس میں نازل کیا ہے، اس کے مطابق حکم کریں۔"

فیصلے کرنے کا حکم دیا گیا ہے۔

اگر انجیل تبدیل ہو چکی ہوتی، تو کیا اللہ عیسائیوں کو اس کے مطابق فیصلہ کرنے کا حکم دیتا؟

یہ اس بات کا ناقابلِ تردید ثبوت ہے کہ انجیل محمد صلی اللہ علیہ وسلم کے وقت میں بھی محفوظ تھی اور آج بھی محفوظ ہے۔

مسلمانوں کے جھوٹے دعوے :اگر تورات اور انجیل تبدیل ہو چکی تھیں، تو اللہ ان کا ذکر کیوں کرتا؟

مسلمان دعویٰ کرتے ہیں کہ تورات اور انجیل بدل چکی ہیں، لیکن یہ دعویٰ قرآن کے خلاف ہے۔

اگر اللہ تورات اور انجیل کے مطابق فیصلہ کرنے کا حکم دے رہا ہے، تو کیسے کہا جا سکتا ہے کہ وہ کتابیں بدل چکی تھیں؟

اگر یہودی اور عیسائی محمد صلی اللہ علیہ وسلم کے وقت میں انہی کتابوں پر عمل کر رہے تھے، تو کیسے ممکن ہے کہ وہ سب بدل گئی ہوں؟

سورۃ المائدہ 5:66

"اور اگر وہ تورات، انجیل، اور جو کچھ ان کے رب کی طرف سے نازل کیا گیا ہے، اس پر عمل کرتے تو ان کے لیے اوپر سے اور نیچے سے رزق آتا۔"

یہ آیت بتاتی ہے کہ اگر اہلِ کتاب اپنے صحیفوں پر عمل کرتے، تو اللہ انہیں برکتیں دیتا۔

اگر یہ صحیفے بدل چکے ہوتے، تو اللہ انہیں ان پر عمل کرنے کا حکم کیوں دیتا؟

مسلمانوں کا الزام کہ یہودیوں نے تورات بدل دی، اللہ کی توہین کے مترادف ہے

- **اگر مسلمان کہتے ہیں کہ یہودیوں نے تورات بدل دی، تو اس کا مطلب ہے کہ اللہ اپنی کتاب کی حفاظت نہیں کر سکا۔**
- **یہ کہنا کہ اللہ اپنی کتاب کی حفاظت نہ کر سکا، اللہ کی قدرت پر سوال اٹھانے کے مترادف ہے۔**
- **یہ اللہ کو کمزور ثابت کرنے کے مترادف ہے، جو کہ قرآن کے مطابق "سب سے طاقتور "ہے۔**

سورۃ الانعام 6:115 📖
"اور تمہارے رب کا کلام سچائی اور انصاف کے ساتھ پورا ہو چکا ہے، کوئی اس کی باتوں کو بدلنے والا نہیں، اور وہ سننے والا، جاننے والا ہے۔"

- **یہ آیت ثابت کرتی ہے کہ اللہ کے الفاظ کو کوئی نہیں بدل سکتا، اور یہ تورات اور انجیل پر بھی لاگو ہوتا ہے۔**

یہودیوں اور عیسائیوں کے پاس ہمیشہ سے ایک ہی کتاب رہی ہے

- **"یہودیوں کے پاس ہمیشہ ایک ہی کتاب رہی ہے، جسے آج ہم "پرانا عہد نامہ (Old Testament) کہتے ہیں۔**
- **عیسائیوں کے پاس ہمیشہ وہی انجیل رہی ہے جو آج بھی دنیا میں موجود ہے۔**
- **محمد صلی اللہ علیہ وسلم کے وقت میں یہ کتابیں وہی تھیں جو آج بھی ہمارے پاس موجود ہیں۔**

سورۃ یونس 10:94 📖
"پھر اگر تمہیں اس چیز میں شک ہو جو ہم نے تمہاری طرف نازل کی، تو اُن لوگوں سے پوچھ لو جو تم سے پہلے کتاب پڑھ رہے ہیں۔"

پوچھنے کا حکم کیوں دیتا؟
📌 **یہ ثابت کرتا ہے کہ بائبل محمد صلی اللہ علیہ وسلم کے وقت میں بھی محفوظ تھی اور آج بھی محفوظ ہے۔**

نتیجہ :تورات اور انجیل، دونوں اللہ کی محفوظ شدہ کتابیں ہیں

✔ **قرآن واضح طور پر کہتا ہے کہ یہودیوں کو تورات کے مطابق فیصلے کرنے کا حکم دیا گیا تھا۔**
✔ **قرآن واضح طور پر کہتا ہے کہ عیسائیوں کو انجیل کے مطابق فیصلے کرنے کا حکم دیا گیا تھا۔**
✔ **اگر تورات اور انجیل تبدیل ہو چکی ہوتیں، تو اللہ یہ حکم نہ دیتا۔**
✔ **یہودیوں کے پاس ہمیشہ ایک ہی کتاب)پرانا عہد نامہ (رہی ہے، اور عیسائیوں کے پاس ہمیشہ ایک ہی انجیل رہی ہے۔**
✔ **اگر مسلمان تورات اور انجیل کو جھٹلاتے ہیں، تو وہ قرآن کی واضح تعلیمات کی مخالفت کر رہے ہیں۔**

سورۃ المائدہ 5:68 📖
"کہو! اے بائبل کے پیروکارو! جب تک تم تورات، انجیل، اور جو کچھ تمہارے رب کی طرف سے نازل کیا گیا ہے، اس پر عمل نہیں کرتے، تمہارے لیے کچھ بھی راہِ نجات نہیں۔"

📌 **یہ سب سے بڑا ثبوت ہے کہ بائبل اللہ کا محفوظ کردہ کلام ہے، اور مسلمانوں کو اس پر ایمان لانا چاہیے!**

سورۃ المائدہ 5:43 اور اس کا پس منظر

سورۃ المائدہ 5:43 📖
"یہ (یہودی) آپ کے پاس فیصلے کے لیے کیسے آ سکتے ہیں جبکہ ان کے پاس

تورات موجود ہے، جس میں اللہ کا فیصلہ ہے؟ پھر اس کے بعد بھی وہ منہ موڑ لیتے ہیں، یہ لوگ ہرگز مومن نہیں ہیں۔" (پکتھال)

یہ آیت **سورۃ المائدہ** میں موجود ہے، جو قرآن کی پانچویں سورۃ ہے۔ یہ سورۃ **محمد صلی اللہ علیہ وسلم کی زندگی کے آخری پانچ سالوں میں نازل ہوئی۔** اس سورۃ کی تیسری آیت **محمد صلی اللہ علیہ وسلم کے آخری حج)حجۃ الوداع (کے دوران نازل ہوئی تھی۔** یہ حج محمد صلی اللہ علیہ وسلم نے اپنی وفات سے کچھ ہی عرصہ پہلے ادا کیا تھا۔

- **سورۃ المائدہ 18ویں سے 23ویں سال تک نازل ہوئی۔**
- **یہ اس وقت نازل ہو رہی تھی جب قرآن اپنے اختتام کے قریب تھا، اس کے باوجود اللہ نے تورات کو منسوخ کرنے کا کوئی ارادہ ظاہر نہیں کیا۔**
- **اللہ نے اس موقع پر بھی یہودیوں کو حکم دیا کہ وہ اپنی مقدس کتاب)تورات(کے مطابق فیصلہ کریں۔**

اللہ نے یہودیوں کو محمد صلی اللہ علیہ وسلم کے پاس جانے سے کیوں روکا؟

- **سورۃ المائدہ 5:43 ایک حیران کن حقیقت کو ظاہر کرتی ہے:**
- **اللہ نے یہودیوں کو محمد صلی اللہ علیہ وسلم سے فیصلہ لینے کے بجائے تورات کے مطابق فیصلہ کرنے کا حکم دیا۔**
- **یہ ظاہر کرتا ہے کہ محمد صلی اللہ علیہ وسلم کے دور میں تورات اصل حالت میں موجود تھی اور اللہ کے نزدیک قابلِ اعتماد تھی۔**
- **اگر تورات تبدیل ہو چکی ہوتی، تو اللہ یہودیوں کو اس کے مطابق فیصلہ کرنے کا حکم کیوں دیتا؟**

سورۃ المائدہ 5:44 📖

"بے شک، ہم نے تورات نازل کی، جس میں ہدایت اور روشنی ہے، اس کے مطابق یہودی نبی فیصلے کرتے تھے۔"

نبی بھی اس کے مطابق فیصلہ کرتے تھے۔

اگر تورات تبدیل ہو چکی ہوتی، تو اللہ اسے "ہدایت اور روشنی "کیوں قرار دیتا؟ 📌

اللہ نے انجیل پر فیصلہ کرنے کا حکم بھی دیا

سورۃ المائدہ 5:47 📖

اور اہلِ انجیل کو چاہیے کہ جو کچھ اللہ نے اس میں نازل کیا ہے، اس کے مطابق" حکم کریں۔ اگر کوئی اللہ کے نازل کردہ کے مطابق فیصلہ نہ کرے، تو وہ نافرمانوں میں سے ہے۔" (یوسف علی)

یہ حکم محمد صلی اللہ علیہ وسلم کے وقت کے عیسائیوں کو دیا گیا تھا۔ 📌

میں دیا گیا ہے، جو عربی زبان (present tense) "یہ حکم "موجودہ زمانہ میں مستقبل کے لیے بھی استعمال ہوتا ہے۔ 📌

یہ ثابت کرتا ہے کہ محمد صلی اللہ علیہ وسلم کے وقت میں انجیل اصل حالت میں موجود تھی۔ 📌

اگر انجیل تبدیل ہو چکی ہوتی، تو اللہ عیسائیوں کو اس کے مطابق فیصلہ کرنے کا حکم نہ دیتا۔ 📌

اللہ کبھی بھی کسی بگڑی ہوئی یا جھوٹی کتاب کو "اللہ کا حکم "نہ کہتا۔ 📌

یہودیوں اور عیسائیوں کے پاس ہمیشہ سے ایک ہی کتاب رہی ہے

"یہودیوں کے پاس ہمیشہ ایک ہی کتاب رہی ہے، جسے آج ہم "پرانا عہد نامہ (Old Testament)۔ کہتے ہیں۔ 📌

عیسائیوں کے پاس ہمیشہ وہی انجیل رہی ہے جو آج بھی دنیا میں موجود ہے۔ 📌

محمد صلی اللہ علیہ وسلم کے وقت میں یہ کتابیں وہی تھیں جو آج بھی ہمارے پاس موجود ہیں۔ 📌

سورۃ یونس 10:94 📖
"پھر اگر تمہیں اس چیز میں شک ہو جو ہم نے تمہاری طرف نازل کی، تو اُن لوگوں سے پوچھ لو جو تم سے پہلے کتاب پڑھ رہے ہیں۔"

اگر بائبل تبدیل ہو چکی ہوتی، تو اللہ محمد صلی اللہ علیہ وسلم کو اہلِ کتاب سے پوچھنے کا حکم کیوں دیتا؟ 📌
یہ ثابت کرتا ہے کہ بائبل محمد صلی اللہ علیہ وسلم کے وقت میں بھی محفوظ تھی اور آج بھی محفوظ ہے۔ 📌

کیا اللہ کا کلام بدل سکتا ہے؟

سورۃ الانعام 6:115 📖
"اور تمہارے رب کا کلام سچائی اور انصاف کے ساتھ پورا ہو چکا ہے، کوئی اس کی باتوں کو بدلنے والا نہیں، اور وہ سننے والا، جاننے والا ہے۔"

یہ آیت ثابت کرتی ہے کہ اللہ کے الفاظ کو کوئی نہیں بدل سکتا، اور یہ تورات اور انجیل پر بھی لاگو ہوتا ہے۔ 📌
اگر مسلمان کہتے ہیں کہ یہودیوں نے تورات بدل دی، تو اس کا مطلب ہے کہ اللہ اپنی کتاب کی حفاظت نہیں کر سکا۔ 📌
یہ کہنا کہ اللہ اپنی کتاب کی حفاظت نہ کر سکا، اللہ کی قدرت پر سوال اٹھانے کے مترادف ہے۔ 📌
یہ اللہ کو کمزور ثابت کرنے کے مترادف ہے، جو کہ قرآن کے مطابق "سب سے طاقتور" ہے۔ 📌

- قرآن واضح طور پر کہتا ہے کہ یہودیوں کو تورات کے مطابق فیصلے کرنے کا حکم دیا گیا تھا۔ ✔
- قرآن واضح طور پر کہتا ہے کہ عیسائیوں کو انجیل کے مطابق فیصلے کرنے کا حکم دیا گیا تھا۔ ✔
- اگر تورات اور انجیل تبدیل ہو چکی ہوتیں، تو اللہ یہ حکم نہ دیتا۔ ✔
- یہودیوں کے پاس ہمیشہ ایک ہی کتاب)پرانا عہد نامہ (رہی ہے، اور عیسائیوں کے پاس ہمیشہ ایک ہی انجیل رہی ہے۔ ✔
- اگر مسلمان تورات اور انجیل کو جھٹلاتے ہیں، تو وہ قرآن کی واضح تعلیمات کی مخالفت کر رہے ہیں۔ ✔

سورۃ المائدہ 5:68 📖

کہو! اے بائبل کے پیروکارو! جب تک تم تورات، انجیل، اور جو کچھ تمہارے رب" کی طرف سے نازل کیا گیا ہے، اس پر عمل نہیں کرتے، تمہارے لیے کچھ بھی راہِ نجات نہیں۔"

یہ سب سے بڑا ثبوت ہے کہ بائبل اللہ کا محفوظ کردہ کلام ہے، اور مسلمانوں کو اس پر ایمان لانا چاہیے! 📌

کیا قرآن نے تورات اور انجیل کو منسوخ کر دیا؟

سورۃ المائدہ 5:43 اور سورۃ المائدہ 5:47 میں یہ کہیں نہیں کہا گیا کہ اللہ نے 📖 یہودیوں اور عیسائیوں کو صرف قرآن کے آنے تک اپنی مقدس کتابوں (تورات اور انجیل) پر عمل کرنے کا حکم دیا تھا۔ بلکہ قرآن کے نازل ہونے کے باوجود، **ان آیات میں واضح طور پر یہودیوں اور عیسائیوں کو حکم دیا گیا کہ وہ اپنی کتابوں کے مطابق فیصلہ کریں۔**

- **یہ اس بات کا ثبوت ہے کہ قرآن نے نہ تو تورات کو منسوخ کیا اور نہ ہی انجیل کو۔** 📌
- **یہ آیات اس حقیقت کی تصدیق کرتی ہیں کہ اہلِ کتاب کو نہ تو محمد صلی اللہ علیہ وسلم کی تعلیمات کی ضرورت ہے اور نہ ہی قرآن کی۔** 📌
- **اللہ خود گواہی دے رہا ہے کہ یہودی اور عیسائی اپنے فیصلوں کے لیے اپنی ہی کتابوں کی طرف رجوع کریں۔** 📌

سورۃ المائدہ 5:47 📖

"اور اہلِ انجیل کو چاہیے کہ جو کچھ اللہ نے اس میں نازل کیا ہے، اس کے مطابق فیصلہ کریں۔ اگر کوئی اللہ کے نازل کردہ کے مطابق فیصلہ نہ کرے، تو وہ نافرمانوں میں سے ہے۔"

یہ واضح طور پر ثابت کرتا ہے کہ بائبل اہلِ کتاب کے لیے کافی ہے۔ 📌

تاریخی حقیقت :تورات اور انجیل ہمیشہ محفوظ رہی ہیں

📌 **عہدِ قدیم (Old Testament) اور عہدِ جدید (New Testament) محمد صلی اللہ علیہ وسلم کے دور سے کئی صدیاں پہلے موجود تھے۔**

📌 **تاریخ میں کہیں کوئی ثبوت موجود نہیں ہے کہ یہودیوں اور عیسائیوں کی اصل مقدس کتابیں کچھ اور تھیں۔**

📌 **قرآن نے انہی کتابوں کو مستند وحی قرار دیا جو محمد صلی اللہ علیہ وسلم کے وقت موجود تھیں۔**

سورۃ یوسف 12:111 📖

"یقیناً ان واقعات میں دانشمندوں کے لیے نصیحت ہے، اور یہ قرآن کوئی گھڑی ہوئی بات نہیں ہے بلکہ یہ پچھلی کتابوں کی تصدیق ہے۔" (شبیر احمد)

📌 **یہ آیت ثابت کرتی ہے کہ قرآن خود اس حقیقت کو تسلیم کرتا ہے کہ سابقہ صحیفے)یعنی بائبل (اللہ کی طرف سے نازل شدہ ہیں۔**

📌 **اگر قرآن نے تصدیق کی ہے کہ بائبل اصل ہے، تو اس کے بعد مسلمانوں کا یہ دعویٰ کہ بائبل بدل دی گئی، قرآن کی اپنی گواہی کے خلاف ہے۔**

قرآن کا بائبل کے بارے میں مؤقف

📌 **قرآن کی شہادت یہ ہے کہ اللہ کے کلام کو کوئی تبدیل نہیں کر سکتا:**

اور تمہارے رب کا کلام سچائی اور انصاف کے ساتھ پورا ہو چکا ہے، کوئی اس"
"کی باتوں کو بدلنے والا نہیں، اور وہ سننے والا، جاننے والا ہے۔

📌 یہ آیت ثابت کرتی ہے کہ اللہ کا کلام تبدیل نہیں ہو سکتا۔
📌 اگر بائبل اللہ کی کتاب ہے، تو اسے بھی تبدیل نہیں کیا جا سکتا۔
📌 لہٰذا، بائبل کو بدلنے کا دعویٰ اللہ کے وعدے کے خلاف ہے۔

سورۃ المائدہ 5:68 📖

کہو! اے اہلِ کتاب! جب تک تم تورات، انجیل، اور جو کچھ تمہارے رب کی طرف"
"سے نازل کیا گیا ہے، اس پر عمل نہیں کرتے، تمہارے لیے کچھ بھی راہِ نجات نہیں۔

📌 یہ واضح کرتا ہے کہ بائبل کی تعلیمات کو قرآن کے ذریعے منسوخ نہیں کیا گیا۔
📌 یہ بھی ظاہر کرتا ہے کہ اہلِ کتاب کے لیے بائبل ہی ہدایت کا ذریعہ ہے۔

مسلمانوں کا بائبل پر حملہ کیوں؟

📌 **مسلمان بائبل پر حملہ کیوں کرتے ہیں؟**
📌 **یہودیوں اور عیسائیوں کے مقدس کلام کو بدنام کرنے کی کوشش کیوں کی جاتی ہے؟**
📌 **اس کا بنیادی مقصد عیسائیت کو جھوٹا ثابت کرنا ہے۔**

📌 **اگر مسلمان بائبل کو جھوٹا ثابت کر دیں، تو ان کے لیے عیسائیوں کو اسلام میں داخل کرنا آسان ہو جائے گا۔**
📌 **یہی وجہ ہے کہ بائبل پر تنقید کی جاتی ہے، تاکہ لوگوں کو اسلام کی برتری کا قائل کیا جا سکے۔**

📌 **مسلمانوں کے ہتھکنڈے:**
✔ **مسلمان ہمیشہ موضوع بدل دیتے ہیں جب انہیں کوئی مشکل سوال پوچھا جائے۔**
✔ **وہ بائبل پر تنقید کر کے اسلام کو سچا ثابت کرنے کی کوشش کرتے ہیں۔**
✔ **لیکن جب قرآن خود بائبل کی تصدیق کرتا ہے، تو وہ اس حقیقت کو نظر انداز کر دیتے ہیں۔**

بائبل کی صداقت :مسلمانوں کے اعتراضات کا جواب

📌 مسلمان کہتے ہیں کہ بائبل میں لفظ "بائبل "نہیں آیا، اس لیے قرآن میں جو کتابوں کا ذکر ہے، وہ کوئی اور ہیں۔

📖 سورة البقرہ 2:113
"یہودی کہتے ہیں کہ عیسائی کسی چیز پر نہیں، اور عیسائی کہتے ہیں کہ یہودی کسی چیز پر نہیں، حالانکہ وہ دونوں کتاب پڑھتے ہیں□"

📌 یہاں لفظ "کتاب" (Al-Kitab) کا مطلب بائبل ہی ہے۔
📌 یہی بائبل ہے جو یہودیوں اور عیسائیوں کے پاس محمد صلی اللہ علیہ وسلم کے وقت موجود تھی۔

📖 سورة المائدہ 5:15
"اے اہلِ کتاب!"

📖 سورة المائدہ 5:19
"□□ اہلِ کتاب!"

📖 سورة المائدہ 5:68
"کہو! اے اہلِ کتاب! تمہارے پاس کوئی حجت نہیں جب تک تم تورات اور انجیل پر عمل نہیں کرتے۔"

📌 یہ واضح ثبوت ہے کہ قرآن خود بائبل کو محفوظ اور مستند تسلیم کرتا ہے۔

- قرآن نے یہودیوں کو تورات کے مطابق فیصلے کرنے کا حکم دیا۔ ✔
- قرآن نے عیسائیوں کو انجیل کے مطابق فیصلے کرنے کا حکم دیا۔ ✔
- اگر تورات اور انجیل تبدیل ہو چکی ہوتیں، تو اللہ یہ حکم کبھی نہ دیتا۔ ✔
- اگر مسلمان بائبل پر حملہ کرتے ہیں، تو وہ درحقیقت قرآن پر حملہ کر رہے ہیں، کیونکہ قرآن بائبل کی صداقت کی تصدیق کرتا ہے۔ ✔

سورۃ یونس 10:94 📖

"پھر اگر تمہیں اس چیز میں شک ہو جو ہم نے تمہاری طرف نازل کی، تو اُن لوگوں سے پوچھ لو جو تم سے پہلے کتاب پڑھ رہے ہیں۔"

- یہ واضح کرتا ہے کہ محمد صلی اللہ علیہ وسلم کے وقت میں بائبل مستند تھی۔ 📌
- لہٰذا، مسلمانوں کا یہ دعویٰ کہ بائبل بدل دی گئی، قرآن کی اپنی گواہی کے خلاف ہے۔ 📌

- حقیقت: اگر قرآن سچا ہے، تو بائبل بھی سچی ہے! 📢
- اگر مسلمان بائبل کو جھوٹا کہیں گے، تو انہیں قرآن کو بھی جھوٹا کہنا پڑے گا! 📢

باب 12

اللہ نے بائبل کو تحریف سے محفوظ رکھا

کیا اللہ اپنی کتاب کو بدلنے دیتا؟

قرآن کئی جگہوں پر واضح کرتا ہے کہ اللہ نے اپنی مقدس کتاب، بائبل، کو تحریف سے محفوظ رکھا ہے۔
یہودیوں اور عیسائیوں کو دیے گئے الہامی کلام کی حفاظت کی ضمانت خود اللہ نے دی ہے۔
یہی نہیں، بلکہ اللہ نے قرآن کو بھی ایک مقدس ذمہ داری سونپی کہ وہ یہودیوں اور عیسائیوں کی کتابوں)بائبل (کی حفاظت کرے۔

اگر اللہ نے خود وعدہ کیا کہ وہ اپنے کلام کو محفوظ رکھے گا، تو پھر یہ کیسے ممکن ہے کہ وہ مسلمانوں کے دعوے کے مطابق بائبل کو بدلنے دیتا؟

سورۃ المائدہ 5:44
ہم نے تورات نازل کی، جس میں ہدایت اور روشنی ہے۔ اس کے مطابق انبیاء، جو" اللہ کے فرمانبردار تھے، یہودیوں کو حکم دیتے تھے، اور علما اور فقہا بھی، کیونکہ ان کو اللہ کی کتاب کی حفاظت کا ذمہ دیا گیا تھا اور وہ اس پر گواہ تھے۔ پس تم لوگوں سے مت ڈرو، بلکہ مجھ سے ڈرو، اور میری آیات کو معمولی قیمت پر نہ بیچو۔ جو

(فرعی)

ترجمہ (یوسف علی) 🕮:

"یہ ہم ہی تھے جنہوں نے موسیٰ کو شریعت دی، جس میں ہدایت اور روشنی تھی۔ اس کے مطابق یہودیوں پر انبیاء، علما اور فقہا نے فیصلہ کیا، کیونکہ ان کو اللہ کی کتاب کی حفاظت کا ذمہ دیا گیا تھا، اور وہ اس پر گواہ تھے... اگر کوئی اللہ کے نازل کردہ کے مطابق فیصلہ نہ کرے، تو وہی کافر ہیں۔"

کیا اللہ اپنی کتاب کی حفاظت کرنے والوں کو غلط چن سکتا ہے؟

📌 **یہ آیت ثابت کرتی ہے کہ اللہ نے انبیاء، علما اور فقہا کو اپنی مقدس کتاب کی حفاظت کے لیے چُنا۔**

📌 **"حفاظت کے لیے سونپنے" کا مطلب ہے کہ اللہ نے ان پر اعتماد کیا کہ وہ اس کتاب کو محفوظ رکھیں گے۔**

📌 **کیا ایسے خدا ترس اور نیک لوگ، جو اللہ کے منتخب کردہ تھے، اس مقدس کتاب کو بدل سکتے ہیں؟**

📌 **کیا وہ لوگ، جو اللہ کی کتاب کی حفاظت کے لیے مخصوص کیے گئے تھے، اس میں تحریف ہونے دیتے؟**

❌ **اگر مسلمان کہتے ہیں کہ بائبل بدل دی گئی، تو اس کا مطلب یہ ہوا کہ وہ اللہ پر الزام لگا رہے ہیں کہ اس نے اپنی کتاب کی حفاظت کے لیے غلط لوگوں کو چنا!**

❌ **اگر بائبل بدل گئی، تو اس کا مطلب ہے کہ اللہ نے غلط فیصلہ کیا، اور وہ اپنے فیصلے میں ناکام ہو گیا۔**

❌ **کیا اللہ غلطی کر سکتا ہے؟ کیا وہ اپنی کتاب کی حفاظت میں ناکام ہو سکتا ہے؟**

📌 **یہ ایک بڑا عقلی تضاد ہے جس کا سامنا مسلمانوں کو کرنا پڑے گا۔**

📌 **یا تو وہ یہ مانیں کہ اللہ کا فیصلہ درست تھا اور بائبل محفوظ ہے، یا یہ مانیں کہ اللہ (نعوذ باللہ) غلط فیصلہ کر سکتا ہے!**

اللہ نے اپنی کتاب کی حفاظت کا وعدہ کیا

سورۃ الانعام 6:115 📖
اور تمہارے رب کا کلام سچائی اور انصاف کے ساتھ پورا ہو چکا ہے، کوئی اس"
"کی باتوں کو بدلنے والا نہیں، اور وہ سننے والا، جاننے والا ہے۔

📌 **اگر اللہ کہتا ہے کہ اس کی کتاب کو کوئی نہیں بدل سکتا، تو پھر مسلمان کیسے کہہ سکتے ہیں کہ بائبل بدل دی گئی؟**
📌 **اگر مسلمان مانتے ہیں کہ قرآن محفوظ ہے، تو انہیں ماننا پڑے گا کہ بائبل بھی محفوظ ہے، کیونکہ اللہ نے دونوں کتابوں کی حفاظت کی ضمانت دی ہے۔**

سورۃ الحجر 15:9 📖
"بے شک ہم نے ذکر (کلام) کو نازل کیا اور ہم ہی اس کی حفاظت کرنے والے ہیں۔"

📌 **یہاں "ذکر" سے مراد اللہ کا الہامی کلام ہے، جس میں تورات، زبور، انجیل اور قرآن سب شامل ہیں۔**
📌 **اگر یہ وعدہ قرآن پر لاگو ہوتا ہے، تو یہ لازمی طور پر بائبل پر بھی لاگو ہوتا ہے۔**

کیا بائبل کو بدلنا ممکن تھا؟

📌 **بائبل کا پیغام دنیا کے مختلف حصوں میں پھیل چکا تھا۔ یورپ، ایشیا، اور افریقہ میں بائبل کے نسخے موجود تھے۔**
📌 **اگر کوئی بائبل کو بدلنا چاہتا، تو اسے تمام مختلف خطوں میں بائبل کے تمام نسخے بدلنے پڑتے۔**
📌 **یہ عملی طور پر ناممکن ہے، خاص طور پر جب ہزاروں ہاتھ سے لکھے گئے نسخے پہلے سے موجود تھے۔**

فرق نظر اتا۔

📌 لیکن جب ہم قدیم نسخے جیسے کہ ڈیڈ سی اسکرولز (Dead Sea Scrolls) کا موازنہ آج کی بائبل سے کرتے ہیں، تو ہمیں کوئی بڑا فرق نظر نہیں آتا۔

📌 اس کا مطلب ہے کہ بائبل ہمیشہ محفوظ رہی ہے اور قرآن کی تصدیق کے مطابق، اللہ کے کلام کو کوئی تبدیل نہیں کر سکتا۔

اگر مسلمان بائبل کو مسترد کرتے ہیں، تو وہ اللہ کو مسترد کرتے ہیں

سورۃ المائدہ 5:68 📖

"کہو! اے اہلِ کتاب! تمہارے پاس کوئی حجت نہیں جب تک تم تورات اور انجیل پر عمل نہیں کرتے۔"

📌 **یہاں اللہ کہہ رہا ہے کہ اہلِ کتاب کے لیے تورات اور انجیل پر عمل کرنا ضروری ہے۔**

📌 **اگر یہ کتابیں بدل دی گئی ہوتیں، تو اللہ یہ حکم کیوں دیتا؟**

سورۃ یونس 10:94 📖

"اگر تمہیں اس چیز میں شک ہو جو ہم نے تمہاری طرف نازل کی، تو اُن لوگوں سے پوچھ لو جو تم سے پہلے کتاب پڑھ رہے ہیں۔"

📌 **یہاں اللہ محمد صلی اللہ علیہ وسلم سے کہہ رہا ہے کہ اگر انہیں شک ہو، تو اہلِ کتاب سے پوچھیں، کیونکہ ان کے پاس اللہ کی اصل کتاب موجود ہے۔**

📌 **اگر بائبل بدل چکی ہوتی، تو اللہ یہ کیوں کہتا؟**

📢 **نتیجہ: اگر مسلمان بائبل کو مسترد کرتے ہیں، تو وہ اللہ کو مسترد کرتے ہیں!**

📢 **اگر بائبل غلط ہے، تو قرآن بھی غلط ہے، کیونکہ قرآن نے بائبل کی سچائی کی تصدیق کی ہے!**

نتیجہ :بائبل کی صداقت پر کوئی شک نہیں

✔ قرآن نے تصدیق کی کہ بائبل اللہ کا کلام ہے۔
✔ قرآن نے تصدیق کی کہ اللہ نے بائبل کی حفاظت کی ذمہ داری لی ہے۔
✔ قرآن نے تصدیق کی کہ اہلِ کتاب کو اپنی کتابوں کے مطابق فیصلہ کرنا چاہیے۔
✔ قرآن نے تصدیق کی کہ اللہ کے کلام کو کوئی بدل نہیں سکتا۔

📌 یہ تمام قرآنی گواہیاں اس بات کو ثابت کرتی ہیں کہ بائبل تبدیل نہیں ہوئی۔
📌 مسلمانوں کو بائبل پر حملہ کرنے کے بجائے، قرآن کو سمجھنا چاہیے کہ وہ بائبل کو مستند قرار دیتا ہے۔

📢 حقیقت :اگر قرآن سچا ہے، تو بائبل بھی سچی ہے!
📢 اگر مسلمان بائبل کو جھوٹا کہیں گے، تو انہیں قرآن کو بھی جھوٹا کہنا پڑے گا!

قرآن کے مطابق عہدِ عتیق (Old Testament) اور عہدِ جدید (New Testament) کی صداقت

❓ کیا عہدِ عتیق اور عہدِ جدید، یعنی تورات، زبور، اور انجیل، قرآن کے نزول کے وقت مستند اور معتبر تھے؟
❓ کیا اللہ نے ان صحیفوں کو سچ مانا اور ان کی حقانیت کو تسلیم کیا؟

📖 قرآن ان سوالات کے جوابات خود دیتا ہے:

📖 سورۃ المائدہ 5:66:
"اگر وہ تورات اور انجیل پر اور اس (قرآن) پر عمل پیرا ہوتے جو ان کے رب کی طرف سے ان پر نازل کیا گیا، تو وہ اوپر سے اور نیچے سے نعمتوں سے مالا مال ہو جاتے۔ ان میں کچھ لوگ نیک راہ پر ہیں، مگر اکثر برے اعمال کرتے ہیں۔" (محمد سرور)

📖 (وحید الدین خان):
"اگر وہ تورات اور انجیل اور اس وحی پر کاربند رہتے جو ان کے رب کی طرف

"لوگ سیدھے راستے پر ہیں، لیکن اکثر لوگ کچھ نہیں کرتے۔

📖 **(یوسف علی):**

اگر وہ تورات، انجیل، اور وہ سب جو ان کے رب کی طرف سے نازل کیا گیا، اس" پر عمل کرتے تو وہ ہر طرف سے خوشحالی پاتے۔ ان میں سے ایک جماعت سیدھی "راہ پر ہے، مگر بہت سے لوگ گمراہی کی راہ پر چل رہے ہیں۔

قرآن کی اس آیت سے چار بنیادی نکات اخذ کیے جا سکتے ہیں:

1 قرآن میں "تورات اور انجیل "سے مراد "عہدِ عتیق اور عہدِ جدید "ہیں

جب قرآن یہ کہتا ہے کہ "اگر وہ تورات اور انجیل پر عمل کرتے "تو اس کا مطلب ہے کہ یہ وہی کتابیں تھیں جو یہود و نصاریٰ کے درمیان موجود تھیں اور انہیں مستند مانا جاتا تھا۔

اگر مسلمان دعویٰ کرتے ہیں کہ تورات اور انجیل بدل دی گئیں، تو پھر سوال پیدا ہوتا ہے:

- **قرآن نے ان ہی کتابوں پر عمل کرنے کی تاکید کیوں کی؟**
- **اگر وہ بدل چکی ہوتیں، تو اللہ انہیں کیوں سچا مانتا؟**

2 قرآن کے مطابق، اگر اہلِ کتاب)یہودی اور عیسائی(تورات اور انجیل پر عمل کرتے تو انہیں خوشحالی ملتی

اس کا مطلب یہ ہے کہ تورات اور انجیل میں موجود تعلیمات صحیح اور قابلِ عمل تھیں، ورنہ اللہ ان پر عمل کرنے کا حکم نہ دیتا۔

اللہ کہہ رہا ہے کہ جو لوگ اس پر عمل کریں گے، وہ روحانی اور مادی نعمتوں سے مالا مال ہوں گے۔

اگر بائبل میں تحریف ہو چکی ہوتی، تو اللہ کبھی بھی اہلِ کتاب کو اس پر عمل کرنے کا نہ کہتا! 📌

3 قرآن گواہی دیتا ہے کہ محمد صلی اللہ علیہ وسلم کے زمانے میں کچھ یہودی اور عیسائی "سیدھی راہ" پر تھے

اللہ نے محمد صلی اللہ علیہ وسلم سے کہا کہ "ان میں سے ایک جماعت سیدھی راہ پر ہے"۔ 📌

اس کا مطلب یہ ہے کہ وہ لوگ جو تورات اور انجیل کو پڑھتے اور اس پر عمل کرتے تھے، وہ سچے دین پر تھے۔ 📌

اگر بائبل تحریف شدہ ہوتی، تو وہ کیسے "سیدھی راہ" پر ہو سکتے تھے؟ 📌

4 قرآن کے مطابق، اہلِ کتاب کو صرف تورات اور انجیل پر ہی نہیں بلکہ "دیگر الہامی کتب" پر بھی عمل کرنے کا حکم تھا

"اور جو کچھ ان کے رب کی طرف سے نازل کیا گیا، اس پر عمل کریں" 📌

اس سے مراد وہ تمام صحیفے اور الہامی کتب ہیں جو انبیاء و رسولوں کے ذریعے دی گئی تھیں، یعنی: 📌

- تورات (Moses - موسیٰ)
- زبور (David - داؤد)
- انجیل (Jesus - عیسیٰ)
- دیگر صحائف (تمام نبیوں کی کتب جو بائبل میں موجود ہیں)

یہ ثابت کرتا ہے کہ مکمل بائبل قرآن کے زمانے میں تحریف سے پاک اور مستند تھی! 📌

اگر بائبل بدل چکی ہوتی، تو اللہ کبھی بھی اس کے پیروکاروں کو اسے ماننے کا حکم نہ دیتا! 📌

سورۃ المائدہ 5:47 📖

"اور اہلِ انجیل کو چاہیے کہ وہ اسی (انجیل) کے مطابق فیصلہ کریں جو اللہ نے اس میں نازل کیا ہے، اور جو لوگ اللہ کے نازل کردہ (احکامات) کے مطابق فیصلہ نہ کریں، وہی فاسق ہیں۔"

📌 اس آیت میں، اللہ عیسائیوں کو حکم دے رہا ہے کہ وہ **انجیل** کے مطابق فیصلے کریں۔

📌 **اگر انجیل بدل چکی ہوتی، تو اللہ یہ حکم کیوں دیتا؟**

📌 یہ آیت اس بات کا ثبوت ہے کہ محمد صلی اللہ علیہ وسلم کے وقت میں انجیل اصلی اور غیر تحریف شدہ تھی!

کیا بائبل کو بدلا جا سکتا ہے؟

سورۃ الانعام 6:115 📖

"اور تمہارے رب کا کلام سچائی اور انصاف کے ساتھ پورا ہو چکا ہے، کوئی اس کی باتوں کو بدلنے والا نہیں، اور وہ سننے والا، جاننے والا ہے۔"

📌 **اللہ کہہ رہا ہے کہ اس کے کلام کو کوئی بدل نہیں سکتا!**

📌 **اگر اللہ نے یہ وعدہ کیا، تو مسلمان کیسے کہہ سکتے ہیں کہ بائبل بدل دی گئی؟**

📌 **اگر بائبل بدلی جا سکتی ہے، تو پھر قرآن کے محفوظ ہونے کی کیا ضمانت ہے؟**

سورۃ الحجر 15:9 📖

"بے شک ہم نے ذکر (کلام) کو نازل کیا اور ہم ہی اس کی حفاظت کرنے والے ہیں۔"

📌 **یہاں "ذکر" کا مطلب صرف قرآن نہیں بلکہ تمام الہامی کتب ہیں، جن میں تورات، زبور، اور انجیل بھی شامل ہیں!**

📌 **اگر قرآن محفوظ ہے، تو بائبل بھی محفوظ ہے، کیونکہ اللہ نے اپنی تمام کتابوں کی حفاظت کا وعدہ کیا ہے!**

نتیجہ :بائبل کی صداقت پر کوئی شک نہیں

📌 قرآن کی کئی آیات گواہی دیتی ہیں کہ بائبل اللہ کی اصل کتاب ہے اور وہ تبدیل نہیں ہوئی۔
📌 اگر مسلمان بائبل کو مسترد کرتے ہیں، تو وہ قرآن کو بھی مسترد کر رہے ہیں کیونکہ قرآن بائبل کی صداقت کی تصدیق کرتا ہے۔
📌 اگر بائبل کو رد کرنا ہے، تو پھر قرآن کو بھی رد کرنا ہوگا کیونکہ وہ بائبل کو سچا مانتا ہے۔

◇ لہٰذا، حقیقت واضح ہے :بائبل تحریف شدہ نہیں ہے، بلکہ آج بھی اللہ کا سچا کلام ہے!
◇ اگر مسلمان قرآن کو سچا مانتے ہیں، تو انہیں بائبل کو بھی ماننا چاہیے!
◇ اگر وہ بائبل کو جھوٹا کہتے ہیں، تو پھر وہ قرآن کی سچائی پر بھی شک کر رہے ہیں!

📢 حقیقت :اگر قرآن سچا ہے، تو بائبل بھی سچی ہے!
📢 اگر مسلمان بائبل کو جھوٹا کہیں گے، تو انہیں قرآن کو بھی جھوٹا کہنا پڑے گا!

محمد صلی اللہ علیہ وسلم کے زمانے کے یہود و نصاریٰ کو جن صحیفوں پر ایمان لانے اور عمل کرنے کا حکم دیا گیا تھا، وہی صحیفے آج ہماری بائبل میں موجود ہیں۔

📖 قرآن نے بائبل کو ناقابلِ تحریف اور خدا کا اصل کلام قرار دیا ہے۔
📌 چونکہ یہ صحیفے بائبل کے علاوہ کہیں اور موجود نہیں ہیں، اس لیے مسلمانوں کے پاس کوئی دوسرا راستہ نہیں بچتا۔
📌 اگر وہ بائبل کو خدا کا غیر محرف کلام تسلیم نہیں کرتے، تو اس کا مطلب یہ ہوگا کہ قرآن جھوٹا ہے اور اللہ ناکام ہو چکا ہے!

یہ سورۃ محمد صلی اللہ علیہ وسلم کی نبوت کے آخری برسوں میں نازل ہوئی تھی، یعنی آپ صلی اللہ علیہ وسلم کی وفات سے تقریباً پانچ سال قبل۔

اگر اللہ نے اس دیر کے مرحلے میں بھی عیسائیوں سے کہا کہ وہ اپنی کتابوں پر مضبوطی سے قائم رہیں، تو اس کا مطلب یہ ہے کہ قرآن کو بائبل کی جگہ لینے کے لیے نہیں بھیجا گیا تھا!

سورۃ المائدہ 5:66:

"اگر وہ (یہود و نصاریٰ) تورات اور انجیل اور جو کچھ ان کے رب کی طرف سے ان پر نازل ہوا ہے، اس پر عمل پیرا رہتے، تو وہ اوپر اور نیچے سے رزق پاتے۔ ان میں سے کچھ لوگ سیدھی راہ پر ہیں، مگر اکثر بُرے اعمال کرتے ہیں۔"

یہ آیت ثابت کرتی ہے کہ وہ عیسائی جو اپنی کتابوں)انجیل اور تورات (پر عمل کر رہے تھے، وہ "سیدھی راہ پر "تھے۔

اگر بائبل واقعی بدل دی گئی ہوتی، تو اللہ عیسائیوں کو اس پر عمل کرنے کا حکم کیوں دیتا؟

یہ ثابت کرتا ہے کہ قرآن نے کبھی بائبل کو منسوخ نہیں کیا، بلکہ اس کی تصدیق کی!

کیا بائبل تبدیل کی گئی؟ اگر ہاں، تو اصل آیات کہاں ہیں؟

اگر بائبل واقعی بدل دی گئی ہوتی، تو وہ لوگ جو اس پر الزام لگاتے ہیں، انہوں نے آج تک وہ فہرست کیوں پیش نہیں کی جس میں تبدیلی شدہ آیات اور اصل آیات کا موازنہ ہو؟

محمد صلی اللہ علیہ وسلم کے دور میں لاکھوں بائبلز گردش میں تھیں، کیا یہ ممکن ہے کہ وہ سب کی سب اچانک غائب ہو گئیں؟

کیا مسلمانوں کے پاس کوئی "اصل بائبل "موجود ہے جس سے وہ یہ ثابت کر سکیں کہ آج کی بائبل تبدیل ہو چکی ہے؟

◇ **اگر بائبل واقعی بدلی گئی ہوتی، تو اس کے اصل نسخے کہاں ہیں؟**

◇ **اگر بائبل واقعی بدلی گئی ہوتی، تو مسلمان اصل اور جعلی آیات کا موازنہ کیوں نہیں دکھاتے؟**

◇ **یہ ایک ایسا دعویٰ ہے جو کسی بھی ثبوت کے بغیر کیا جاتا ہے!**

📖 **قرآن خود گواہی دیتا ہے کہ اللہ کا کلام ناقابلِ تبدیل ہے:**

📖 **سورۃ الانعام 6:115:**

"اور تمہارے رب کا کلام سچائی اور انصاف کے ساتھ پورا ہو چکا ہے، کوئی اس کی باتوں کو بدلنے والا نہیں، اور وہ سننے والا، جاننے والا ہے۔"

📖 **سورۃ الحجر 15:9:**

"بے شک ہم نے ذکر (کلام) کو نازل کیا اور ہم ہی اس کی حفاظت کرنے والے ہیں۔"

📌 **یہاں "ذکر" کا مطلب صرف قرآن نہیں بلکہ تمام الہامی کتب ہیں، جن میں تورات، زبور، اور انجیل بھی شامل ہیں!**

📌 **اگر قرآن محفوظ ہے، تو بائبل بھی محفوظ ہے، کیونکہ اللہ نے اپنی تمام کتابوں کی حفاظت کا وعدہ کیا ہے!**

❓ اگر بائبل بدل گئی، تو قرآن نے اس تبدیلی کا ذکر کیوں نہیں کیا؟

📌 **قرآن میں کوئی ایک بھی آیت ایسی نہیں ہے جو یہ کہے کہ بائبل بدل دی گئی ہے۔**

📌 **بلکہ، قرآن مسلسل کہتا ہے کہ بائبل اللہ کا اصل کلام ہے اور اس پر عمل کرنا چاہیے۔**

📖 **سورۃ یونس 10:94:**

"اگر تمہیں اس (قرآن) کے بارے میں کوئی شک ہو، تو ان لوگوں سے پوچھو جو تم سے پہلے کتاب (بائبل) پڑھ رہے ہیں۔"

📌 **اگر بائبل تبدیل ہو چکی ہوتی، تو اللہ محمد صلی اللہ علیہ وسلم کو اس کے پیروکاروں سے پوچھنے کا حکم کیوں دیتا؟**

کیا قرآن نے بائبل کو منسوخ کر دیا؟ ❓

📌 اگر بائبل منسوخ ہو چکی ہوتی، تو قرآن نے اس کا ذکر ضرور کیا ہوتا۔
📌 لیکن، قرآن نے بار بار یہ کہا کہ بائبل کی تصدیق کی گئی ہے اور اسے بدلا نہیں جا سکتا!

📖 **5:47 سورة المائده:**
"اور اہلِ انجیل کو چاہیے کہ وہ اسی (انجیل) کے مطابق فیصلہ کریں جو اللہ نے اس میں نازل کیا ہے، اور جو لوگ اللہ کے نازل کردہ (احکامات) کے مطابق فیصلہ نہ کریں، وہی فاسق ہیں۔"

📌 یہ آیت ثابت کرتی ہے کہ بائبل)انجیل (کو بدلا نہیں گیا تھا، کیونکہ اللہ عیسائیوں کو اس پر عمل کرنے کا حکم دے رہا ہے۔
📌 اگر انجیل تبدیل ہو چکی ہوتی، تو اللہ کبھی بھی اس کے مطابق فیصلہ کرنے کا حکم نہ دیتا!

◇ نتیجہ :قرآن کے مطابق بائبل ہمیشہ کے لیے محفوظ ہے!

📌 !قرآن اور بائبل میں تضاد نہیں بلکہ قرآن بائبل کی تصدیق کرتا ہے
📌 اگر کوئی شخص بائبل کو جھوٹا کہتا ہے، تو وہ درحقیقت قرآن کو بھی جھوٹا کہہ رہا ہے، کیونکہ قرآن بائبل کی سچائی کی تصدیق کرتا ہے!
📌 اگر بائبل تبدیل ہو چکی ہوتی، تو قرآن نے اس کا ذکر کیا ہوتا، لیکن ایسا کوئی ذکر موجود نہیں!

◇ !لہٰذا، بائبل اللہ کا سچا کلام ہے اور ہمیشہ کے لیے محفوظ رہے گا
◇ !جو کوئی بائبل کو جھوٹا کہتا ہے، وہ دراصل قرآن کی بھی مخالفت کر رہا ہے
◇ اگر قرآن محفوظ ہے، تو بائبل بھی محفوظ ہے، کیونکہ دونوں کو اللہ نے نازل کیا ہے!

حقیقت :بائبل اللہ کا اصل، غیر تحریف شدہ، اور ہمیشہ کے لیے محفوظ کلام ہے!
اگر مسلمان قرآن کو مانتے ہیں، تو انہیں بائبل کو بھی ماننا ہوگا!

باب 13

بائبل مسلمانوں کے دعوے کے مطابق تحریف شدہ نہیں ہے

اگر بائبل واقعی تبدیل ہو چکی ہوتی، تو کیا قرآن میں درج ذیل نصیحت یہود و نصاریٰ 📖 کے لیے موجود ہوتی؟

📖 5:68 سورۃ المائدہ:

اے اہلِ کتاب! تم کسی بنیاد پر نہیں کھڑے جب تک کہ تم تورات اور انجیل اور وہ" سب جو تمہارے رب کی طرف سے تم پر نازل ہوا ہے، اس پر قائم نہ رہو۔" (یوسف علی)

کہو :اے اہلِ کتاب !تم کسی بنیاد پر نہیں ہو، جب تک کہ تم تورات اور انجیل" 📖 اور وہ)سب کچھ (جو تمہارے رب کی طرف سے نازل کیا گیا ہے، اس پر عمل نہ کرو۔" (آربری)

قرآن میں یہود و نصاریٰ کو "اہلِ کتاب "کا معزز لقب دیا گیا ہے۔ 📌
یہ اس بات کا ثبوت ہے کہ قرآن یہ تسلیم کرتا ہے کہ یہود و نصاریٰ کو اصل الہامی صحیفے دیے گئے تھے۔ 📌
یہ لقب کسی اور قوم کو نہیں دیا گیا، جو ثابت کرتا ہے کہ ان کے پاس اللہ کا اصل کلام تھا۔ 📌

کیا بائبل تحریف شدہ ہو سکتی ہے؟ قرآن کی گواہی 📖

📌 قرآن میں یہود و نصاریٰ کو حکم دیا گیا کہ وہ "تورات، انجیل، اور جو کچھ ان کے رب کی طرف سے نازل ہوا ہے، اس پر قائم رہیں"۔

📌 یہ اس بات کا ثبوت ہے کہ بائبل کے یہ صحیفے اس وقت بھی اصلی اور غیر تحریف شدہ تھے۔

📌 اگر بائبل بدل چکی ہوتی، تو اللہ یہ حکم کیوں دیتا کہ اس پر عمل کرو؟

📌 یہ بات بھی ثابت ہوتی ہے کہ قرآن نے بائبل کو منسوخ نہیں کیا، بلکہ اس کی تصدیق کی!

📖 **سورۃ المائدہ 5:47:**

"اور اہلِ انجیل کو چاہیے کہ وہ اسی (انجیل) کے مطابق فیصلہ کریں جو اللہ نے اس میں نازل کیا ہے، اور جو لوگ اللہ کے نازل کردہ (احکامات) کے مطابق فیصلہ نہ کریں، وہی فاسق ہیں۔" (یوسف علی)

📌 یہاں قرآن نے انجیل کے ماننے والوں کو حکم دیا کہ وہ اسی کے مطابق فیصلہ کریں، نہ کہ کسی اور کتاب کے مطابق۔

📌 اگر انجیل بدل چکی ہوتی، تو اللہ کبھی بھی عیسائیوں کو اس پر عمل کرنے کا حکم نہ دیتا!

📌 یہ ثابت کرتا ہے کہ بائبل)تورات اور انجیل (محمد صلی اللہ علیہ وسلم کے زمانے میں بھی اصلی تھی اور آج بھی محفوظ ہے۔

مسلمانوں کا دعویٰ اور اس کے نتائج 📖

📌 اگر مسلمان یہ کہتے ہیں کہ بائبل بدل دی گئی، تو انہیں ان سوالات کے جوابات دینے ہوں گے:

1. اگر بائبل تحریف شدہ ہے، تو اللہ نے یہود و نصاریٰ کو اس پر قائم رہنے کا حکم کیوں دیا؟
2. اگر بائبل تحریف شدہ ہے، تو مسلمان یہ بتائیں کہ یہ کب، کہاں، اور کس نے بدلی؟
3. اگر بائبل بدل چکی ہے، تو مسلمان ہمیں اس کے اصل اور جعلی نسخے کیوں نہیں دکھا سکتے؟

حکم کیوں دیا گیا؟

📖 10:94 سورۃ یونس:
"اگر تمہیں اس (قرآن) کے بارے میں کوئی شک ہو، تو ان لوگوں سے پوچھو جو تم سے پہلے کتاب (بائبل) پڑھ رہے ہیں۔"

📌 یہ آیت ثابت کرتی ہے کہ اللہ نے محمد صلی اللہ علیہ وسلم کو یہود و نصاریٰ کی (کتابوں)تورات و انجیل (کی تصدیق کرنے کا حکم دیا!
📌 اگر بائبل واقعی بدل چکی ہوتی، تو اللہ یہ حکم کیوں دیتا؟
📌 یہ ثابت کرتا ہے کہ بائبل آج بھی سچی اور غیر تحریف شدہ ہے!

📖 قرآن کے مطابق، بائبل کو بدلنا ممکن نہیں!

📖 6:115 سورۃ الانعام:
"اور تمہارے رب کا کلام سچائی اور انصاف کے ساتھ پورا ہو چکا ہے، کوئی اس کی باتوں کو بدلنے والا نہیں، اور وہ سننے والا، جاننے والا ہے۔"

📖 15:9 سورۃ الحجر:
"بے شک ہم نے ذکر (الہامی کلام) کو نازل کیا اور ہم ہی اس کی حفاظت کرنے والے ہیں۔"

📌 یہ آیات واضح طور پر بتاتی ہیں کہ اللہ کا کلام کبھی بھی تبدیل نہیں ہو سکتا۔
📌 اگر قرآن محفوظ ہے، تو بائبل بھی محفوظ ہے، کیونکہ دونوں کو اللہ نے نازل کیا ہے!

📖 کیا مسلمانوں کے پاس کوئی ثبوت ہے کہ بائبل بدلی گئی؟

📌 آج کے مسلمان دعویٰ کرتے ہیں کہ بائبل میں تحریف ہو چکی ہے، لیکن کیا وہ یہ ثابت کر سکتے ہیں؟
📌 اگر بائبل واقعی بدل دی گئی تھی، تو محمد صلی اللہ علیہ وسلم کے زمانے میں اصلی بائبل موجود تھی، پھر وہ کہاں گئی؟

📌 اگر بائبل میں تبدیلی کی گئی، تو پوری دنیا میں ایک ساتھ تمام نسخے کیسے بدلے گئے؟

📌 حقیقت یہ ہے کہ دنیا کے قدیم ترین بائبل کے نسخے آج بھی موجود ہیں، اور ان کا موازنہ آج کی بائبل سے کیا جا سکتا ہے۔
📌 یہ تمام قدیم نسخے آج کے بائبل سے ملتے جلتے ہیں، اس لیے بائبل کو بدلنے کا دعویٰ سراسر جھوٹ ہے!

نتیجہ: بائبل اللہ کا محفوظ کلام ہے! 📖

📌 قرآن اور بائبل میں کوئی تضاد نہیں بلکہ قرآن بائبل کی تصدیق کرتا ہے!
📌 اگر کوئی شخص بائبل کو جھوٹا کہتا ہے، تو وہ درحقیقت قرآن کو بھی جھوٹا کہہ رہا ہے، کیونکہ قرآن بائبل کی سچائی کی تصدیق کرتا ہے!
📌 اگر بائبل تبدیل ہو چکی ہوتی، تو قرآن نے اس کا ذکر کیا ہوتا، لیکن ایسا کوئی ذکر موجود نہیں!

📢 حقیقت: بائبل اللہ کا اصل، غیر تحریف شدہ، اور ہمیشہ کے لیے محفوظ کلام ہے!
📢 اگر مسلمان قرآن کو مانتے ہیں، تو انہیں بائبل کو بھی ماننا ہوگا!

باب 14

قرآن بائبل کی ہمیشہ باقی رہنے والی سچائی کی گواہی دیتا ہے

قرآن کی وہ مضبوط ترین گواہی، جو بائبل کی ابدی سچائی اور حفاظت کو ثابت کرتی ہے

قرآن میں ایک ایسی زبردست آیت موجود ہے جو بائبل کی ہمیشہ باقی رہنے والی سچائی کی تصدیق کرتی ہے۔ اس کے مختلف ترجمے درج ذیل ہیں:

سورة آل عمران 3:55:

"جب اللہ نے فرمایا :اے عیسیٰ !میں تمہیں وفات دینے والا ہوں، اور اپنی طرف اٹھانے والا ہوں، اور تمہیں کافروں سے پاک کرنے والا ہوں، اور تمہاری پیروی کرنے والوں کو قیامت تک کافروں پر غالب رکھنے والا ہوں۔" (مولانا علی)

"اور جو لوگ تمہاری پیروی کریں گے، میں انہیں قیامت تک کافروں پر غالب کر دوں گا۔" (یوسف علی)

میں تمہیں ان لوگوں سے پاک کر دوں گا جنہوں نے تمہیں جھٹلایا، اور تمہارے" پیروکاروں کو کافروں پر قیامت تک برتری عطا کروں گا۔" (فاروق ملک)

"اور میں تمہارے پیروکاروں کو قیامت کے دن تک کافروں پر غالب کر دوں گا۔" (A. Bewley)

اس قرآنی آیت سے ہمیں کیا سیکھنے کو ملتا ہے؟ 📖

- یہ آیت ثابت کرتی ہے کہ وہ لوگ جو حضرت عیسیٰ علیہ السلام کی پیروی کرتے ہیں، قیامت تک دوسروں پر برتری حاصل رکھیں گے۔
- یہ آیت صرف ان لوگوں کا ذکر نہیں کرتی جو محض عیسیٰ پر ایمان لاتے ہیں، بلکہ ان لوگوں کا ذکر کرتی ہے جو حقیقت میں ان کی تعلیمات پر عمل کرتے ہیں۔
- یہ بات اسلام کے ظہور سے صدیوں پہلے کہی گئی تھی، یعنی اس وقت عیسائی ہی وہ لوگ تھے جو حضرت عیسیٰ کی تعلیمات پر عمل پیرا تھے۔
- یہ آیت ثابت کرتی ہے کہ حقیقی مسیحیت قیامت تک قائم رہے گی۔

بائبل کی سچائی کے تسلسل پر قرآن کی گواہی 📖

اگر ہم اس آیت کا تجزیہ مرحلہ وار کریں، تو اس سے بائبل کی ابدی سچائی ثابت ہوتی ہے:

1. اگر عیسائیوں کو قیامت تک برتری حاصل رہے گی، تو اس کا مطلب یہ ہے کہ حقیقی مسیحیت دنیا میں ہمیشہ موجود رہے گی۔
2. اگر حقیقی مسیحیت ہمیشہ موجود رہے گی، تو اس کا مطلب ہے کہ حقیقی مسیحی دنیا میں ہمیشہ موجود رہیں گے۔
3. اگر حقیقی مسیحی ہمیشہ دنیا میں رہیں گے، تو اس کا مطلب ہے کہ انہیں اللہ کے ساتھ راستبازی کا درجہ حاصل ہوگا۔
4. اگر عیسائی اللہ کے ساتھ راستباز رہیں گے، تو اس کا مطلب ہے کہ وہ صحیح ہدایت پر ہوں گے۔
5. اگر عیسائی صحیح ہدایت پر ہوں گے، تو اس کا مطلب ہے کہ ان کے پاس موجود بائبل ہمیشہ صحیح اور محفوظ رہے گی۔
6. اگر بائبل ہمیشہ محفوظ اور صحیح رہے گی، تو اس کا مطلب ہے کہ یہ کبھی بھی تحریف یا تبدیلی کا شکار نہیں ہوئی۔

رہیں گے اور انہیں "قیامت تک "غلبہ حاصل رہے گا۔

یہ آیت اس بات کا مضبوط ترین ثبوت ہے کہ بائبل ہمیشہ کے لیے محفوظ رہے 📌 گی اور کبھی بھی تحریف یا تبدیلی کا شکار نہیں ہوگی۔

کیا بائبل آج کے دور میں بھی محفوظ ہے؟ 📖

ہاں !کیونکہ اگر بائبل آج کے دور میں بدل چکی ہوتی، تو عیسائی قیامت تک ◇ غالب نہیں رہ سکتے۔
اگر بائبل بدل گئی ہوتی، تو اس کا مطلب یہ ہوتا کہ اللہ کا وعدہ جھوٹا تھا، جو ◇ کہ ممکن نہیں۔
اگر بائبل تبدیل ہو چکی ہوتی، تو قرآن میں اس کا ذکر ضرور ہوتا، لیکن قرآن ◇ !بار بار اس کی تصدیق کرتا ہے
اگر بائبل میں کوئی تحریف ہوتی، تو مسلمانوں کو یہ ثابت کرنا پڑتا کہ کہاں اور ◇ کیسے بائبل بدلی گئی؟

حقیقت یہ ہے کہ بائبل کا ایک بھی ایسا ثبوت موجود نہیں جو یہ ثابت کرے کہ 📢 اسے کسی نے بدل دیا ہے۔
قرآن بھی اس بات کی گواہی دیتا ہے کہ بائبل ہمیشہ محفوظ اور غیر تحریف 📢 !شدہ رہے گی

!نتیجہ :بائبل کی سچائی ابدی ہے 📖

قرآن خود بائبل کی تصدیق کرتا ہے اور اس کی ابدی سچائی پر مہر ثبت کرتا 📌 ہے۔
!اگر مسلمان قرآن کو مانتے ہیں، تو انہیں بائبل کو بھی ماننا ہوگا 📌
بائبل کو جھٹلانا درحقیقت قرآن کو جھٹلانے کے برابر ہے، کیونکہ قرآن بار بار 📌 !بائبل کی تصدیق کرتا ہے

!قرآن کی گواہی کے مطابق، بائبل اللہ کا ابدی اور غیر تحریف شدہ کلام ہے 📢
!یہ ہمیشہ کے لیے سچ اور محفوظ رہے گا 📢

باب 15

باب 15 :قرآن مسیحیوں کو برتری دیتا ہے اور بائبل کی سچائی کو ثابت کرتا ہے

قرآن مسیحیوں کو کافروں کے مقابلے میں برتری دیتا ہے 📖

قرآن میں ایک زبردست حقیقت بیان کی گئی ہے: **اللہ خود مسیحیوں کو کافروں (منکرین) کے مقابلے میں قیامت تک برتری دیتا ہے۔**

سورۃ آل عمران 3:55: 📖

"اور (یاد کرو) جب اللہ نے فرمایا: اے عیسیٰ! میں تمہیں وفات دینے والا ہوں اور اپنی طرف اٹھانے والا ہوں اور تمہیں کافروں سے پاک کرنے والا ہوں اور تمہاری پیروی کرنے والوں کو قیامت تک کافروں پر غالب رکھنے والا ہوں۔" (مولانا علی)

یہ آیت کئی اہم نکات واضح کرتی ہے:

(منکرین) ہوں گے۔

☑ یہ قیامت تک کے لیے اللہ کی گواہی ہے کہ مسیحی سچے ایمان والے ہیں۔
☑ یہ آیت کہتی ہے کہ مسیحی "قیامت تک" غالب رہیں گے، نہ کہ صرف قرآن کے نزول تک۔
☑ اگر مسلمان مانتے ہیں کہ مسیحی بائبل کی تحریف شدہ تعلیمات پر عمل کر رہے ہیں، تو پھر اللہ انہیں برتری کیوں دے گا؟

کیا قرآن بائبل کے بجائے نازل ہوا؟ 📖

◇ !نہیں
◇ اگر قرآن بائبل کو منسوخ کرنے آیا ہوتا، تو اللہ کبھی یہ نہ کہتا کہ مسیحی قیامت تک غالب رہیں گے۔
◇ یہ حقیقت ثابت کرتی ہے کہ بائبل کی تعلیمات ہمیشہ کے لیے مستند اور محفوظ ہیں۔

📢 اگر قرآن بائبل کی جگہ لینے آیا ہوتا، تو اللہ مسیحیوں کو برتری دینے کے بجائے انہیں غلط راہ پر قرار دیتا!

اگر بائبل بدل گئی ہوتی تو مسلمان کیسے دعویٰ کر سکتے ہیں کہ مسیحی قیامت تک غالب رہیں گے؟ 📖

مسلمانوں کے دعوے میں بہت بڑا تضاد ہے۔

📌 اگر بائبل تبدیل ہو گئی ہوتی، تو یہ کیسے ممکن ہے کہ عیسائی قیامت تک غالب رہیں؟
📌 اگر بائبل تبدیل ہو چکی ہوتی، تو کیا یہ ثابت نہیں ہوتا کہ کفار)منکرین (نے مسیحی تعلیمات کو تباہ کر دیا؟
📌 اگر ایسا ہوتا، تو کیا یہ ثابت نہ ہوتا کہ اللہ کا وعدہ جھوٹا ہے؟

یہ سب ممکن نہیں، کیونکہ:

☑ اگر اللہ نے وعدہ کیا کہ عیسائی غالب رہیں گے، تو ان کی کتاب (بائبل) بھی قیامت تک محفوظ رہے گی۔
☑ اگر بائبل تبدیل ہو چکی ہوتی، تو مسلمان اس آیت پر ایمان کیوں رکھتے ہیں؟

📖 قیامت تک کے لیے عیسائیت کا تسلسل بائبل کی سچائی کو ثابت کرتا ہے

اگر ہم اس قرآنی آیت کا تجزیہ کریں، تو اس کے کئی واضح نتائج نکلتے ہیں:

📌 اگر عیسائی قیامت تک غالب رہیں گے، تو ان کی تعلیمات بھی ہمیشہ کے لیے محفوظ رہیں گی۔
📌 اگر تعلیمات محفوظ ہیں، تو اس کا مطلب ہے کہ بائبل کبھی بھی تبدیل نہیں ہوئی۔
📌 اگر بائبل تبدیل ہو گئی ہوتی، تو اللہ نے قیامت تک مسیحیوں کو غالب رکھنے کا وعدہ کیوں کیا؟

یہ سب اس حقیقت کو ثابت کرتا ہے کہ:

📢 بائبل تبدیل نہیں ہوئی اور ہمیشہ کے لیے مستند رہے گی!

📖 حضرت عیسیٰ کی گواہی: بائبل ہمیشہ کے لیے محفوظ ہے

عیسیٰ المسیح نے خود اس حقیقت کو بیان کیا کہ بائبل کبھی بھی تبدیل نہیں ہوگی:

📖 متی 5:18:
"میں تم سے سچ کہتا ہوں کہ آسمان اور زمین ٹل جائیں گے، مگر خدا کے کلام کا ایک نقطہ یا ایک حرف بھی ختم نہیں ہوگا جب تک سب کچھ پورا نہ ہو جائے۔"

کیسے کہہ سکتے ہیں کہ یہ تبدیل ہو گئی؟

!نتیجہ: بائبل ناقابلِ تحریف اور سچ ہے 📖

- قرآن گواہی دیتا ہے کہ مسیحی قیامت تک غالب رہیں گے۔ 📌
- یہ اس حقیقت کا ثبوت ہے کہ بائبل محفوظ اور مستند ہے۔ 📌
- !اگر بائبل تحریف شدہ ہوتی، تو یہ وعدہ جھوٹا ثابت ہوتا، جو کہ ممکن نہیں 📌

!لہٰذا، بائبل اللہ کا ابدی اور غیر تحریف شدہ کلام ہے 📢

!یہ ہمیشہ کے لیے سچ اور محفوظ رہے گا 📢

باب 16

قرآن موجودہ کتابوں کی تصدیق کرتا ہے

قرآن میں درج ذیل آیت کو اس کی اہمیت کے پیش نظر مختلف تراجم میں پیش کیا جا رہا ہے تاکہ اس کے اصل معنی کو بہتر طریقے سے سمجھا جا سکے۔

سورۃ یوسف 12:111: 📖

"یقیناً ان کے قصوں میں عقل مندوں کے لیے عبرت ہے۔ یہ (قرآن) کوئی من گھڑت بات نہیں بلکہ اللہ کی موجودہ کتابوں کی تصدیق ہے جو اس سے پہلے تھیں (تورات، انجیل اور اللہ کی دیگر کتابیں) اور ہر چیز کی تفصیل ہے اور ایمان والوں کے لیے ہدایت اور رحمت ہے۔" (حلالی-خان)

"یقیناً ان کے واقعات میں عقل والوں کے لیے نصیحت ہے۔ یہ کوئی من گھڑت بات نہیں، بلکہ موجودہ (الہامی کتابوں) کی تصدیق ہے اور ہر چیز کی تفصیل، اور ایمان والوں کے لیے ہدایت اور رحمت ہے۔" (پکتھال)

تعلق ہے، یہ کوئی گھڑی ہوئی حدیث نہیں ہو سکتی۔ یہ پچھلی الہامی کتابوں کے الہامی ماخذ کی تصدیق کرتی ہے اور ہر چیز کی تفصیل بیان کرتی ہے۔ اور یہ ایمان لانے والوں کے لیے روشنی اور رحمت ہے۔" (شبیر احمد)

تورات اور انجیل "اللہ کی موجودہ کتابیں" ہیں 🕮

مندرجہ بالا قرآنی آیت سے کئی اہم سبق حاصل کیے جا سکتے ہیں:

1. تورات اور انجیل کو یہاں "اللہ کی موجودہ کتابیں" کہا گیا ہے۔
2. اللہ ان دونوں کتابوں کی ملکیت کا دعویٰ کرتا ہے۔
3. یہ آیت تورات اور انجیل کو ماضی کی کتابوں کے طور پر نہیں بلکہ "موجودہ کتابوں" کے طور پر بیان کرتی ہے۔
4. یہ حقیقت ہر مرتبہ ثابت ہوتی ہے جب کوئی مسلمان آج بھی اس آیت کو قرآن میں پڑھتا ہے۔

اگر تورات اور انجیل کسی بھی طرح سے بدلی جا چکی ہوتیں، تو انہیں "اللہ کی موجودہ کتابیں" نہیں کہا جا سکتا تھا۔

اگر کتابیں بدل چکی ہوتیں تو کیا اللہ ان کی تصدیق کرتا؟ 🕮

ایک مثال:

◇ اگر میں ایک تحقیقاتی مقالہ لکھوں اور کوئی دوسرا شخص اس میں اپنی باتیں شامل کر دے اور میرے خیالات کو بدل دے، تو وہ مقالہ پھر میرا نہیں رہے گا۔

◇ میں اس مقالے کی ملکیت کا دعویٰ نہیں کر سکتا کیونکہ یہ اب مکمل طور پر تبدیل ہو چکا ہوگا۔

◇ **اسی طرح، اگر تورات اور انجیل میں تحریف ہو چکی ہوتی، تو اللہ انہیں اپنی موجودہ کتابیں نہ کہتا!**

لیکن قرآن میں اللہ خود تورات اور انجیل کو "اپنی موجودہ کتابیں "کہہ رہا ہے۔ 📖
اگر وہ بدل چکی ہوتیں، تو اللہ انہیں اپنی موجودہ کتابیں نہ کہتا بلکہ یہ بیان 📢
کرتا کہ یہ کتابیں بدل دی گئی ہیں۔

کیا مسلمان مان سکتے ہیں کہ اللہ بدل چکی کتابوں 📖 کو اپنی کتابیں کہے گا؟

اگر مسلمان یہ مانتے ہیں کہ بائبل تبدیل ہو چکی ہے، تو انہیں ان سوالات کے جوابات دینے ہوں گے:

1. کیا اللہ جھوٹ بول سکتا ہے کہ وہ "موجودہ کتابوں" کی تصدیق کر رہا ہے؟
2. کیا اللہ نے بدل چکی کتابوں کو اپنی کتابیں کہہ کر مسلمانوں کو گمراہ کیا؟
3. اگر تورات اور انجیل بدل گئی تھیں، تو اللہ نے محمد کو ان کی پیروی کا حکم کیوں دیا؟

📢 یہ ثابت ہوتا ہے کہ بائبل ہمیشہ محفوظ رہی ہے، اور قرآن خود اس بات کی تصدیق کرتا ہے!

قرآن خود بائبل کی سچائی کی تصدیق کرتا ہے 📖!

📖 5:47 سورۃ المائدہ:
"اور اہلِ انجیل کو چاہیے کہ جو کچھ اللہ نے اس میں نازل کیا ہے، اس کے مطابق حکم کریں۔ اور جو لوگ اللہ کے نازل کردہ (احکام) کے مطابق حکم نہ کریں، وہ نافرمان لوگ ہیں۔" (یوسف علی)

📢 اگر انجیل بدل چکی ہوتی، تو اللہ عیسائیوں کو اس پر عمل کرنے کا حکم کیوں دیتا؟

"اے اہل کتاب! جب تک تم تورات، انجیل اور جو کچھ تمہارے رب کی طرف سے نازل کیا گیا ہے اس پر عمل نہ کرو، تم کسی بنیاد پر نہیں ہو۔"

اگر تورات اور انجیل تبدیل ہو چکی ہوتیں، تو اللہ یہ کہنے کے بجائے ان سے رجوع کرنے کا حکم کیوں دیتا؟

نتیجہ: قرآن بائبل کی تصدیق کرتا ہے

- قرآن میں کہیں بھی یہ نہیں کہا گیا کہ بائبل بدل چکی ہے۔
- اللہ خود تورات اور انجیل کو اپنی "موجودہ کتابیں" کہتا ہے۔
- اگر بائبل بدل گئی ہوتی، تو اللہ اسے اپنی موجودہ کتاب نہ کہتا۔

لہٰذا، بائبل اللہ کا غیر متبدل، غیر تحریف شدہ، اور سچا کلام ہے!

اللہ قرآن کے نزول کے بعد بھی تورات اور انجیل کو اپنی موجودہ کتابیں "کیوں کہتا ہے؟"

یہ ایک حیران کن حقیقت ہے کہ قرآن کے نزول کے بعد بھی، **اللہ تورات اور انجیل کو اپنی "موجودہ کتابیں "قرار دیتا ہے۔** اگر واقعی قرآن کا مقصد ان کتابوں کو منسوخ کرنا تھا، تو پھر اللہ انہیں کیوں اپنی **"موجودہ کتابیں"** کہہ کر پکارتا؟

- "اگر تورات اور انجیل تحریف شدہ ہوتیں، تو کیا اللہ انہیں اپنی "موجودہ کتابیں کہتا؟
- کیا اللہ کی "موجودہ کتابیں "وقت کے ساتھ بدل سکتی ہیں؟
- کیا اللہ کی "موجودہ کتابیں "محض انسانوں کے ہاتھوں فاسد ہو سکتی ہیں؟

یہ وہ ناقابلِ یقین عقیدہ ہے جسے مسلمان اختیار کرتے ہیں، جبکہ قرآن خود ان کتابوں کی تصدیق کرتا ہے!

سورة یوسف 12:111 - قرآن اللہ کی موجودہ کتابوں 📖 کی تصدیق کرتا ہے

یہ)قرآن (کوئی من گھڑت بات نہیں بلکہ اللہ کی موجودہ کتابوں کی تصدیق" 📖 "کرتا ہے۔

یہاں قرآن واضح طور پر کہتا ہے کہ وہ "اللہ کی موجودہ کتابوں "کی تصدیق 📢 کرتا ہے۔

🚨 اہم سوال:
📌 اگر "اللہ کی موجودہ کتابیں "پہلے ہی تحریف ہو چکی تھیں، تو قرآن ان کی تصدیق کیسے کر سکتا ہے؟
📌 کیا قرآن کسی تحریف شدہ کتاب کی تصدیق کرے گا؟
📌 اگر مسلمان کہتے ہیں کہ بائبل بدل دی گئی ہے، تو پھر قرآن جھوٹ بول رہا ہے؟

📢 جو مسلمان بائبل پر تحریف کا الزام لگاتے ہیں، وہ حقیقت میں اللہ پر جھوٹ بولنے کا الزام لگا رہے ہیں!

بائبل کو "اللہ کی موجودہ کتابیں "کہنا اس کی سچائی 📖 کو ثابت کرتا ہے

☑ سورة یوسف 12:111 بائبل کو "اللہ کی موجودہ کتابیں "کہہ کر ثابت کرتی ہے کہ یہ حقیقی اور مستند کتاب ہے۔

☑ یہ جمع کے صیغے میں ذکر کی گئی ہے کیونکہ بائبل میں تورات، زبور، انجیل اور انبیاء کی صحیفے شامل ہیں۔

☑ اگر قرآن کی سچائی بائبل کی تصدیق پر منحصر ہے، تو بائبل کو تبدیل شدہ کہنا قرآن کے اپنے بیان کو جھوٹا ثابت کرنا ہوگا۔

کرتا ہے!

کیوں اللہ بار بار قرآن کو "اللہ کی موجودہ کتابوں "کی تصدیق کے طور پر پیش کرتا ہے؟

سورۃ یوسف 12:111 یہ کہتی ہے کہ قرآن جھوٹی کہانی نہیں بلکہ وہ اللہ کی موجودہ کتابوں کی تصدیق کرتا ہے۔

یہاں اللہ خود یہ کہہ رہا ہے کہ قرآن کی سچائی اس پر مبنی ہے کہ وہ "موجودہ کتابوں "کی تصدیق کرتا ہے!

اگر بائبل تحریف شدہ ہوتی، تو قرآن اسے اپنی صداقت کے ثبوت کے طور پر کیوں پیش کرتا؟

اللہ کہہ رہا ہے کہ قرآن سچا ہے، کیونکہ وہ بائبل جیسی سچی کتاب کی تصدیق کر رہا ہے۔
یہی وجہ ہے کہ بائبل کی تحریف کا دعویٰ کرنا درحقیقت قرآن کی صداقت کو جھٹلانا ہے!

قرآن بائبل کی سچائی پر مبنی ہے

اگر مسلمان بائبل کو غلط کہیں، تو وہ قرآن کو بھی غلط کہہ رہے ہیں!

یہ ایسا ہی ہے جیسے کہا جائے کہ کسی زمین کی ملکیت کے کاغذات جعلی ہیں، جبکہ انہی کاغذات پر کسی کی ملکیت کا انحصار ہو!

قرآن کی صداقت اسی وقت قائم رہ سکتی ہے، جب بائبل مستند اور غیر تبدیل شدہ رہے۔

اسی لیے قرآن بار بار کہتا ہے کہ وہ بائبل کی تصدیق کرنے آیا ہے، نہ کہ اسے باطل کرنے!

لہٰذا، جو مسلمان بائبل کو تبدیل شدہ کہتے ہیں، وہ درحقیقت قرآن کو جھٹلا رہے ہیں!

نتیجہ :قرآن بائبل کو جھٹلانے کے بجائے اس کی تصدیق کرتا ہے!

اگر قرآن سچا ہے، تو بائبل بھی سچی ہے۔
اگر بائبل جھوٹی ہے، تو قرآن بھی جھوٹا ہے۔

لہٰذا، بائبل کبھی بھی تبدیل نہیں ہوئی، اور قرآن خود اس بات کی تصدیق کرتا ہے!

سورۃ یوسف 12:111 کا پیغام واضح ہے :بائبل اب بھی اللہ کی "موجودہ کتاب "ہے اور قرآن اس کی تصدیق کرتا ہے!

لہٰذا، بائبل اللہ کا غیر متبدل، محفوظ اور الہامی کلام ہے!

باب 17

قرآن بائبل کی سچائی کو قائم کرتا ہے

تصدیق کا مفہوم اور اس کا بائبل پر اطلاق 📖

"تصدیق" کا مطلب ہے:

☑ **"کسی ایسی چیز کی سچائی یا درستگی کو ثابت کرنا، جسے پہلے سے مانا جاتا ہو۔"**

☑ **"کسی چیز یا شخص کی صداقت، یقین، صحت، یا اصلیت کو قائم کرنا۔"**

لہذا، جب قرآن یہ کہتا ہے کہ وہ تورات اور انجیل کی **"تصدیق"** کرتا ہے، تو اس کا واضح مطلب یہ ہے کہ قرآن **بائبل کی سچائی، درستگی، اور صحت کو ثابت کر رہا ہے۔**

🚨 **اگر مسلمان مانتے ہیں کہ اللہ سب کچھ جاننے والا ہے، تو پھر اللہ کو معلوم ہوتا اگر بائبل واقعی تبدیل ہو چکی ہوتی۔**

🚨 **کیا اللہ جان بوجھ کر بار بار قرآن میں یہ لکھتا کہ قرآن تورات اور انجیل کی تصدیق کرتا ہے، اگر وہ واقعی تبدیل ہو چکی ہوتیں؟**

یہ آیات آج بھی قرآن میں موجود ہیں، اور جب تک یہ آیات قرآن میں موجود ہیں، بائبل کو بھی مستند اور محفوظ ماننا ہوگا۔

قرآن کی وہ آیات جو بائبل کی تصدیق کرتی ہیں

❖ سورۃ البقرہ 2:41:
"اور ایمان لاؤ اس پر جو میں نے نازل کیا ہے (یہ قرآن)، جو اس کی تصدیق کرتا ہے جو تمہارے پاس (تورات اور انجیل) موجود ہے۔" (حلالی-خان)

❖ سورۃ البقرہ 2:91:
"جب ان سے کہا جاتا ہے کہ جو کچھ اللہ نے نازل کیا ہے اس پر ایمان لاؤ، تو وہ کہتے ہیں: ہم صرف اسی پر ایمان رکھتے ہیں جو ہم پر نازل ہوا۔ اور وہ اس کا انکار کرتے ہیں جو بعد میں آیا، حالانکہ وہ اس کی تصدیق کرتا ہے جو ان کے پاس ہے۔" (پکتھال)

❖ سورۃ البقرہ 2:101:
"جب اللہ نے ان کے پاس ایک رسول بھیجا جو ان کی اپنی کتاب کی تصدیق کرتا تھا، تو ان میں سے کچھ لوگوں نے اللہ کی کتاب کو پیٹھ کے پیچھے پھینک دیا جیسے کہ وہ اسے جانتے ہی نہ ہوں۔" (عبدالحلیم)

❖ سورۃ آل عمران 3:3:
"اسی نے تم پر سچائی کے ساتھ کتاب (قرآن) کو نازل کیا، جو اس کی تصدیق کرتی ہے جو اس سے پہلے آچکی ہے، اور اسی نے تورات اور انجیل کو نازل کیا۔" (یوسف علی)

❖ سورۃ المائدہ 5:48:
"اور (اے محمد) ہم نے تمہاری طرف کتاب سچائی کے ساتھ نازل کی، جو کہ پہلے کی آسمانی کتابوں کی تصدیق کرتی ہے اور ان پر محافظ و نگہبان ہے۔" (شبیر احمد)

❖ سورۃ الانعام 6:92:
"اور یہ قرآن وہ بابرکت کتاب ہے جو ہم نے نازل کی ہے، جو اس سے پہلے نازل ہونے والی کتابوں کی تصدیق کرتی ہے۔" (شبیر احمد)

یہ قرآن اللہ کے سوا کوئی اور نہیں بنا سکتا۔ یہ موجودہ کتاب (بائبل) کی تصدیق" کرتا ہے اور خود کو کھول کر بیان کرتا ہے۔ اس میں کوئی شک نہیں کہ یہ رب العالمین کی طرف سے ہے۔" (سرور)

❖ 12:111 سورة یوسف:
بے شک، ان کے قصے میں عقلمندوں کے لیے نصیحت ہے۔ یہ (قرآن) کوئی من" گھڑت بات نہیں بلکہ اللہ کی موجودہ کتابوں (تورات، انجیل اور دیگر آسمانی صحیفوں) کی تصدیق کرتا ہے اور ہر چیز کی تفصیل بیان کرتا ہے۔" (حلالی-خان)

❖ 35:31 سورة فاطر:
(اے نبی) وہ کتاب جو ہم نے تم پر نازل کی، وہی حق ہے، جو اس سے پہلے نازل" ہونے والی کتابوں کی تصدیق کرتی ہے۔ بے شک اللہ اپنے بندوں سے خوب واقف ہے اور سب کچھ دیکھنے والا ہے۔" (مودودی)

مسلمانوں کو ان آیات پر غور کرنے کی ضرورت ہے 📖

🚨 ان تمام آیات میں اللہ واضح طور پر کہہ رہا ہے کہ قرآن تورات اور انجیل کی تصدیق کرتا ہے۔

📌 جب تک یہ قرآنی آیات موجود ہیں، بائبل کی سچائی بھی ثابت رہے گی۔
📌 اگر بائبل میں تحریف ہو چکی ہوتی، تو قرآن تحریف شدہ کتابوں کی تصدیق کیوں کرے گا؟
📌 اگر مسلمان مانتے ہیں کہ بائبل بدل گئی ہے، تو وہ حقیقت میں قرآن کو جھوٹا قرار دے رہے ہیں!

بائبل کو جھٹلانا دراصل قرآن کو جھٹلانا ہے 📖

🔥 اگر بائبل تبدیل ہو گئی ہے، تو قرآن غلطی کر رہا ہے جب وہ کہتا ہے کہ وہ بائبل کی تصدیق کرتا ہے۔

📢 یہ ممکن نہیں کہ قرآن کسی تحریف شدہ کتاب کی تصدیق کرے!

!لہذا، بائبل کو غلط کہنا، حقیقت میں قرآن کو جھٹلانے کے مترادف ہے 📖

اگر بائبل تبدیل ہو چکی ہوتی، تو مسلمانوں کو چاہیے کہ وہ قرآن سے ان تمام 🚨
!آیات کو حذف کر دیں جو بائبل کی تصدیق کرتی ہیں

لیکن وہ ایسا نہیں کر سکتے، کیونکہ قرآن اللہ کا کلام ہے، اور اللہ نے ان آیات 📌
کو قائم رکھا ہے۔

!لہذا، یہ ثابت ہو گیا کہ بائبل اللہ کا غیر متبدل، محفوظ، اور الہامی کلام ہے 📢

نتیجہ: بائبل ہمیشہ سے مستند تھی، ہے، اور رہے گی 📖

قرآن نے خود بائبل کی سچائی کو ہمیشہ کے لیے قائم کر دیا ہے۔ 🚨
جب تک قرآن کہتا رہے گا کہ وہ بائبل کی تصدیق کرتا ہے، تب تک بائبل سچی 📌
!اور محفوظ رہے گی
اگر بائبل محفوظ نہیں ہے، تو قرآن بھی غلط ثابت ہو جائے گا۔ 📌

لہٰذا، بائبل نہ تو تبدیل ہوئی ہے، نہ ہی کبھی ہوگی، اور قرآن خود اس کی 💧
!تصدیق کر رہا ہے

قرآن اور بائبل کی ابدی صداقت 📖

مسلمان پوری شدت سے یقین رکھتے ہیں کہ **قرآن کو اللہ نے کسی بھی قسم کی تبدیلی سے محفوظ رکھا ہے۔**
اگر یہ سچ ہے، تو پھر یہ ناممکن ہے کہ قرآن میں موجود درج ذیل آیات کسی بھی
:وقت تبدیل ہو سکیں

یہ آیات ہمیشہ کے لیے قرآن میں باقی رہیں گی، اور ان میں ہمیشہ یہ کہا جائے 📌
گا کہ قرآن، تورات اور انجیل کی تصدیق کرتا ہے۔
چونکہ یہ قرآنی آیات ہمیشہ سچ رہیں گی، اس کا مطلب ہے کہ بائبل ہمیشہ 📌
مستند اور محفوظ رہے گی۔

منحصر ہے!

قرآن اور بائبل کا باہمی ربط 📖

- تمام قرآنی آیات اس بات کو ثابت کرتی ہیں کہ بائبل اس وقت **مکمل اور غیر مبدل** تھی جب محمد صلی اللہ علیہ وسلم نے یہ آیات حاصل کیں۔
- چونکہ یہ قرآنی آیات **اللہ کے ابدی الفاظ** ہیں، اس کا مطلب یہ ہے کہ **بائبل کو بھی ہمیشہ محفوظ رہنا چاہیے۔**
- **اگر بائبل کسی بھی لمحے اپنی صداقت کھو دے، تو قرآن کی یہ تمام آیات فوراً غلط ہو جائیں گی۔**
- چونکہ یہ آیات قرآن میں آج بھی موجود ہیں، اس کا مطلب ہے کہ **قرآن آج بھی بائبل کو خدا کا کلام تسلیم کر رہا ہے۔**

📌 **یہ قرآنی آیات اللہ کے حکم کے طور پر آج بھی برقرار ہیں، اور اللہ نے کبھی ان کو منسوخ نہیں کیا۔**
📌 **اس کا مطلب ہے کہ آج جو بائبل ہمارے پاس ہے، وہ اصل اور غیر مبدل خدا کا کلام ہے۔**

☑ **اگر مسلمان واقعی قرآن کی تعلیمات پر مخلص اور وفادار ہیں، تو وہ اس حقیقت کو تسلیم کریں گے۔**

اسلامی علما کا اعتراف :بائبل محفوظ ہے! 📖

📌 **قدیم اور جدید دونوں اسلامی علماء اس حقیقت کو تسلیم کرتے ہیں کہ بائبل تبدیل نہیں ہوئی۔**
📌 **ہم دو نمایاں مثالیں دیکھیں گے، ایک قدیم اسلامی عالم کی اور دوسری جدید اسلامی عالم کی۔**

ابن عباس)687-618 عیسوی (– محمد صلی اللہ علیہ 1 وسلم کے چچا زاد بھائی

ابن عباس محمد صلی اللہ علیہ وسلم کے چچا زاد بھائی تھے اور انہیں **"صحابہ کرام"** میں سے ایک مانا جاتا ہے۔

انہیں **اسلامی تاریخ کے سب سے بڑے علما میں شمار کیا جاتا ہے** اور **قرآن کے سب سے مستند مفسرین** میں ان کا نام آتا ہے۔

ان کا تبصرہ حدیث میں بائبل کی تبدیلی کے دعوے کو رد کرتا ہے:

کتاب التوحید، باب سورة البروج، نمبر 85:

"انہوں نے کلام کو بدل دیا "کا مطلب ہے "انہوں نے اس کے معنی کو تبدیل کیا۔"

"لیکن کوئی بھی اللہ کی کسی بھی کتاب میں ایک لفظ بھی تبدیل نہیں کر سکتا۔"

اصل الفاظ نہیں بدلے جا سکتے، البتہ کچھ لوگ ان کے معنی کو غلط طریقے سے بیان کرتے ہیں۔"

ابن عباس نے واضح طور پر کہا کہ اللہ کی کسی بھی کتاب کے اصل الفاظ میں تبدیلی ناممکن ہے۔

اس کا مطلب ہے کہ بائبل کو کبھی بھی تحریری طور پر تبدیل نہیں کیا جا سکتا۔

ڈاکٹر سعید عبداللہ – اسلامی تعلیمات کے پروفیسر 2، میلبورن یونیورسٹی

ڈاکٹر سعید عبداللہ لکھتے ہیں:

قرآن نے جن صحیفوں)یہود و نصاریٰ کی کتابوں (کا احترام کیا، اس کا احترام آج بھی باقی رہنا چاہیے۔"

کئی قرآنی مفسرین، جیسے طبری، رازی، ابن تیمیہ اور حتیٰ کہ قطب بھی"

✅ "آج کے دور میں مسلمانوں کا یہود و نصاریٰ کی کتابوں کو مسترد کرنے کا رویہ نہ قرآن کی حمایت میں ہے اور نہ ہی اسلام کے مستند مفسرین کے نظریے سے مطابقت رکھتا ہے۔"

📌 اس بیان میں، ڈاکٹر سعید عبداللہ نے اسلامی تاریخ کے چند عظیم ترین علما کے ناموں کا حوالہ دیا ہے۔
📌 طبری، رازی، ابن تیمیہ اور سید قطب جیسے اسلامی اسکالرز اس بات پر متفق ہیں کہ یہود و نصاریٰ کی کتابوں میں کوئی تبدیلی نہیں ہوئی۔

🚨 یہ بات واضح ہے کہ بائبل کے مستند اور غیر مبدل ہونے کو بڑے بڑے اسلامی علما نے قبول کیا ہے۔

📖 نتیجہ: بائبل تبدیل نہیں ہوئی، اور قرآن بھی اس کی تصدیق کرتا ہے!

📌 تمام اسلامی، تاریخی، اور منطقی شواہد اس بات کی تصدیق کرتے ہیں کہ بائبل تبدیل نہیں ہوئی۔
📌 اگر بائبل تبدیل ہو چکی ہوتی، تو قرآن کبھی بھی اس کی تصدیق نہ کرتا۔
📌 اگر بائبل تبدیل ہو چکی ہوتی، تو محمد صلی اللہ علیہ وسلم کے صحابہ اور بعد کے اسلامی علماء اس حقیقت کو قبول نہ کرتے۔

🚨 لہذا، بائبل نہ تو بدلی ہے، نہ بدلے گی، اور قرآن خود اس کی سچائی کی گواہی دیتا ہے!

باب 18

باب 18 :قرآن بائبل کو منسوخ کرنے کے لیے نہیں بھیجا گیا

کیا قرآن بائبل کی جگہ لینے کے لیے آیا؟ 🕮

اس مضمون میں بے شمار دلائل فراہم کیے گئے ہیں جو ثابت کرتے ہیں کہ **قرآن کو بائبل کو منسوخ یا تبدیل کرنے کے لیے نہیں بھیجا گیا تھا۔**
اگر قرآن **بائبل کی جگہ** نہیں **آیا تھا، تو پھر اللہ نے قرآن کو کیوں نازل کیا؟**
اللہ کے اس اقدام کا اصل مقصد کیا تھا؟

اس سوال کا جواب دینے سے پہلے، ہمیں یہ سمجھنا ہوگا کہ قرآن کو خاص طور پر عربوں کے لیے ان کی اپنی زبان میں بھیجا گیا تھا:

سورہ یوسف 12:2 🕮
"بے شک ہم نے اس قرآن کو عربی زبان میں نازل کیا، تاکہ تم سمجھ سکو۔"
(شاکر)

اور اسی طرح ہم نے تمہاری طرف ایک عربی قران بھیجا۔" (شاکر)"

اللہ کی تمام پچھلی کتابیں عربی کے علاوہ دیگر زبانوں میں نازل ہوئیں۔
اب ہم قرآن کے نازل ہونے کی اصل وجہ کو قرآن ہی سے دریافت کریں گے۔

قرآن کے نزول کی اصل وجہ کیا ہے؟

سورہ الانعام 6:154-156
"اور ہم نے موسیٰ کو کتاب عطا کی، جو نیکی کرنے والوں کے لیے مکمل تھی، ہر چیز کی وضاحت تھی، ہدایت تھی اور رحمت تھی، تاکہ وہ اپنے رب کی ملاقات پر یقین کریں۔ اور یہ (قرآن) ایک بابرکت کتاب ہے جو ہم نے نازل کی۔ لہٰذا، اس کی پیروی کرو اور برائی سے بچو تاکہ تم پر رحم کیا جائے۔ ایسا نہ ہو کہ تم کہو: 'یہ کتاب ہم سے پہلے دو قوموں پر نازل کی گئی تھی، اور ہم ان کے علم سے بے خبر رہے'۔" (پکتھال)

سورہ الانعام 6:156
"ہم نے اس کتاب کو سچائی کی روح کے طور پر نازل کیا تاکہ لوگ یہ کہہ کر کوئی بہانہ نہ بنا سکیں: 'موسیٰ اور عیسیٰ کی قوموں پر جو کتابیں نازل ہوئیں، وہ ایسی زبان میں تھیں جو ہم نہیں جانتے تھے اور نہ ہم نے سمجھی'۔" (المنتخب)

قرآن کے نزول کے بارے میں اہم نکات:

1 قرآن خود یہ تسلیم کرتا ہے کہ اللہ کی پچھلی الہامی کتابیں صرف "دو قوموں" کو دی گئیں تھیں – یہودیوں اور مسیحیوں کو۔

قرآن موسیٰ)تورات (اور عیسیٰ)انجیل (کی کتابوں کا حوالہ دیتا ہے۔
اس کا مطلب یہ ہے کہ جب بھی قرآن اللہ کی پچھلی کتابوں کا ذکر کرتا ہے، تو وہ **صرف بائبل کی کتابوں** کے بارے میں بات کر رہا ہوتا ہے۔

2 قرآن عربوں کے لیے ان کی زبان میں بھیجا گیا تاکہ وہ بائبل کے پیغام کو سمجھ سکیں۔

عربوں نے شکایت کی:
"یہود و نصاریٰ کی کتابیں ایسی زبان میں نازل ہوئیں جو ہم نہیں جانتے اور نہ ہم نے سمجھی۔"

چونکہ زبان کا مسئلہ تھا، اس لیے قرآن کو صرف ایک ترجمہ یا خلاصے کے طور پر بھیجا گیا تھا تاکہ عربی بولنے والے لوگ بھی بائبل کے پیغام سے واقف ہو سکیں۔

لہٰذا، قرآن کے نزول کا مقصد بائبل کی تصحیح یا تبدیلی نہیں تھا، بلکہ عربوں کو بائبل کے پیغام سے روشناس کرانا تھا۔

یہ حقیقت قرآن کے اندر درج ذیل آیت سے مزید تقویت پاتی ہے:

سورہ الاحقاف 46:12
"اور اس (قرآن) سے پہلے موسیٰ کی کتاب (تورات) موجود تھی، جو نمونہ اور رحمت تھی۔ اور یہ (قرآن) ایک کتاب ہے جو سچائی کی تصدیق کرتی ہے (جو تورات میں ہے)، عربی زبان میں، تاکہ ظالموں کو خبردار کرے اور نیکوکاروں کے لیے خوشخبری ہو۔" (شبیر احمد)

اگر قرآن بائبل کی جگہ لینے نہیں آیا، تو پھر کیا ثابت ہوتا ہے؟

قرآن عربوں کے لیے بائبل کے پیغام کو پہنچانے کے لیے نازل ہوا تھا، نہ کہ اسے منسوخ کرنے کے لیے۔
قرآن بار بار اس حقیقت کی تصدیق کرتا ہے کہ تورات اور انجیل سچے اور مستند الہامی صحیفے ہیں۔
اگر قرآن بائبل کی جگہ لینے کے لیے آتا، تو اللہ یہ کیوں کہتا کہ "یہ (قرآن) ایک تصدیق کرنے والی کتاب ہے"؟

لہٰذا، مسلمانوں کا یہ دعویٰ کہ بائبل تبدیل ہو چکی ہے، سراسر غلط اور قرآن کی تعلیمات کے خلاف ہے۔
یہ دعویٰ کہ قرآن بائبل کو منسوخ کرنے کے لیے آیا تھا، قرآن کی اپنی آیات کے ساتھ براہ راست تضاد میں ہے۔

!نتیجہ: قرآن بائبل کو بدلنے نہیں آیا، بلکہ اس کی تصدیق کرتا ہے 📖

📌 تمام قرآنی، تاریخی، اور منطقی شواہد یہ ثابت کرتے ہیں کہ بائبل کو منسوخ کرنے کے لیے قرآن کو نازل نہیں کیا گیا تھا۔
📌 قرآن عربوں کے لیے ایک رہنمائی کے طور پر آیا تاکہ وہ بائبل کے پیغام کو سمجھ سکیں، کیونکہ بائبل پہلے ہی غیر عربی زبانوں میں تھی۔
📌 قرآن واضح طور پر کہتا ہے کہ تورات اور انجیل خدا کی سچی کتابیں ہیں۔
📌 یہ نظریہ کہ قرآن بائبل کی جگہ لینے کے لیے آیا، ایک غیر مستند اور خود ساختہ عقیدہ ہے جو قرآن کی اصل تعلیمات کے خلاف ہے۔

🚨 ،اگر مسلمان واقعی قرآن پر ایمان رکھتے ہیں، تو انہیں بائبل کو تسلیم کرنا ہوگا !کیونکہ قرآن خود اس کی تصدیق کرتا ہے

ب قرآن بائبل کی تصدیق کرتا ہے، اسے منسوخ نہیں کرتا

قرآن یہود و نصاریٰ کی کتابوں کی عربی تصدیق ہے 📖

سورہ احقاف 46:12 📖
"اور اس سے پہلے موسیٰ کی کتاب)تورات (ہدایت اور رحمت کے طور پر موجود تھی، اور یہ کتاب)قرآن (عربی زبان میں اس کی تصدیق کرتی ہے۔" (یوسف علی)

📌 مندرجہ بالا قرآنی آیت سے یہ واضح ہوتا ہے کہ قرآن یہودی-عیسائی صحیفوں کا عربی ترجمہ یا ان کی تصدیق کے طور پر آیا۔
📌 اسی لیے اس آیت میں صاف طور پر کہا گیا" :اور یہ کتاب عربی زبان میں اس کی تصدیق کرتی ہے۔"

پچھلی کتابیں مکمل اور کافی تھیں 📖

سورہ الانعام 156-6:154 📖
"پھر ہم نے موسیٰ کو کتاب دی، جو نیکی کرنے والوں کے لیے مکمل تھی، ہر چیز کی وضاحت تھی، ہدایت تھی اور رحمت تھی، تاکہ وہ اپنے رب کی ملاقات پر ایمان لائیں۔"

📌 یہ قرآنی آیات یہ ثابت کرتی ہیں کہ موسیٰ کو جو کتاب دی گئی (یعنی تورات)، وہ "مکمل" تھی، ہر چیز کی وضاحت پر مشتمل تھی، اور ہدایت و رحمت تھی۔

📌 اگر یہ کتاب "مکمل" تھی، تو کیا عیسائیوں کو اپنے رب کی ملاقات کے لیے کسی اور کتاب کی ضرورت ہے؟ کیا انہیں قرآن کی ضرورت ہے؟

📌 قرآن کے مطابق، یہودی اور عیسائی اپنی ہی الہامی کتابوں پر عمل کریں، کیونکہ وہ مکمل اور قابلِ اعتماد ہیں۔

📌 اس کا مطلب یہ ہے کہ قرآن کا نزول یہودیوں یا عیسائیوں کے لیے نہیں تھا، بلکہ خاص طور پر عربوں کے لیے تھا۔

🚨 یہ حقیقت صرف قرآن میں نہیں بلکہ بائبل میں بھی موجود ہے:

2 تیموتھیس 17-3:16 📖
"ہر صحیفہ خدا کے الہام سے دیا گیا ہے، اور یہ تعلیم، ملامت، اصلاح اور راستبازی کی تربیت کے لیے مفید ہے، تاکہ خدا کے بندے کو ہر نیک کام کے لیے مکمل طور پر تیار کیا جائے۔"

📌 بائبل خود گواہی دیتی ہے کہ یہ مکمل ہدایت ہے، اور کسی اور صحیفے کی ضرورت نہیں۔

📌 لہٰذا، قرآن کے نزول کا مقصد بائبل کی جگہ لینا نہیں تھا، بلکہ عربوں کو بائبل کے پیغام کو عربی میں پہنچانا تھا۔

ایک الجھن

📌 قرآن خود کو بائبل کی تصدیق کرنے والی کتاب کہتا ہے، لیکن اس کے باوجود قرآن کی تعلیمات بائبل سے مختلف اور بعض اوقات متضاد ہیں۔

📌 اگر قرآن بائبل کی تصدیق کرنے آیا تھا، تو اس میں ایسی باتیں کیوں ہیں جو بائبل سے مختلف ہیں؟
📌 اگر قرآن واقعی بائبل کی عربی تصدیق ہے، تو وہ بائبل کے بنیادی عقائد سے متصادم کیوں ہے؟

🚨 یہ تضاد مسلمانوں کو ایک سنگین الجھن میں ڈال دیتا ہے۔

📌 اس الجھن سے نکلنے کے لیے مسلمان کیا کرتے ہیں؟
📌 وہ بائبل پر الزام لگاتے ہیں کہ اسے بدل دیا گیا ہے۔
📌 لیکن اس کے ساتھ ہی، وہ قرآن کی ان آیات کو نظر انداز کر دیتے ہیں جو بائبل کی سچائی اور حفاظت کی تصدیق کرتی ہیں۔

🚨 یہ رویہ خدا کے خلاف بغاوت اور سنگین گناہ کے مترادف ہے۔
🚨 یہ اللہ کی گواہی کو جھٹلانے کے برابر ہے، کیونکہ قرآن خود کہتا ہے کہ بائبل اللہ کی "موجودہ کتاب" ہے!

📖 نتیجہ :بائبل پر شک کرنا، قرآن کو جھٹلانے کے مترادف ہے

📌 قرآن بار بار بائبل کی تصدیق کرتا ہے، لیکن پھر بھی مسلمان بائبل کو رد کر دیتے ہیں۔
📌 اگر بائبل بدل چکی ہوتی، تو قرآن کیوں کہتا کہ یہ اللہ کی موجودہ کتاب ہے؟
📌 اگر قرآن بائبل کی تصدیق کرنے آیا تھا، تو وہ اس سے مختلف کیوں ہے؟

📌 اگر بائبل تبدیل ہو چکی ہے، تو مسلمان اس کا اصل نسخہ کہاں ہے جس سے وہ فرق دکھا سکیں؟

🚨 ان سوالات کے جوابات دینے کے بجائے، مسلمان بائبل پر الزام لگاتے ہیں۔
🚨 لیکن حقیقت یہ ہے کہ بائبل تبدیل نہیں ہوئی، اور قرآن خود اس کی تصدیق کرتا ہے۔

📌 لہٰذا، جو مسلمان واقعی قرآن پر ایمان رکھتے ہیں، انہیں بائبل پر بھی ایمان رکھنا ہوگا۔
📌 ورنہ، وہ قرآن کی گواہی کو رد کر رہے ہوں گے۔

باب 19

قرآن اس بات کی تصدیق کرتا ہے کہ تورات، زبور، انجیل اور دیگر صحائف انبیاء کو دیے گئے تھے

قرآن بائبل کی سچائی کی تصدیق کرتا ہے 📖

اس مضمون میں دیے گئے شواہد نے درج ذیل حقائق کو واضح کر دیا ہے کہ قرآن کے مطابق بائبل کی تعلیمات مکمل اور محفوظ ہیں:

- **قرآن اس بات کی تصدیق کرتا ہے کہ تورات، زبور، انجیل اور دیگر صحائف جو انبیاء کو دیے گئے، اللہ کا کلام ہیں۔**
- **یہ تمام صحائف مل کر بائبل کا حصہ بنتے ہیں، اور آج ہمارے پاس موجود بائبل میں پائے جاتے ہیں۔**
- **قرآن ان صحائف کو "اللہ کی کتابیں "کہتا ہے اور ان کی حفاظت کا وعدہ کرتا ہے۔**
- **اگر انسان اللہ کے کلام کو بدل سکتے، تو پھر کوئی بھی وحی قابلِ اعتماد نہ رہتی۔**
- **چونکہ انسان اللہ سے زیادہ طاقتور نہیں ہو سکتے، اس لیے اللہ کے الفاظ کو بدلنا ناممکن ہے۔**

📌 لہٰذا، بائبل کو تبدیل کرنا کسی کے بس میں نہیں، کیونکہ قرآن خود اس کی تصدیق کرتا ہے۔

📖 قرآن کا واضح اعلان: اللہ کی کتاب کو کوئی نہیں بدل سکتا

📖 سورہ یونس 10:37
"یہ قرآن کسی کی طرف سے گھڑا ہوا نہیں ہے بلکہ یہ اس کتاب (بائبل) کی تصدیق ہے جو پہلے سے موجود ہے اور اس کی وضاحت کرتا ہے، اس میں کوئی شک نہیں کہ یہ رب العالمین کی طرف سے ہے۔" (محمد سرور)

📌 یہ قرآنی آیت بائبل کو "موجودہ کتاب" کہتی ہے، یعنی یہ قرآن کے نزول کے وقت بھی موجود تھی اور محفوظ تھی۔
📌 اگر بائبل کو تبدیل کر دیا گیا ہوتا، تو قرآن اس کی تصدیق کیوں کرتا؟
📌 اس کا مطلب ہے کہ بائبل ہمیشہ کے لیے اللہ کا محفوظ کلام ہے۔

📖 بائبل کی سچائی کی گواہی دینے والی مختلف قرآنی تفاسیر

◇ فاروق ملک:
"یہ قرآن اللہ کے سوا کوئی نہیں بنا سکتا، بلکہ یہ پہلے کے صحائف (زبور، تورات، اور انجیل) کی تصدیق کرتا ہے اور ان کی مکمل وضاحت کرتا ہے۔"

◇ A. Bewley:
"یہ قرآن اللہ کے سوا کوئی گھڑ نہیں سکتا۔ بلکہ یہ پہلے موجود کتاب کی تصدیق ہے اور اس کی وضاحت کرتا ہے۔"

◇ The Monotheist Group:
"یہ قرآن اللہ کے بغیر بنایا نہیں جا سکتا۔ یہ اس کتاب کی تصدیق ہے جو پہلے سے موجود ہے اور اس کی تفصیلات بیان کرتا ہے۔"

📌 یہ تمام قرآنی تفاسیر ایک ہی بات کو واضح کر رہی ہیں کہ قرآن بائبل کی تصدیق کر رہا ہے، نہ کہ اس کی تردید کر رہا ہے۔
📌 بائبل قرآن کے نزول سے پہلے بھی سچی تھی اور آج بھی سچی ہے۔

قرآن کیوں بائبل کی تصدیق کرتا ہے؟ 📖

سورہ یونس 10:37 میں "تصدیق "کے لیے جو عربی لفظ استعمال ہوا ہے، 📖
اس کا مطلب ہے:
○ "کسی چیز کی سچائی کو قائم کرنا، کسی چیز کو درست ثابت کرنا، کسی حقیقت کی گواہی دینا۔"

📌 اس کا مطلب ہے کہ قرآن نے بائبل کی تصدیق کی، کیونکہ بائبل پہلے سے مستند اور محفوظ تھی۔
📌 اگر بائبل غلط ہوتی، تو قرآن کبھی اس کی تصدیق نہ کرتا۔
📌 چونکہ یہ قرآنی آیت آج بھی قرآن میں موجود ہے، اس لیے بائبل آج بھی سچی اور محفوظ ہے۔

🚨 اگر کوئی بائبل کو جھوٹا کہتا ہے، تو وہ قرآن کو جھوٹا کہہ رہا ہے!

قرآن بائبل کو مکمل اور جامع کتاب قرار دیتا ہے 📖

📖 سورہ یونس 10:37 میں کہا گیا کہ قرآن "پہلے کے صحائف کی وضاحت کرتا ہے۔"
📌 کسی چیز کی وضاحت صرف اسی وقت ممکن ہوتی ہے جب وہ چیز مکمل اور موجود ہو۔
📌 اگر بائبل واقعی بدل چکی ہوتی، تو قرآن اسے وضاحت دینے کے قابل ہی نہ ہوتا۔
📌 یہ اس بات کا ثبوت ہے کہ قرآن کے نزول کے وقت بائبل صحیح حالت میں موجود تھی۔

🚨 لہٰذا، قرآن کے مطابق، بائبل کی موجودگی اور حفاظت پر کوئی شک نہیں کیا جا سکتا۔

نتیجہ: بائبل کی صداقت کو جھٹلانا قرآن کی صداقت کو جھٹلانے کے برابر ہے 📖

- اگر بائبل تبدیل ہو چکی ہوتی، تو قرآن اس کی تصدیق کیوں کرتا؟
- اگر بائبل ناقابلِ اعتماد ہوتی، تو قرآن اسے "اللہ کی موجودہ کتاب "کیوں کہتا؟
- اگر بائبل بدل دی گئی ہوتی، تو مسلمان اس کا اصل نسخہ کہاں ہے جس سے وہ فرق دکھا سکیں؟

- بائبل کی تحریف کا دعویٰ نہ صرف بے بنیاد ہے بلکہ قرآن کی تعلیمات کے خلاف بھی ہے۔
- بائبل پر شک کرنا، قرآن پر شک کرنے کے مترادف ہے۔

- لہٰذا، جو مسلمان واقعی قرآن پر ایمان رکھتے ہیں، انہیں بائبل پر بھی ایمان رکھنا ہوگا۔
- ورنہ، وہ قرآن کی گواہی کو جھٹلا رہے ہوں گے۔

باب 19 :قرآن بائبل کی سچائی کی تصدیق کرتا ہے

مسلمان جو سمجھنے میں ناکام رہتے ہیں 📖

مسلمانوں کی سب سے بڑی غلطی یہ ہے کہ وہ یہ نہیں سمجھ پاتے کہ جب بھی اللہ یہ کہتا ہے کہ **قرآن کو بائبل کی تصدیق کے لیے بھیجا گیا ہے**، تو اس کا مطلب ہے کہ اللہ **بائبل کی صداقت پر مکمل یقین رکھتا ہے**۔ وہ ان قرآنی آیات کو **بطور تصدیق** نازل کرتا ہے۔ **کیا اللہ غلط ہو سکتا ہے؟**

سورہ یونس 10:37 میں اللہ فرماتا ہے: 📖
"یہ قرآن ایسا نہیں کہ اللہ کے سوا کوئی اور اسے گھڑ لے، بلکہ یہ اس سے پہلے کی کتابوں کی تصدیق کرنے والا ہے اور ان کے مفصل بیان پر مبنی ہے، اس میں کوئی شک نہیں، یہ رب العالمین کی طرف سے ہے۔"

- **یہاں اللہ نے بائبل کے بارے میں فرمایا کہ "اس میں کوئی شک نہیں۔"**
- **اگر بائبل واقعی تبدیل ہو چکی ہوتی، تو اللہ مسلمانوں کو کیوں حکم دیتا کہ وہ اس پر شک نہ کریں؟**

ہے۔

محمد صلی اللہ علیہ وسلم کو قرآن پر شک تھا، اور 📖 اللہ نے انہیں بائبل والوں سے پوچھنے کا حکم دیا!

یہ جان کر حیرت ہوگی کہ خود محمد صلی اللہ علیہ وسلم کو قرآن کے بارے میں شک تھا۔ اور اللہ نے ان کے شک کو دور کرنے کا کیا حل دیا؟ اللہ نے انہیں حکم دیا کہ وہ **اہلِ کتاب** (یہودی اور عیسائی) سے پوچھیں جو **پہلے سے کتاب پڑھتے آ رہے تھے۔**

📖 **سورہ یونس 10:94:** 📖
"پس)اے محمد (اگر تمہیں اس چیز میں شک ہو جو ہم نے تمہاری طرف نازل کی ہے، تو ان لوگوں سے پوچھ لو جو تم سے پہلے کتاب پڑھتے رہے ہیں۔" (ساحہ انٹرنیشنل)

- **یہ آیت صاف بتاتی ہے کہ محمد صلی اللہ علیہ وسلم کو حکم دیا گیا کہ وہ اپنے شکوک دور کرنے کے لیے اہلِ کتاب)یہودیوں اور عیسائیوں (سے رجوع کریں۔**
- **اگر بائبل واقعی بدل چکی ہوتی، تو اللہ کیوں حکم دیتا کہ اس کے بارے میں اہلِ کتاب سے پوچھا جائے؟**
- **اس کا مطلب ہے کہ بائبل محمد صلی اللہ علیہ وسلم کے زمانے میں بھی محفوظ تھی اور آج بھی ہے۔**

🚨 **مسلمانو، اگر خود تمہارے نبی کو بائبل کی تصدیق کے لیے کہا گیا، تو تمہیں بھی بائبل کو تسلیم کرنا چاہیے!**

مسلمان بائبل پر شک کرکے اللہ کی نافرمانی کر 📖 رہے ہیں

📌 اگر مسلمان بائبل پر شک کرتے ہیں، تو وہ درحقیقت اللہ پر شک کر رہے ہیں۔
📌 بائبل کو رد کرنے کا مطلب ہے کہ وہ اللہ کی "موجودہ کتاب (existing Book)" کو مسترد کر رہے ہیں۔
📌 کیا مسلمان واقعی سمجھتے ہیں کہ ان کے اس عمل کے کیا سنگین نتائج ہو سکتے ہیں؟

📖 اللہ محمد صلی اللہ علیہ وسلم کو مزید ایک اور جگہ اہلِ کتاب سے رہنمائی لینے کا حکم دیتا ہے:

📖 سورہ النحل 16:43 📖:
"اور ہم نے آپ سے پہلے بھی مردوں کو ہی رسول بنا کر بھیجا تھا جن کی طرف وحی بھیجتے رہے، پس اگر تمہیں علم نہیں تو اہلِ ذکر (اہلِ کتاب) سے پوچھ لو۔"

◇ یہ آیت صاف بتاتی ہے کہ محمد صلی اللہ علیہ وسلم کو حکم دیا گیا کہ وہ اہلِ کتاب سے پوچھیں۔
◇ اگر بائبل واقعی بدل دی گئی ہوتی، تو اللہ کیوں حکم دیتا کہ "اہلِ کتاب سے پوچھو"؟
◇ یہ اس بات کی دلیل ہے کہ اہلِ کتاب کے پاس موجود بائبل اصل اور مستند تھی اور آج بھی ہے۔

🚨 مسلمانوں، بائبل کو جھٹلانا اللہ کو جھٹلانے کے مترادف ہے!

انکار کرتے ہیں؟

اللہ نے بائبل کو "موجودہ کتاب "کہا، کیا اللہ جھوٹ بول سکتا ہے؟
محمد صلی اللہ علیہ وسلم کو بائبل پر بھروسہ کرنے کا حکم دیا گیا، تو تم کیوں انکار کرتے ہو؟
قرآن نے کئی جگہ بائبل کی تصدیق کی، تو تم اسے کیوں رد کر رہے ہو؟

جو مسلمان واقعی قرآن کو مانتے ہیں، انہیں بائبل کو بھی ماننا ہوگا۔
!بائبل پر شک کرنا دراصل قرآن پر شک کرنے کے مترادف ہے

باب 19 :قرآن بائبل کی سچائی کی تصدیق کرتا ہے

!سورہ 21:7 – اللہ کا حکم :اگر نہیں جانتے تو اہلِ کتاب سے پوچھو

اور ہم نے تم سے پہلے)اے محمد (صرف مردوں کو بھیجا جن کی طرف ہم" نے وحی کی، پس اگر تمہیں علم نہیں تو اہلِ ذکر)اہلِ کتاب (سے پوچھ لو۔" (سورہ 21:7 – ہلالی-خان)

"اگر تمہیں اس کا علم نہیں تو پہلے وحی پانے والوں سے دریافت کرلو۔" (محمد اسد)

:مشہور قرآن مترجم محمد اسد اس آیت کی تفسیر میں لکھتے ہیں
اہلِ ذکر سے مراد بائبل کے ماننے والے ہیں۔" (محمد اسد، قرآن 21:7)"

یہ آیت ثابت کرتی ہے کہ اللہ نے محمد صلی اللہ علیہ وسلم کو حکم دیا تھا کہ وہ بائبل کے حامل یہودیوں اور عیسائیوں سے سوال کریں اگر وہ کسی چیز کو نہ جانیں۔

کیا اللہ بائبل کو ایک "بدل دی گئی کتاب "کہنے والے مسلمانوں سے اتفاق کرتا ہے؟ 🕮

اگر بائبل واقعی تبدیل ہو چکی ہوتی، تو کیا اللہ محمد صلی اللہ علیہ وسلم کو اس کے پیروکاروں سے پوچھنے کا حکم دیتا؟ 📌
کیا اللہ ایک گمراہ کتاب کے حامل لوگوں کو محمد صلی اللہ علیہ وسلم کا ذریعہ علم بناتا؟ 📌
یقیناً نہیں !اس کا مطلب ہے کہ بائبل محمد صلی اللہ علیہ وسلم کے زمانے میں بھی مستند تھی اور آج بھی محفوظ ہے۔ 📌

🚨 یہاں ایک اور اہم نکتہ ہے:

📌 میں ہے، جس کا مطلب ہے (present tense) آیت میں "پوچھو "کا فعل حال کہ یہ حکم محمد صلی اللہ علیہ وسلم کے زمانے میں اور بعد میں بھی جاری رہنے والا تھا۔
یہ ثابت کرتا ہے کہ حتیٰ کہ قرآن کے نزول کے دوران بھی محمد صلی اللہ علیہ وسلم کو اہلِ کتاب سے سیکھنے کا کہا گیا۔ 📌

کیا بائبل اچانک محمد صلی اللہ علیہ وسلم کے بعد بدل گئی؟ 🕮

بائبل محمد صلی اللہ علیہ وسلم سے پانچ صدیوں پہلے مکمل ہو چکی تھی۔ 📌
پانچ صدیوں تک وہ بغیر کسی تبدیلی کے موجود رہی، اور پھر قرآن نے خود اس کی تصدیق کی۔ 📌
تو آخر بائبل کو "بدل دیا گیا "کہنے کا دعویٰ کب اور کیوں کیا گیا؟ 📌
کیا یہ محض اس وقت کیا گیا جب مسلمانوں کو قرآن اور بائبل کے درمیان تضادات نظر آنے لگے؟ 📌

سے متصادم ہونے کی وجہ سے پیدا ہوا، نہ کہ بائبل میں کسی تبدیلی کی وجہ سے۔

مسلمانوں کے پاس بائبل کے بدلنے کا کوئی ثبوت 📖 نہیں!

مسلمان اکثر کہتے ہیں کہ بائبل بدل دی گئی، مگر وہ کبھی یہ ثابت نہیں کر 💡 پاتے کہ:

1️⃣ بائبل میں تبدیلی کب ہوئی؟
2️⃣ بائبل کو کس نے بدلا؟
3️⃣ بائبل میں اصل آیات کیا تھیں اور کون سی آیات بدلی گئیں؟
4️⃣ کیا کوئی قدیم نسخہ ایسا ہے جو آج کی بائبل سے مختلف ہو؟

حقیقت یہ ہے کہ اسلام سے پہلے کے بائبل کے قدیم نسخے اور محمد صلی اللہ 📌 علیہ وسلم کے دور کے نسخے، آج کی بائبل سے مکمل طور پر ملتے ہیں۔

اگر بائبل آج ناقابلِ اعتبار ہے، تو یہ محمد صلی اللہ علیہ وسلم کے زمانے میں 📖 بھی ناقابلِ اعتبار ہونی چاہیے تھی!

پھر اللہ نے محمد صلی اللہ علیہ وسلم کو کیوں حکم دیا کہ "اہلِ کتاب سے 📖 پوچھو"؟

تو کیا ہم اللہ پر یقین کریں یا مسلمانوں پر جو بائبل کو بدل دیا گیا کہتے ہیں؟ 🚨

کیا مسلمان اللہ کے سامنے قیامت کے دن یہ کہنے 📖 کے لیے تیار ہیں کہ بائبل بدل دی گئی؟

🚨 جب اللہ نے بار بار قرآن میں فرمایا کہ اس کے کلام کو کوئی نہیں بدل سکتا، تو بائبل کو بدل دیا گیا کہنے کا مطلب کیا ہوا؟

📖 اللہ نے کہا:

📖 "اللہ کی باتوں کو کوئی بدلنے والا نہیں۔" (سورہ 6:34)
📖 "اس کے کلام کو بدلنے والا کوئی نہیں۔" (سورہ 18:27)

📌 اگر کوئی مسلمان کہتا ہے کہ بائبل بدل دی گئی، تو وہ دراصل کہہ رہا ہے کہ اللہ کا کلام بدلا جا سکتا ہے!

🚨 یہ نہ صرف قرآن کی تعلیمات کے خلاف ہے بلکہ اللہ کی قدرت پر بھی سوالیہ نشان کھڑا کر دیتا ہے۔

📌 کیا مسلمان قیامت کے دن اللہ کے سامنے اس جھوٹے دعوے کے ساتھ کھڑے ہونے کے لیے تیار ہیں؟

نتیجہ: قرآن کی تعلیمات مسلمانوں کے دعوے کو رد 📖 کرتی ہیں

☑ قرآن نے بار بار بائبل کی تصدیق کی ہے۔
☑ محمد صلی اللہ علیہ وسلم کو حکم دیا گیا کہ وہ اہلِ کتاب سے سوال کریں۔
☑ اللہ نے خود کہا کہ اس کے کلام کو کوئی نہیں بدل سکتا۔
☑ قدیم اور جدید بائبل میں کوئی فرق نہیں۔

کرتے ہیں؟

جو مسلمان قرآن کو واقعی مانتے ہیں، انہیں بائبل کو بھی تسلیم کرنا ہوگا۔ 📌
بائبل پر شک کرنا دراصل قرآن پر شک کرنے کے مترادف ہے! 📌

باب 20

باب 20 :قرآن مسلمانوں کو مجبور کرتا ہے کہ وہ بائبل کو خدا کا الہامی کلام مانیں

قرآن مسلمانوں کو بائبل کو خدا کا الہامی کلام ماننے پر مجبور کرتا ہے 📖

قرآن کی مندرجہ ذیل آیات واضح کرتی ہیں کہ مسلمانوں کے لیے بائبل کو خدا کا الہامی کلام ماننا کتنا ضروری ہے۔ بائبل مختلف آسمانی کتابوں کا مجموعہ ہے، اور اس آیت میں اللہ بائبل کو محبت سے **''آسمانی کتابیں''** قرار دیتا ہے۔ اللہ بائبل کو **''حق کی دلیل''** کہہ کر اس کی عظمت بیان کرتا ہے۔ بار بار اللہ بائبل کی گواہی دیتا ہے اور اسے سچائی کی سب سے بڑی دلیل کے طور پر پیش کرتا ہے۔

سورہ 20:133: 📖

انہوں نے کہا، 'یہ)محمد (اپنے رب کی طرف سے کوئی معجزہ کیوں نہیں لایا؟ 'کیا انہیں پہلے نازل کردہ آسمانی کتابیں، جو سچائی کی دلیل ہیں، نہیں ملی؟'' (سرور)

'اور وہ کہتے ہیں، 'یہ ہمارے رب کی طرف سے کوئی معجزہ کیوں نہیں لاتا؟'' کیا انہیں پہلی کتابوں میں کافی نشانیاں نہیں دی گئیں؟'' (طلال عتانی)

دکھاتا؟ 'مگر کیا ان کے پاس سابقہ اسمانی کتابوں میں واضح دلیل نہیں ائی؟" (شبیر احمد)

کیا مسلمانوں نے اللہ کے اس جواب پر غور کیا؟ 📖

محمد صلی اللہ علیہ وسلم کے زمانے کے لوگوں نے ان سے **نبوت کی تصدیق کے لیے معجزے** طلب کیے، جیسا کہ پہلے انبیاء معجزے دکھاتے تھے۔ وہ کوئی ٹھوس ثبوت چاہتے تھے کہ محمد واقعی اللہ کے نبی ہیں۔ لیکن محمد صلی اللہ علیہ وسلم کوئی معجزہ پیش نہ کر سکے۔

📌 **اللہ نے محمد کی نبوت کے دفاع میں کیا کہا؟**

!اللہ نے محمد صلی اللہ علیہ وسلم کی مدد کے لیے **بائبل کی گواہی دی**

"کیا انہیں پہلے نازل کردہ آسمانی کتابیں، جو سچائی کی دلیل ہیں، نہیں ملی؟" 📖 (سورہ 20:133)

📌 **یہ آیت واضح کرتی ہے کہ بائبل کو اللہ نے سچائی کی دلیل کے طور پر پیش کیا۔**

اہم اسباق جو اس قرآنی آیت سے سیکھے جا 4 📖 سکتے ہیں:

☑ **(1) بائبل کو "سچائی کی دلیل "قرار دیا گیا ہے**

📌 جب محمد صلی اللہ علیہ وسلم کے مخالفین نے معجزات کا مطالبہ کیا تو اللہ نے انہیں بائبل کی طرف متوجہ کیا۔

📌 اس کا مطلب یہ ہوا کہ **بائبل معجزے کی طرح ہی مستند اور سچی ہے۔**

📌 اگر بائبل جھوٹی یا تبدیل شدہ ہوتی تو کیا اللہ اسے **"سچائی کی دلیل"** کہتا؟

بائبل میں اللہ کے معجزوں کی مستند شہادت موجود ہے (2)

"کیا انہیں پہلے نازل کردہ آسمانی کتابیں، جو سچائی کی دلیل ہیں، نہیں ملی؟"

- یہ آیت ظاہر کرتی ہے کہ اگر محمد صلی اللہ علیہ وسلم کے معجزات کے ثبوت درکار ہیں تو وہ بائبل میں ملیں گے۔
- اگر محمد صلی اللہ علیہ وسلم کو معجزوں کے شواہد پیش کرنے کی ضرورت ہو، تو انہیں بائبل ہی سے مل سکتے ہیں۔
- یہ ثابت کرتا ہے کہ حقیقی معجزات کی تصدیق صرف بائبل میں ہے، قرآن میں نہیں!

بائبل کو اللہ نے مستند اور بااختیار قرار دیا (3)

سچائی کی دلیل" کا مطلب ہے کہ بائبل کی گواہی اتنی مضبوط ہے کہ وہ خود" معجزے کے برابر ہے۔

- اگر بائبل میں درج معجزے اور تعلیمات جھوٹے ہوتے، تو کیا اللہ محمد صلی اللہ علیہ وسلم کو بائبل کا حوالہ دینے کے لیے کہتا؟
- کیا اللہ جھوٹی کتاب کو دلیل کے طور پر پیش کرتا؟
- اللہ کے نزدیک بائبل کی گواہی خود معجزہ ہے!

اگر بائبل جھوٹی ہوتی، تو اللہ اس کی گواہی کیوں دیتا؟ (4)

"کیا انہیں پہلے نازل کردہ آسمانی کتابیں، جو سچائی کی دلیل ہیں، نہیں ملی؟"

- یہ آیت ظاہر کرتی ہے کہ اللہ نے پہلے نازل کردہ کتابوں کی تصدیق کی ہے، نہ کہ ان کی تردید۔

کہتا؟

لہذا، یہ دعویٰ کہ بائبل تبدیل کر دی گئی، قرآن اور اللہ کے الفاظ کے خلاف ہے۔ 🚨

کیا مسلمان بائبل کو ماننے سے انکار کر سکتے ہیں؟ 📖

اگر مسلمان بائبل کو جھوٹا کہیں تو وہ کیا کر رہے ہیں؟ 🚨

📌 وہ اللہ کو جھوٹا کہہ رہے ہیں، کیونکہ اللہ نے بائبل کی تصدیق کی ہے۔
📌 وہ محمد صلی اللہ علیہ وسلم کو جھوٹا کہہ رہے ہیں، کیونکہ محمد صلی اللہ علیہ وسلم کو بائبل پر ایمان لانے کا حکم دیا گیا تھا۔
📌 وہ قرآن کو جھوٹا کہہ رہے ہیں، کیونکہ قرآن بائبل کو "سچائی کی دلیل "کہتا ہے۔

📖 سورہ **2:41**: 📖
📌 اور اس)قرآن (پر ایمان لاؤ جو میں نے نازل کیا، جو اس کی تصدیق کرتا ہے" "جو تمہارے پاس ہے)یعنی تورات اور انجیل (اور اس کے ساتھ پہلے کفر نہ کرو۔

📌 یہ آیت بھی واضح طور پر کہہ رہی ہے کہ بائبل کی تصدیق خود قرآن نے کی ہے!

!نتیجہ :مسلمان بائبل کو مسترد نہیں کر سکتے 📖

☑ قرآن بار بار بائبل کو "سچائی کی دلیل "قرار دیتا ہے۔
☑ اگر بائبل بدل دی گئی ہوتی تو اللہ اسے دلیل کے طور پر نہ پیش کرتا۔
☑ اگر بائبل جھوٹی ہوتی تو اللہ محمد صلی اللہ علیہ وسلم کو اس پر ایمان لانے کا حکم نہ دیتا۔

الله نے محمد صلی الله علیہ وسلم کے معجزے کے لیے بائبل کو گواہ بنایا۔ ☑
بائبل پر ایمان لانا قرآنی حکم ہے، اس کے خلاف جانا اللہ کے خلاف جانا ہے۔ ☑

کیا مسلمان قیامت کے دن اللہ کے سامنے یہ کہنے کے لیے تیار ہیں کہ "ہم نے تیری سچائی کو جھوٹ قرار دیا"؟

جو مسلمان قرآن کو مانتے ہیں، انہیں بائبل کو بھی ماننا ہوگا!

باب 21

باب 21 :محمد)ﷺ (اپنی وحی کے بارے میں غیر یقینی کا شکار تھے

محمد)ﷺ (کی اپنی وحی کے بارے میں شکوک و شبہات 📖

قرآن کی ایک سب سے زیادہ پریشان کن آیت مسلمانوں کے لیے **سورہ یونس 10:94** ہے۔

یہ آیت ظاہر کرتی ہے کہ **محمد)ﷺ (کو خود شک تھا کہ آیا جو وحی ان پر نازل ہو رہی تھی، وہ واقعی اللہ کی طرف سے تھی یا نہیں۔**

اس آیت میں، **اللہ کو فوری مداخلت کرنی پڑی اور محمد)ﷺ (کو حکم دیا کہ وہ ان لوگوں سے رجوع کریں جو پہلے سے ہی اللہ کی کتابوں کو پڑھ رہے تھے۔**
یہ لوگ **یہودی اور عیسائی تھے، اور وہ کتاب جو وہ پڑھتے تھے، وہ "بائبل "تھی۔**

📖 **سورہ 10:94 – تین مختلف تراجم:**

☑ **پکتھال:**
اور اگر تمہیں)اے محمدﷺ (اس کے بارے میں کوئی شک ہو جو ہم نے تم پر نازل"

کیا ہے، تو ان سے پوچھو جو تم سے پہلے کتاب پڑھ رہے ہیں۔ بلاشبہ تمہارے رب
"کی طرف سے سچائی آ چکی ہے، پس تم شک کرنے والوں میں سے نہ ہو۔

☑ شاکر:
اور اگر تمہیں اس کے بارے میں شک ہو جو ہم نے تم پر نازل کیا ہے، تو ان"
لوگوں سے پوچھو جو تم سے پہلے کتاب پڑھتے تھے۔ یقیناً، تمہارے رب کی طرف
"سے حق آیا ہے، پس تم شک کرنے والوں میں سے نہ ہو۔

☑ ہلالی-خان:
پس اگر تم)اے محمدﷺ (اس چیز کے بارے میں شک میں ہو جو ہم نے تم پر نازل"
کی ہے ...تو ان سے پوچھو جو تم سے پہلے کتاب)تورات اور انجیل (پڑھ رہے
تھے۔ بلاشبہ تمہارے رب کی طرف سے حق آ چکا ہے، پس شک کرنے والوں میں
"سے نہ ہو۔

اس آیت کا مکمل تجزیہ اور اس کے مضمرات 📖

📌 اللہ محمد)ﷺ (سے کہہ رہا ہے کہ اگر وہ قرآن کی وحی میں شک محسوس
کریں، تو انہیں چاہیے کہ وہ ان لوگوں سے مشورہ کریں جو پہلے سے "کتاب "پڑھ
رہے ہیں۔
📌 یہ "کتاب "کوئی اور نہیں، بلکہ بائبل ہی ہے جو یہودیوں اور عیسائیوں کے
پاس تھی۔

☑ سوال یہ پیدا ہوتا ہے :اگر بائبل تحریف شدہ تھی، تو اللہ محمد)ﷺ (کو بائبل کے
پیروکاروں کے پاس جانے کا حکم کیوں دے رہا تھا؟
☑ یہ ثابت کرتا ہے کہ بائبل نہ تو محمد)ﷺ (کے زمانے میں تبدیل ہوئی تھی اور
نہ آج تبدیل شدہ ہے۔

📖 بائبل قرآن کے لیے معیارِ حق

:یہ آیت ہمیں تین اہم حقائق بتاتی ہے

2 بائبل قرآن کے پیغام کی تصدیق کرنے کا ذریعہ ہے۔
3 بائبل کی حیثیت قرآن سے برتر ہے، کیونکہ قرآن کو بائبل سے تصدیق کی ضرورت پڑ رہی ہے، نہ کہ بائبل کو قرآن سے۔

🚨 اگر قرآن واقعی سچا ہے، تو اس کی سچائی کو ثابت کرنے کے لیے بائبل کو بطور معیار کیوں پیش کیا جا رہا ہے؟
🚨 کیوں محمد ﷺ(کو بائبل کے ماننے والوں سے رجوع کرنے کا کہا گیا؟
🚨 کیوں اللہ نے نہیں کہا کہ "اگر تم شک میں ہو، تو مزید وحی کا انتظار کرو"؟

☑ اس کا صاف مطلب ہے کہ بائبل کا اختیار قرآن پر غالب ہے، اور بائبل کو ہی بنیادی معیارِ حق سمجھا جانا چاہیے۔

قرآن بائبل کی رہنمائی کو تسلیم کرتا ہے 📖

📖 5:46 سورہ:
"اور ہم نے انبیاء کے پیچھے عیسیٰ ابن مریم کو بھیجا، جو تورات کی تصدیق کرنے والے تھے، اور ہم نے انہیں انجیل عطا کی جس میں ہدایت اور نور تھا۔"

📌 یہ آیت ثابت کرتی ہے کہ اللہ خود بائبل)تورات و انجیل (کو سچا مانتا ہے۔
📌 اگر بائبل غلط ہوتی، تو اللہ اس کی تصدیق نہ کرتا اور نہ محمد ﷺ(کو اس سے رجوع کرنے کا حکم دیتا۔

اگر بائبل محفوظ نہ ہوتی، تو محمد ﷺ(کو اس سے رجوع کرنے کا حکم کیوں دیا گیا؟ 📖

☑ اللہ نے محمد ﷺ(کو حکم دیا کہ وہ بائبل کے ماننے والوں سے سوال کریں تاکہ وہ اپنے شک کو دور کر سکیں۔
☑ اگر بائبل میں تحریف ہو چکی ہوتی، تو کیا اللہ محمد ﷺ(کو جھوٹے صحیفے

کے پیروکاروں کے پاس جانے کا کہتا؟
یہ اس بات کا ثبوت ہے کہ بائبل قرآن کے وقت بھی مستند اور غیر تبدیل شدہ تھی۔

محمد)ﷺ (کو کیوں دوسرے مسلمانوں سے رجوع کرنے کا نہیں کہا گیا؟
کیوں انہیں "اللہ سے براہ راست دعا "کرنے کے لیے نہیں کہا گیا؟
کیوں محمد)ﷺ (کو بائبل پر انحصار کرنے کا حکم دیا گیا؟

کیونکہ بائبل اللہ کا حقیقی کلام ہے، اور قرآن خود اس کی تصدیق کرتا ہے۔

محمد)ﷺ (کو عام عیسائیوں سے مشورہ کرنے کا حکم کیوں دیا گیا؟

یہاں ہم دیکھتے ہیں کہ محمد)ﷺ (کو عام عیسائیوں سے رجوع کرنے کو کہا گیا تھا، نہ کہ کسی عالم یا نبی سے۔
یہ اس بات کا ثبوت ہے کہ بائبل عام لوگوں کے لیے قابلِ فہم اور محفوظ کتاب ہے۔

اگر بائبل واقعی تبدیل ہو چکی ہوتی، تو کیا عام عیسائی اس کے ذریعے محمد)ﷺ (کے شکوک کو دور کر سکتے تھے؟
یہ ظاہر کرتا ہے کہ بائبل اس وقت بھی محفوظ تھی اور آج بھی محفوظ ہے۔

لہذا، جو مسلمان بائبل کو مسترد کرتے ہیں، وہ اللہ کے حکم کی نافرمانی کر رہے ہیں۔

سورہ **10:94** میں اللہ نے واضح کیا کہ محمد)ﷺ (کو بائبل کی طرف رجوع کرنا ہے۔
یہ ثابت کرتا ہے کہ بائبل کو تسلیم کرنا ہر مسلمان پر فرض ہے۔

قرآن خود تسلیم کرتا ہے کہ بائبل سچائی کا معیار ہے۔
قرآن کہتا ہے کہ محمد)ﷺ (کو بائبل کے ماننے والوں سے رہنمائی لینی چاہیے۔
اگر بائبل تبدیل شدہ ہوتی، تو اللہ محمد)ﷺ (کو اس پر انحصار کرنے کو نہ کہتا۔
یہ ثابت کرتا ہے کہ بائبل محفوظ ہے، غیر متبدل ہے، اور حقیقی الہامی کلام ہے۔

لہذا، جو مسلمان بائبل کو مسترد کرتے ہیں، وہ حقیقت میں قرآن کی خلاف ورزی کر رہے ہیں۔
قرآن کے مطابق، بائبل کو تسلیم کرنا ہر مسلمان کے لیے لازمی ہے۔
محمد)ﷺ (کو خود بائبل پر انحصار کرنا پڑا، تو کیا مسلمان اس سے مستثنیٰ ہیں؟

یہ وقت ہے کہ مسلمان سچائی کو تسلیم کریں اور بائبل کے پیغام کو قبول کریں۔
بائبل ہی واحد الہامی کتاب ہے جو ہمیشہ محفوظ رہی ہے اور ہمیشہ محفوظ رہے گی۔

باب 21 :محمد)ﷺ (اپنی وحی کے بارے میں غیر یقینی کا شکار تھے

اسلام سے پہلے دی گئی کتابیں – بائبل – پاک اور غیر مبدل ہیں

یہ حقیقت ہے کہ اسلام سے پہلے نازل ہونے والی کتابیں – یعنی تورات، زبور، انجیل اور دیگر صحائف – اللہ کے کلام کا حصہ ہیں۔
اگر یہ کتابیں تبدیل ہو چکی ہوتیں، تو اللہ کبھی محمد)ﷺ (کو ان کتابوں سے رجوع کرنے کا حکم نہ دیتا تاکہ ان کے شکوک دور ہو سکیں۔

محمد)ﷺ (کی نبوت اور ان کی زندگی اس حکم پر عمل کرنے پر منحصر تھی۔ اگر وہ اس حکم کو نظر انداز کرتے، تو ان کے ایمان پر خطرہ پیدا ہو جاتا۔
:اسی لیے، اللہ نے فوراً اگلی آیت میں ایک سخت انتباہ دیا

📖 :سورہ یونس 10:95 – مختلف تراجم

☑ :شبیر احمد
اور تم ان لوگوں میں سے نہ ہو جانا جو ہماری نشانیوں کو جھٹلاتے ہیں اور" "خسارہ پاتے ہیں۔

☑ :سید وقار احمد
اور تم ان لوگوں میں شامل نہ ہونا جو اللہ کی آیات کا انکار کرتے ہیں، ورنہ تم" "ہلاک ہونے والوں میں سے ہو جاؤ گے۔

محمد)ﷺ (کی شک و شبہات – ایک خطرناک حقیقت 📖

📌 سورہ یونس کو "یونس "یا "یوناہ "کہا جاتا ہے۔ یہ ایک "مکی سورہ "ہے جو محمد)ﷺ (کی نبوت کے آخری مکی سالوں میں نازل ہوئی۔
📌 یہ بات حیران کن ہے کہ تقریباً دس سال تک وحی وصول کرنے کے بعد بھی محمد)ﷺ (کو شک تھا کہ آیا وہ واقعی اللہ کی طرف سے وحی پا رہے ہیں یا نہیں۔

📖 اللہ نے محمد)ﷺ (کو کیا حکم دیا؟
اگر تمہیں ہماری وحی پر شک ہے، تو ان لوگوں سے پوچھو جو تم سے پہلے" "کتاب پڑھ رہے ہیں۔

🚨 یہ کیوں حیران کن ہے؟
👉 اگر قرآن واقعی اللہ کی کتاب تھی، تو محمد)ﷺ (کو مزید یقین دلانے کے لیے **اللہ کوئی اور آیت نازل کر سکتا تھا۔**
👉 **!لیکن اللہ نے ایسا نہیں کیا**
👉 **اس کے بجائے، اللہ نے محمد)ﷺ (کو حکم دیا کہ وہ بائبل پڑھنے والوں سے رجوع کریں تاکہ ان کے شک دور ہوں۔**

کیا۔

بائبل – محمد ﷺ کے ایمان کی بحالی کا واحد ذریعہ 🕮

🚨 اگر بائبل کو قرآن سے بدلنا مقصود تھا، تو اللہ نے محمد ﷺ کو بائبل سے مدد لینے کا حکم کیوں دیا؟

🚨 کیوں اللہ محمد ﷺ کے شکوک کو دور کرنے کے لیے ایک نئی وحی نازل نہ کر سکا؟

🚨 کیوں محمد ﷺ کو غیر مسلم عیسائیوں اور یہودیوں سے مدد لینے کے لیے کہا گیا؟

☑ اس کا مطلب ہے کہ بائبل ہی محمد ﷺ کے ایمان کو بحال کرنے کا واحد ذریعہ تھی۔

☑ اگر بائبل نہ ہوتی، تو محمد ﷺ کی نبوت اور ایمان کو خطرہ لاحق ہو جاتا۔

🕮 اللہ نے محمد ﷺ کو صرف یہی راستہ دیا:

"اگر تمہیں شک ہو، تو ان لوگوں سے رجوع کرو جو تم سے پہلے کتاب پڑھتے تھے۔"

☞ یہ ظاہر کرتا ہے کہ بائبل وہ معیار ہے جس پر قرآن کو پرکھا جانا چاہیے۔

مسلمانوں کے لیے ایک چونکا دینے والا انکشاف 🕮

🚨 یہ حقیقت چونکا دینے والی ہے کہ خود محمد ﷺ کو قرآن کی سچائی پر یقین نہیں تھا۔

🚨 اور اس سے بھی زیادہ حیران کن بات یہ ہے کہ محمد ﷺ کو بائبل سے رجوع کرنے کے لیے کہا گیا، نہ کہ کسی اور ذریعے سے۔

اگر بائبل تبدیل ہو چکی ہوتی، تو محمد)ﷺ (اس پر بھروسہ کیسے کر سکتے تھے؟ ☑
اگر بائبل ناقابل اعتبار ہوتی، تو اللہ محمد)ﷺ (کو اس سے رہنمائی لینے کے لیے کیوں کہتا؟ ☑

یہ سب ثابت کرتا ہے کہ بائبل محمد)ﷺ (کے وقت میں بھی محفوظ اور قابل اعتماد تھی، اور آج بھی ہے۔ 📖

مسلمانوں کے لیے ایک اور دھچکا – اہلِ کتاب کو محمد)ﷺ (سے رجوع کرنے کی ممانعت 📖

☑ دلچسپ بات یہ ہے کہ محمد)ﷺ (کو اہلِ کتاب سے سیکھنے کا حکم دیا گیا، لیکن اہلِ کتاب کو کبھی بھی محمد)ﷺ (سے رجوع کرنے کو نہیں کہا گیا۔
☑ اس کے برعکس، اللہ نے یہودیوں اور عیسائیوں کو محمد)ﷺ (کی طرف جانے سے منع کر دیا۔

📖 سورہ **5:43** – پکتھال:
"یہ تمہارے پاس فیصلہ کے لیے کیوں آتے ہیں، حالانکہ ان کے پاس تورات موجود ہے، جس میں اللہ کا حکم ہے؟"

📖 سورہ **5:47** – محمد سرور:
"انجیل کے پیروکاروں کو اسی کے مطابق فیصلہ کرنا چاہیے جو اللہ نے اس میں نازل کیا ہے۔ جو لوگ اللہ کے قانون کے مطابق فیصلہ نہیں کرتے، وہ بدکار ہیں۔"

🚨 یہ آیات آج بھی قرآن میں موجود ہیں۔
🚨 اس کا مطلب ہے کہ آج بھی اللہ یہودیوں اور عیسائیوں کو محمد)ﷺ (سے رہنمائی لینے کی اجازت نہیں دیتا، بلکہ انہیں بائبل کی طرف رجوع کرنے کا حکم دیتا ہے۔

👉 اگر بائبل تبدیل ہو چکی ہوتی، تو اللہ اہلِ کتاب کو اس کی طرف رجوع کرنے کو نہ کہتا۔

کتاب ہے۔

مسلمانوں کے لیے چیلنج – بائبل کو مسترد کرنے کا 📖 مطلب اللہ کی نافرمانی کرنا ہے

🚨 مسلمان کہتے ہیں کہ بائبل بدل دی گئی ہے۔
🚨 لیکن اللہ نے محمد ﷺ کو بائبل پر بھروسہ کرنے کو کہا۔
🚨 اگر مسلمان بائبل کو جھوٹا کہتے ہیں، تو وہ اللہ کے فرمان کی خلاف ورزی کر رہے ہیں۔

☑️ اللہ نے محمد ﷺ کو حکم دیا کہ وہ بائبل پر بھروسہ کریں۔
☑️ یہ ثابت کرتا ہے کہ بائبل ہمیشہ سے محفوظ تھی، اور اب بھی محفوظ ہے۔
☑️ اگر بائبل تبدیل ہو چکی ہوتی، تو محمد ﷺ کو اس کی طرف رجوع کرنے کا حکم نہیں دیا جاتا۔

📖 مسلمانوں کے لیے اللہ کا حکم واضح ہے:
"اگر تمہیں شک ہو، تو ان لوگوں سے رجوع کرو جو تم سے پہلے کتاب پڑھتے تھے۔"

🚀 یہ وقت ہے کہ مسلمان سچائی کو قبول کریں اور بائبل کی تعلیمات کو اپنائیں۔
🚀 بائبل ہی سچائی کا واحد معیار ہے، اور ہمیشہ رہے گی۔

باب 22

باب 22 :جب مسلمان کہتے ہیں کہ قرآن بائبل کی جگہ لینے آیا تو وہ جھوٹ بولتے ہیں

مسلمان کیوں جھوٹ بولتے ہیں کہ قرآن بائبل کی جگہ لینے آیا؟ 📖

بہت سے مسلمان یہ دعویٰ کرتے ہیں کہ **قرآن بائبل کی جگہ لینے کے لیے نازل کیا گیا** اور بائبل اب **اللہ کا مستند کلام نہیں رہی کیونکہ اسے مبینہ طور پر بدل دیا گیا ہے۔**

📌 **حیرت کی بات یہ ہے کہ انہی مسلمان یہ بھی کہتے ہیں کہ محمد)ﷺ (کے آنے کی پیشین گوئی بائبل میں موجود ہے!**

📌 **اگر بائبل تبدیل ہوچکی ہے، تو محمد)ﷺ (کے بارے میں پیشین گوئی بھی ناقابلِ اعتبار ہونی چاہیے!**

📌 **اگر بائبل میں محمد)ﷺ (کے بارے میں سچ لکھا ہے، تو پھر بائبل بدلی ہوئی کیسے ہو سکتی ہے؟**

وہ یہ دعویٰ کرتے ہیں کہ بائبل کے صرف وہ حصے درست ہیں جو قرآن سے ☑
مطابقت رکھتے ہیں، اور جو قرآن سے مختلف ہیں وہ غلط ہیں۔

!یہ ایک خطرناک جھوٹ ہے 🚨
اگر بائبل کی کچھ آیات صحیح ہیں، تو یہ ثابت کرتا ہے کہ بائبل بدلی نہیں گئی۔ 👉
اگر بائبل کی کچھ آیات غلط ہیں، تو مسلمانوں کو یہ ثابت کرنا ہوگا کہ وہ آیات 👉
کب، کہاں، اور کیسے تبدیل ہوئیں؟

ہم مانتے ہیں کہ بائبل اور قرآن میں بہت زیادہ اختلافات ہیں۔ ☑
لیکن اگر کسی معاملے میں دونوں کتابیں مختلف بات کہتی ہیں، تو بائبل کو ☑
ترجیح دی جانی چاہیے، نہ کہ قرآن کو۔

قرآن کی غلطی :عیسائیوں کا "قبلہ"؟ 📖

سورہ 2:145 – مختلف تراجم 📖

:یوسف علی ☑
اگر تم اہلِ کتاب کے پاس تمام نشانیاں بھی لے آؤ، تب بھی وہ تمہارے قبلے کی"
پیروی نہ کریں گے، اور نہ ہی تم ان کے قبلے کی پیروی کرو گے، اور نہ ہی وہ ایک
"دوسرے کے قبلے کی پیروی کریں گے۔

:مالک ☑
اگر تم اہلِ کتاب کو ہر دلیل بھی دے دو، تب بھی وہ تمہارے قبلے کو قبول نہیں"
کریں گے، نہ تم ان کے قبلے کو قبول کرو گے، اور نہ ہی وہ ایک دوسرے کے
"قبلے کی پیروی کریں گے۔

مسئلہ کیا ہے؟ 📌
یہ آیت کہتی ہے کہ یہودی اور عیسائی ایک دوسرے کے "قبلے "کی پیروی نہیں
کریں گے۔
!لیکن یہ ایک بہت بڑی تاریخی غلطی ہے

عیسائیوں کا کبھی کوئی "قبلہ "نہیں تھا! 🚨
تاریخ میں کہیں بھی یہ ثبوت نہیں کہ عیسائیوں نے کبھی کسی خاص سمت رخ کرکے عبادت کی ہو! 🚨
پوری بائبل میں کہیں بھی قبلہ کا تصور نہیں ملتا! 🚨

☑ یہودیوں کا قبلہ ہیکلِ سلیمانی)یروشلم (کی طرف تھا۔
☑ مسلمانوں کا قبلہ مکہ کی طرف ہے۔
☑ لیکن عیسائیوں کا کبھی کوئی قبلہ نہیں تھا!

👉 پھر قرآن یہ کیسے کہہ سکتا ہے کہ یہودی عیسائیوں کے قبلے کی پیروی نہیں کریں گے؟
👉 جب عیسائیوں کا کوئی قبلہ تھا ہی نہیں، تو یہودی اسے کیسے قبول کریں گے؟

🚀 یہ ظاہر کرتا ہے کہ قرآن میں ایک تاریخی غلطی ہے، اور یہ کہ یہ اللہ کا کلام نہیں ہو سکتا۔

بائبل کا مؤقف – عبادت کسی سمت محدود نہیں 📖

📖 2 کرنتھیوں 4:18: 📖
"ہم ان چیزوں پر نہیں بلکہ ان چیزوں پر نظر رکھتے ہیں جو نظر نہیں آتیں، کیونکہ جو چیزیں دیکھی جاتی ہیں وہ عارضی ہیں، لیکن جو چیزیں نہیں دیکھی جاتیں وہ ہمیشہ کی ہیں۔"

📌 یہ آیت واضح کرتی ہے کہ عیسائیوں کی عبادت کسی مخصوص سمت کی محتاج نہیں۔
📌 وہ کسی مقام، پتھر، یا عمارت کی طرف نہیں بلکہ براہِ راست خدا کی طرف عبادت کرتے ہیں۔

☑ یہی وجہ ہے کہ عیسائیوں کا کبھی کوئی قبلہ نہیں تھا، اور نہ ہی ہوگا۔
☑ لہٰذا، قرآن میں موجود "یہودی اور عیسائی ایک دوسرے کے قبلے کو قبول نہیں کریں گے "والی آیت ایک واضح تاریخی غلطی ہے!

سکتا۔

باب 22 :مزید وضاحت اور الہامی ثبوت کے ساتھ ۔ قرآن کا عیسائیوں کے قبلے کے بارے میں غلط نظریہ

عیسائیت میں کسی مخصوص سمت کو قبلہ بنانے کا 📖 کوئی تصور نہیں

سچا مسیحی ایمان کسی بھی جسمانی اور نظر آنے والی چیز کو عبادت کے لیے 📌 ایک لازمی مرکز کے طور پر تسلیم کرنے کو مسترد کرتا ہے۔
یہ عمل شرک کی طرف لے جاتا ہے۔ 📌

📖 2 5:7 کرنتھیوں:
"کیونکہ ہم ایمان سے چلتے ہیں، نہ کہ نظر سے۔"

یہ اصول واضح کرتا ہے کہ **مسیحی اپنی عبادت کو کسی جسمانی سمت سے نہیں جوڑتے، بلکہ خالص ایمان سے خدا کی عبادت کرتے ہیں۔**

یسوع مسیح کی تعلیم :عبادت کا تعلق دل اور روح 📖 سے ہے، نہ کہ کسی مخصوص مقام یا سمت سے

📖 24-4:19 یوحنا:

سامری عورت نے یسوع سے کہا ✦:
"اے سر !میں دیکھ رہی ہوں کہ آپ نبی ہیں۔ ہمارے باپ دادا نے اس پہاڑ پر عبادت کی، لیکن آپ لوگ کہتے ہیں کہ یروشلم میں عبادت کرنی چاہیے۔"

✦ یسوع نے جواب دیا:
"عورت، مجھ پر ایمان لاؤ کہ وہ وقت آ رہا ہے جب نہ اس پہاڑ پر اور نہ یروشلم میں تم لوگ باپ کی عبادت کرو گے۔ تم اُس کی عبادت کر رہے ہو جسے تم نہیں جانتے، لیکن ہم اُس کی عبادت کرتے ہیں جسے ہم جانتے ہیں، کیونکہ نجات یہودیوں سے شروع ہوئی۔ مگر وقت آ رہا ہے، بلکہ آ چکا ہے، جب سچے عبادت گزار باپ کی عبادت روح اور سچائی میں کریں گے، کیونکہ باپ ایسے ہی عبادت گزاروں کو چاہتا ہے۔ خدا ایک روح ہے، اور جو اس کی عبادت کرتے ہیں، انہیں روح اور سچائی میں عبادت کرنی چاہیے۔"

📌 یہ آیات اس بات کو ثابت کرتی ہیں کہ خدا کے نزدیک حقیقی عبادت کسی مخصوص سمت یا مقام کی طرف رخ کرنے سے نہیں، بلکہ اندرونی روحانی عبادت سے ہوتی ہے۔
📌 عبادت کا تعلق جسمانی رخ سے نہیں بلکہ دل کی پاکیزگی اور خدا کے ساتھ روحانی تعلق سے ہے۔

قرآن کی غلطی: عیسائیوں کا "قبلہ"؟ 📖

📖 **2:145** سورہ:
"اگر تم اہلِ کتاب کے پاس تمام نشانیاں بھی لے آؤ، تب بھی وہ تمہارے قبلے کی پیروی نہ کریں گے، اور نہ ہی تم ان کے قبلے کی پیروی کرو گے، اور نہ ہی وہ ایک دوسرے کے قبلے کی پیروی کریں گے۔"

🚨 یہ ایک بہت بڑی تاریخی اور مذہبی غلطی ہے!

☑ یہودیوں کا قبلہ یروشلم میں ہیکلِ سلیمانی تھا۔
☑ مسلمانوں کا قبلہ مکہ میں خانہ کعبہ ہے۔
🚫 عیسائیوں کا کبھی کوئی قبلہ نہیں تھا!

📌 بائبل میں کہیں بھی کسی مخصوص سمت میں عبادت کرنے کا حکم نہیں دیا گیا۔
📌 عیسائی خدا کی عبادت کسی بھی مقام یا سمت میں کر سکتے ہیں، کیونکہ ان کے لیے خدا ہر جگہ موجود ہے۔

بائبل کے مطابق عبادت میں کسی سمت کو اہمیت دینا 🕮 غلط ہے

🕮 2 کرنتھیوں 4:18 🕮:
"ہم ان چیزوں پر نہیں بلکہ ان چیزوں پر نظر رکھتے ہیں جو نظر نہیں آتیں، کیونکہ جو چیزیں دیکھی جاتی ہیں وہ عارضی ہیں، لیکن جو چیزیں نہیں دیکھی جاتیں وہ ہمیشہ کی ہیں۔"

📌 یہ آیت واضح کرتی ہے کہ مسیحیت میں عبادت کے لیے کسی ظاہری چیز یا سمت کو اہمیت نہیں دی جاتی۔
📌 سچے ایمان والے خدا کی عبادت کسی مخصوص جگہ یا سمت کی قید کے بغیر کرتے ہیں۔

🚀 لہٰذا، قرآن میں عیسائیوں کے قبلے کا ذکر ایک سنگین غلطی ہے!

قرآن میں قبلے کے متعلق ایک اور تضاد 🕮

🕮 سورہ 2:142-144 🕮:
"بے وقوف لوگ کہیں گے کہ ان (مسلمانوں) کو ان کے قبلے سے کس چیز نے پھیر دیا جس پر وہ تھے؟ کہہ دو کہ مشرق اور مغرب سب اللہ کے ہیں، وہ جسے چاہے سیدھی راہ دکھاتا ہے۔ اور اسی طرح ہم نے تمہیں ایک درمیانی امت بنایا تاکہ تم لوگوں پر گواہ ہو اور رسول تم پر گواہ ہو، اور ہم نے وہ قبلہ جس پر تم پہلے تھے، اسی لیے مقرر کیا تھا کہ ہم جان لیں کہ کون رسول کی پیروی کرتا ہے اور کون الٹے پاؤں پھر جاتا ہے۔"

📌 یہ آیت تسلیم کرتی ہے کہ مسلمانوں کا قبلہ بدلا گیا تھا، لیکن عیسائیوں کے لیے پہلے بھی کوئی قبلہ نہیں تھا!

📌 اگر عیسائیوں کا کوئی قبلہ ہوتا، تو قرآن اس تبدیلی کو بھی واضح کرتا، لیکن ایسا کوئی ذکر نہیں!

بائبل کے مطابق خدا ہر جگہ عبادت سن سکتا ہے 📖

📖 زبور 119:89:

"اے یہوواہ! تیرا کلام ہمیشہ کے لیے آسمان میں قائم ہے۔"

📌 یہ ظاہر کرتا ہے کہ خدا ہر جگہ موجود ہے، اور اس کی عبادت کسی ایک جگہ تک محدود نہیں ہو سکتی۔

🚨 لہٰذا، قرآن میں عیسائیوں کے قبلے کا ذکر ایک بڑی مذہبی غلطی ہے!

🚨 یہ ظاہر کرتا ہے کہ قرآن بائبل کے الہامی اصولوں کو صحیح طریقے سے نہیں سمجھ سکا!

نتیجہ: قرآن نے عیسائیوں کے بارے میں غلط بیانی کی 📖

✅ عیسائیوں کا کبھی کوئی قبلہ نہیں تھا۔

✅ بائبل میں کہیں بھی کسی مخصوص سمت میں عبادت کرنے کا ذکر نہیں۔

✅ یسوع نے واضح طور پر کہا کہ "روح اور سچائی" میں عبادت کی جانی چاہیے، نہ کہ کسی مخصوص سمت میں۔

✅ یہودیوں اور مسلمانوں کے لیے قبلہ موجود ہے، لیکن عیسائیوں کے لیے نہیں!

✅ قرآن نے عیسائیوں کے قبلے کا ذکر کر کے ایک تاریخی اور مذہبی غلطی کی ہے۔

بولتے ہیں!
قرآن خود تاریخی اور مذہبی غلطیوں سے بھرا ہوا ہے! 🚨

📌 اگر بائبل واقعی تبدیل ہو چکی ہوتی، تو کیا قرآن بار بار اس کی تصدیق کرتا؟
📌 اگر قرآن کو بائبل کی جگہ لینا تھا، تو کیوں اللہ نے محمد ﷺ کو بائبل کے پیروکاروں سے سیکھنے کا حکم دیا؟
📌 اگر قرآن بائبل کے خلاف ہے، تو پھر محمد ﷺ کیوں اس کے حق میں گواہی دیتے رہے؟

🚀 مسلمانوں کو سوچنے کی ضرورت ہے کہ اگر وہ قرآن پر یقین رکھتے ہیں، تو انہیں بائبل پر بھی یقین رکھنا ہوگا!

باب 22: مزید وضاحت اور الہامی ثبوت کے ساتھ - قرآن مسلمانوں کو بت پرستی پر مجبور کرتا ہے

بت پرستی کا فریب اور خدا کا انتباہ 📖

📌 یہوواہ خدا نے بنی اسرائیل کو ابتدا ہی سے اس پوشیدہ بت پرستی سے خبردار کیا تھا۔
📌 یہ ایک ایسی بت پرستی ہے جس کے مرتکب خود کو معصوم سمجھتے ہیں، بالکل جیسے آج مسلمان اپنے عمل کو جائز قرار دیتے ہیں۔

🚨 مسلمانوں کا استدلال:
"جب ہم خانہ کعبہ کی طرف منہ کر کے نماز پڑھتے ہیں، تو ہمارا دھیان اللہ کی طرف ہوتا ہے، نہ کہ اس عمارت یا اس میں موجود سیاہ پتھر کی طرف۔"

◇ اگر واقعی ایسا ہے، تو پھر کسی مخصوص سمت میں منہ کرنے کی ضرورت ہی کیوں ہے؟
◇ اگر واقعی سیاہ پتھر عبادت کا مرکز نہیں، تو پھر اسے چومنے اور چھونے کی ضرورت کیوں ہے؟

یہ ظاہر کرتا ہے کہ مسلمانوں کا قبلہ ان کی عبادت میں لازمی جزو ہے۔ 📌
یہ وہی چیز ہے جسے بائبل میں "پوشیدہ بت پرستی "کہا گیا ہے۔ 📌

قرآن مسلمانوں کو قبلے کی طرف رخ کرنے پر 📖 کیوں مجبور کرتا ہے؟

📖 **2:144** سورہ:
پس اے نبی !ہم تمہارا آسمان کی طرف منہ اٹھانا دیکھ رہے ہیں، سو ہم تمہیں اسی"
"قبلے کی طرف پھیر دیتے ہیں جسے تم پسند کرتے ہو۔

یہ ظاہر کرتا ہے کہ مسلمانوں کے لیے قبلہ کوئی معمولی چیز نہیں بلکہ ان کے 📌
مذہب کا ایک لازمی حصہ ہے۔
اگر ان کا استدلال درست ہوتا کہ "ہم صرف اللہ کی طرف متوجہ ہوتے ہیں"، تو 📌
پھر کسی مخصوص قبلے کی ضرورت ہی کیوں ہے؟
یہ قبلہ پرستی کی ایک واضح مثال ہے! 📌

یہ درست اسی طرح ہے جیسے کوئی زنا کرتے وقت کہے" :میرا دھیان اپنی 🚨
!بیوی کی طرف تھا، اس لیے میں بے قصور ہوں"
گناہ گناہ ہی رہتا ہے، چاہے انسان کا ذہن کہیں بھی ہو۔ 🚨

📖 **1 10:14** کرنتھیوں:
"!پس اے میرے پیارے بھائیو، تم بت پرستی سے دور بھاگو"

نہیں؟

حج کے دوران مسلمان نہ صرف سیاہ پتھر)حجر اسود (کی طرف رخ کرتے 🕮
ہیں بلکہ اسے چومتے اور چھوتے بھی ہیں۔

سوال یہ ہے کہ اگر ان کا دھیان صرف اللہ کی طرف ہے، تو پھر وہ پتھر کو 🚨
کیوں چومتے ہیں؟
یہ وہی بت پرستی ہے جس سے یہوواہ نے بنی اسرائیل کو منع کیا تھا! 🚨

🕮 احبار 26:1: 🕮
"اپنے لیے بت نہ بناؤ، نہ کسی تراشی ہوئی مورت کو کھڑا کرو، نہ کسی چٹان کو اپنے ملک میں بطور مقدس نشانی رکھو کہ تم اس کے سامنے سجدہ کرو، کیونکہ میں یہوواہ تمہارا خدا ہوں۔"

🕮 خروج 4:20-5: 🕮
"تو اپنے لیے کسی بھی چیز کی تراشی ہوئی مورت نہ بنا، نہ کسی ایسی چیز کی صورت جو آسمان میں ہے، یا زمین پر ہے، یا پانی میں ہے۔ اور تو ان کے آگے نہ جھکنا، نہ ان کی عبادت کرنا، کیونکہ میں، یہوواہ تیرا خدا، ایک غیرت مند خدا ہوں۔"

یہ آیات مسلمانوں کے حج کے دوران کیے جانے والے اعمال کو مکمل طور پر مسترد کرتی ہیں! 📌
مسلمانوں کا کعبہ کی طرف جھکنا اور حجر اسود کو چومنا ایک کھلی ہوئی بت پرستی ہے! 📌

– "مسلمانوں کا استدلال": قبلہ اتحاد کے لیے ہے 📖 لیکن کیا اسلام واقعی متحد ہے؟

🚨 مسلمان یہ دلیل دیتے ہیں کہ قبلہ کا مقصد اتحاد پیدا کرنا ہے۔
🚨 لیکن حقیقت میں، مسلمانوں کے درمیان بے شمار فرقے اور تقسیم پائی جاتی ہے، یہاں تک کہ وہ ایک دوسرے کو قتل کرتے ہیں!

📖 کیا محض ایک سمت میں منہ کرنا اتحاد کی علامت ہے؟
📖 محبت اور روحانی یکجہتی ہی اصل اتحاد ہے، نہ کہ کسی مادی سمت کا تعین۔

✅ عیسائی کسی مخصوص سمت میں رخ کیے بغیر، کہیں سے بھی، کسی بھی وقت، اپنے خدا سے دعا کر سکتے ہیں۔
✅ عیسائیوں کے لیے خدا ہر جگہ موجود ہے، انہیں کسی خاص مقام یا قبلے کی ضرورت نہیں!

📖 متی 18:20 📖:
"کیونکہ جہاں دو یا تین میرے نام سے جمع ہوں گے، میں ان کے درمیان ہوں گا۔"

📌 یہ ثابت کرتا ہے کہ عبادت کا مرکز کسی مخصوص جگہ یا سمت میں محدود نہیں!

🚨 مسلمان خود اس بات کا مشاہدہ کر سکتے ہیں کہ باوجود ایک قبلے کے، ان کے درمیان کتنی نفرت، فرقہ واریت اور خونریزی پائی جاتی ہے!
🚨 لہٰذا، مسلمانوں کا یہ دعویٰ کہ "قبلہ اتحاد پیدا کرتا ہے" سراسر جھوٹ ہے۔

پرستی ہے!

✅ مسلمانوں کا سیاہ پتھر چومنا، کعبہ کی طرف جھکنا، اور صرف ایک سمت میں منہ کر کے عبادت کرنا، سراسر بت پرستی ہے!
✅ یہوواہ خدا نے اپنے پیغمبروں کے ذریعے واضح کیا کہ کسی پتھر یا مقام کو عبادت کا مرکز بنانا شرک ہے۔
✅ عیسائی کسی بھی جگہ سے، کسی بھی سمت میں، اور کسی بھی وقت خدا سے دعا کر سکتے ہیں، کیونکہ خدا ہر جگہ موجود ہے۔
✅ مسلمان اگر واقعی اللہ پر ایمان رکھتے ہیں، تو انہیں سیاہ پتھر اور قبلہ پرستی چھوڑنی چاہیے!

🚀 قرآن مسلمانوں کو بت پرستی کی طرف لے جاتا ہے، جبکہ بائبل سچائی کی روشنی فراہم کرتی ہے!

باب 22: مزید وضاحت اور الہامی ثبوت کے ساتھ – قرآن مسلمانوں کے دعوے کو جھوٹا ثابت کرتا ہے کہ وہ بائبل کو تبدیل کرنے آیا تھا

📖 بائبل اور قرآن کے درمیان اختلاف – عیسائیوں کو کیا کرنا چاہیے؟

🚨 اب بائبل کی تعلیمات اور قرآن کی تعلیمات کے درمیان ایک واضح تضاد موجود ہے۔
🚨 تو اب عیسائیوں کو کیا کرنا چاہیے؟

◇ کیا انہیں ان مسلمان مناظرین کی بات مان کر بائبل کی سچائی کو چھوڑ دینا چاہیے؟
◇ کیا انہیں مسلمانوں کی تقلید کرتے ہوئے کسی مقدس پتھر کی تلاش کرنی

چاہیے تاکہ اس کی طرف منہ کرکے عبادت کریں؟
◇ یا پھر انہیں بائبل کی الٰہی تعلیمات پر قائم رہ کر اپنے خدا کی عبادت روح اور سچائی میں کرنی چاہیے؟

⬣ اب مسلمان مناظرین ہمیں مندرجہ ذیل سوالات کے جواب دیں:

1. کبھی بھی عیسائیوں کا کوئی "قبلہ" تھا؟
2. اگر ہاں، تو عیسائیوں کا قبلہ کیا ہے؟
3. عیسائی عبادت کے وقت کس سمت میں منہ کرتے ہیں؟
4. اگر واقعی اللہ نے انجیل کو الہامی طور پر نازل کیا تھا، جیسا کہ قرآن دعویٰ کرتا ہے، تو پھر وہ یہ کیوں نہیں جانتا تھا کہ عیسائیت میں کوئی قبلہ نہیں ہے؟

📌 یہ سوالات ان مسلمانوں کو بے نقاب کرتے ہیں جو بائبل کو مسترد کرنے کے لیے بے بنیاد دعوے کرتے ہیں۔

مسلمان بائبل کے خلاف جھوٹے دعوے کیوں کرتے 📖 ہیں؟

🚨 قرآن کو بائبل کا تصدیق کنندہ ہونا چاہیے، جیسا کہ سورہ **10:94** میں کہا گیا ہے۔
🚨 لیکن مسلمان کہتے ہیں کہ بائبل کی تعلیمات کو مسترد کر دینا چاہیے اگر وہ قرآن کے خلاف ہوں!

📖 1 تھسلنیکیوں **2:13** 📖:
"اور ہم بھی برابر خدا کا شکر کرتے ہیں، کیونکہ جب تم نے خدا کے کلام کو جو ہم سے سنا، قبول کیا، تو اسے انسانوں کا کلام نہیں بلکہ جیسا کہ حقیقت میں ہے، خدا کا کلام سمجھ کر قبول کیا۔"

◇ بائبل کو رد کرنا دراصل اللہ کے الہامی کلام کو رد کرنا ہے!
◇ اسی لیے قرآن خود مسلمانوں کو بائبل کے ماننے والوں سے الجھنے سے منع کرتا ہے:

اور اہل کتاب سے نہ جھگڑو مگر بہترین طریقے سے، سوائے ان میں سے جو" ظلم کرتے ہیں، اور کہو :ہم اس پر ایمان رکھتے ہیں جو ہم پر نازل کیا گیا اور جو تم پر نازل کیا گیا، اور ہمارا اور تمہارا خدا ایک ہی ہے اور ہم اسی کے فرمانبردار ہیں۔" (شاکر)

اور اہل کتاب سے نہ جھگڑو۔" (ہلالی-خان)" 📖

☑ اگر قرآن خود اہل کتاب سے بحث کرنے سے منع کر رہا ہے، تو پھر مسلمان کیوں بائبل کے خلاف جھوٹے الزامات لگاتے ہیں؟

بائبل کی تبدیلی کا جھوٹا دعویٰ – مسلمانوں کی 📖 بوکھلاہٹ

🚨 قرآن واضح طور پر بائبل کو خدا کا الہامی کلام تسلیم کرتا ہے۔
🚨 لیکن مسلمان اس بات کو تسلیم کرنے کے بجائے بائبل پر جھوٹے الزامات لگاتے ہیں کہ وہ تبدیل ہو گئی ہے۔

◇ بائبل اور قرآن کے درمیان فرق کو دیکھ کر مسلمان بوکھلا جاتے ہیں۔
◇ چونکہ قرآن اور بائبل ایک دوسرے سے کافی مختلف ہیں، اس لیے مسلمان ان تضادات کو حل کرنے کے لیے بائبل پر الزام لگاتے ہیں۔

📌 یہ سادہ سی حقیقت ہے:
👉 مسلمانوں کے پاس بائبل کے تبدیل ہونے کا کوئی ثبوت نہیں ہے!
👉 یہ محض ایک جھوٹا بہانہ ہے تاکہ وہ قرآن کو بائبل کے برابر ثابت کر سکیں۔

📖 سورہ 10:37:
یہ قرآن اللہ کے سوا کوئی گھڑ نہیں سکتا، بلکہ یہ اس کتاب کی تصدیق ہے جو اس" سے پہلے موجود تھی۔"

☑ قرآن خود کہتا ہے کہ وہ بائبل کی تصدیق کرتا ہے!
☑ اگر بائبل تبدیل ہو چکی ہوتی، تو قرآن اس کی تصدیق کیسے کرتا؟

مسلمانوں کا آخری حربہ" :بائبل قرآن کے بعد تبدیل 📖 ہوئی!"

🚨 جب مسلمانوں کے پاس قرآن میں بائبل کی تبدیلی کا کوئی ثبوت نہیں ملتا، تو وہ ایک نیا بہانہ بناتے ہیں:
🚨 "بائبل قرآن کے بعد تبدیل ہوئی!"

❌ یہ جھوٹ کیوں ہے؟

📖 **6:34** سورہ:
"اور اللہ کی باتوں کو کوئی بدلنے والا نہیں۔"

📖 **18:27** سورہ:
"اور تم اللہ کے کلام کو بدلنے والا کوئی نہیں پاؤ گے۔"

☑ یہ آیات ثابت کرتی ہیں کہ اللہ کے کلام کو کوئی نہیں بدل سکتا!
☑ اگر بائبل قرآن کے بعد تبدیل ہوئی، تو اس کا مطلب ہے کہ اللہ نہیں جانتا تھا کہ اس کے کلام کو بدل دیا جائے گا۔
☑ یہ قرآن کو جھوٹا ثابت کرتا ہے!

📌 مسلمانوں کے پاس صرف دو راستے ہیں:
1۔ یا تو وہ مان لیں کہ بائبل تبدیل نہیں ہوئی
2۔ یا وہ قرآن کے جھوٹے ہونے کو قبول کریں

🚨 بائبل کے خلاف جھوٹے الزامات درحقیقت قرآن کی سچائی پر سوالیہ نشان لگا دیتے ہیں!

ثابت کرتا ہے!

✅ قرآن بار بار بائبل کی تصدیق کرتا ہے، اس کی عزت کرتا ہے، اور اسے الہامی کلام کہتا ہے۔

✅ مسلمان صرف اس لیے بائبل پر الزام لگاتے ہیں کیونکہ وہ قرآن اور بائبل کے درمیان تضاد کا جواز پیش نہیں کر سکتے۔

✅ اگر مسلمان مانیں کہ بائبل تبدیل ہو چکی ہے، تو اس کا مطلب ہے کہ قرآن جھوٹا ہے، کیونکہ وہ کہتا ہے کہ اللہ کا کلام کبھی نہیں بدلا جا سکتا!

✅ بائبل کی تبدیلی کا دعویٰ صرف مسلمانوں کی بوکھلاہٹ ہے کیونکہ وہ قرآن کے مسائل کو حل نہیں کر سکتے!

🚀 اب مسلمانوں کو فیصلہ کرنا ہوگا: وہ یا تو اللہ کی سچائی کو قبول کریں یا قرآن کی جھوٹی تعلیمات کو!

باب 22: مزید وضاحت اور الہامی ثبوت کے ساتھ - بائبل کی تبدیلی کا مسلمان دعویٰ جھوٹ ہے

بائبل کی تبدیلی ناممکن ہے - ناقابلِ تردید ثبوت 📖

◇ اس مضمون میں دیے گئے شواہد نے مکمل یقین کے ساتھ یہ ثابت کر دیا ہے کہ بائبل کو تبدیل کرنا ناممکن ہے۔

◇ یہ بھی ثابت ہو چکا ہے کہ بائبل محمدؐ کے زمانے کے بعد بھی کبھی تبدیل نہیں ہوئی۔

◇ لیکن ہم اس معاملے کو مزید وضاحت کے ساتھ ختم کرنے کے لیے مزید عقلی دلائل دیں گے۔

📌 ذرا اس نکتے پر غور کریں:

✅ اگر بائبل میں تبدیلی محمدؐ کے بعد ہوئی ہوتی، تو ہماری آج کی بائبل ان بائبلز سے مختلف ہونی چاہیے جو محمدؐ سے پہلے موجود تھیں۔

☑ لیکن آج دنیا کے مختلف عجائب گھروں)میوزیمز (میں محمدؐ کے دور سے پہلے کی بائبل کے قدیم نسخے محفوظ ہیں جو بالکل وہی ہیں جو آج ہمارے پاس ہیں!
☑ کیا یہ ثابت نہیں کرتا کہ ہماری آج کی بائبل وہی ہے جو محمدؐ کے دور سے پہلے موجود تھی؟

📌 بائبل کا مکمل تحفظ صرف اسی صورت میں ممکن ہے:
☑ اگر اس کی اصل تعلیمات مکمل طور پر محفوظ رہیں۔
☑ اگر محمدؐ کے وقت میں بائبل صحیح تھی، تو وہ آج بھی وہی ہونی چاہیے۔
☑ ورنہ، یہ تبدیل شدہ حالت میں ہم تک نہ پہنچتی۔

قدیم مخطوطات بائبل کے غیر تبدیل شدہ ہونے کا ثبوت دیتے ہیں 📖

◇ ہماری آج کی بائبل ان مخطوطات پر مبنی ہے جو محمدؐ کے دور سے سینکڑوں سال پہلے لکھے گئے تھے۔
◇ یہ مخطوطات دنیا کے عجائب گھروں میں محفوظ ہیں اور عوام کے دیکھنے کے لیے دستیاب ہیں۔
◇ جب ہم ان قدیم مخطوطات کا موازنہ آج کی بائبل سے کرتے ہیں، تو ہمیں واضح ثبوت ملتا ہے کہ بائبل کے الفاظ وہی ہیں جو محمدؐ کے دور میں تھے۔

📖 قرآن نے محمدؐ کے وقت میں موجود بائبل کی تصدیق کی:
☑ تورات اور انجیل میں ہدایت اور روشنی ہے۔" (سورہ 5:44-46)"

📌 لہٰذا، اگر آج کی بائبل وہی ہے جو محمدؐ کے وقت تھی، تو قرآن کی تصدیق آج کی بائبل پر بھی لاگو ہوتی ہے۔
📌 بائبل ہمیشہ سے بغیر کسی تبدیلی کے آج تک محفوظ رہی ہے۔

!عقلی طور پر ناممکن ہے

💡 پہلا نکتہ:

◇ بائبل محمدؐ سے پہلے ہی کئی زبانوں میں ترجمہ ہو چکی تھی اور دنیا کے مختلف حصوں میں پھیل چکی تھی۔

◇ اس وقت بائبل یورپ، ایشیا اور افریقہ میں دستیاب تھی۔

◇ یہ لاطینی، یونانی، قبطی، گوتھک، سریانی، حبشی، ارمنی اور دیگر کئی زبانوں میں موجود تھی۔

❌ اگر بائبل محمدؐ کے بعد تبدیل کی گئی ہوتی، تو اس کا مطلب یہ ہے کہ:

☑ دنیا کے تمام ممالک میں، تمام زبانوں میں، ہر جگہ، ہر ایک بائبل کو تبدیل کرنا پڑتا۔

☑ ہر یہودی اور ہر مسیحی کو اس تبدیلی پر متفق ہونا پڑتا۔

☑ یہ بھی ضروری ہوتا کہ بائبل کے تمام پرانے نسخے مکمل طور پر ختم کر دیے جاتے۔

❓ کیا یہودی اور مسیحی اتنے طاقتور تھے کہ وہ دنیا بھر میں ایک ہی وقت میں بائبل کے تمام نسخے تبدیل کر سکتے؟

❓ کیا وہ لاکھوں بائبلز کو جلا سکتے تھے یا چھپا سکتے تھے؟

❓ کیا یہ عملی طور پر ممکن ہے کہ بائبل کے تمام مختلف زبانوں میں موجود نسخے ایک ہی وقت میں، ایک ہی طرح تبدیل ہو جائیں؟

📌 یہ ایک ناممکن کام ہے۔

📌 لہٰذا، یہ دعویٰ کہ بائبل محمدؐ کے بعد تبدیل ہوئی، ایک بے بنیاد الزام ہے۔

بائبل کے تمام نسخے ایک جیسے کیوں ہیں؟ 📖

💡 دوسرا نکتہ:

◇ اگر بائبل تبدیل ہوئی ہوتی، تو آج ہمارے پاس مختلف قسم کی بائبلز ہونی چاہیے تھیں۔

◇ ،مگر حیران کن طور پر، آج دنیا بھر میں تمام زبانوں میں بائبل کا ایک ہی پیغام ایک ہی تعلیمات اور ایک ہی مواد موجود ہے۔

📌 :یہ دو ممکنہ چیزیں ظاہر کرتا ہے
☑ یا تو بائبل کے پرانے نسخے پہلے ہی ایک جیسے تھے، اس لیے آج بھی ایک جیسے ہیں۔
☑ یا تمام یہودیوں اور مسیحیوں نے مل کر بائبل کو ہر جگہ ایک ہی طرح تبدیل کر دیا، جو عملی طور پر ناممکن ہے۔

◇ اگر بائبل میں تبدیلی کی کوئی منصوبہ بندی کی گئی ہوتی، تو اس میں تضادات اور مختلف ورژنز ہونے چاہیے تھے۔
◇ لیکن آج کی بائبل کے تمام نسخے ایک جیسے ہیں، جس کا مطلب ہے کہ کوئی تبدیلی نہیں کی گئی۔

☑ !یہ ثابت کرتا ہے کہ بائبل ہمیشہ سے غیر تبدیل شدہ رہی ہے

🕮 نتیجہ :بائبل ہمیشہ سے محفوظ ہے، اور قرآن خود اس کی تصدیق کرتا ہے!

📌 :ہم نے ثابت کر دیا کہ
☑ بائبل محمدؐ کے وقت میں بھی غیر تبدیل شدہ تھی، اور آج بھی وہی ہے۔
☑ قدیم مخطوطات اور آثارِ قدیمہ بائبل کی اصل حیثیت کو ثابت کرتے ہیں۔
☑ بائبل محمدؐ کے بعد بھی غیر تبدیل شدہ رہی، کیونکہ اس کی عالمی ترسیل اور زبانوں کی وسعت کے باعث اسے تبدیل کرنا ناممکن تھا۔

🕮 **10:37** :سورہ
"یہ قرآن اللہ کے سوا کوئی گھڑ نہیں سکتا، بلکہ یہ اس کتاب کی تصدیق ہے جو اس سے پہلے موجود تھی۔"

کر سکتا تھا؟

🚨 اب مسلمانوں کو فیصلہ کرنا ہوگا:
1️⃣ یا تو وہ بائبل کو خدا کا غیر تبدیل شدہ کلام مانیں۔
2️⃣ یا وہ یہ تسلیم کریں کہ قرآن غلط بیانی کر رہا ہے جب وہ کہتا ہے کہ بائبل میں "ہدایت اور روشنی "ہے!

📌 مسلمانوں کے پاس اب دو راستے ہیں:
☑️ یا وہ بائبل کی سچائی کو تسلیم کریں۔
❌ یا وہ یہ مانیں کہ قرآن غلط ہے جب وہ بائبل کی تصدیق کرتا ہے۔

🚀 بائبل کے خلاف جھوٹے الزامات، دراصل قرآن کے سچ ہونے پر سوال اٹھاتے ہیں!

باب 22: مزید وضاحت اور الہامی ثبوت کے ساتھ – مسلمان جھوٹ بولتے ہیں جب وہ کہتے ہیں کہ قرآن بائبل کی جگہ لینے کے لیے آیا ہے

📖 بائبل کی تبدیلی – ناممکن نظریہ!

💡 ذرا غور کریں!
☑️ مسلمان ہم سے یہ ماننے کے لیے کہہ رہے ہیں کہ کچھ نامعلوم افراد نے ہزاروں سالوں کے دوران مختلف زبانوں میں لکھی گئی تمام بائبل کی مخطوطات کو تبدیل کر دیا۔
☑️ یہ مخطوطات ایک وسیع جغرافیائی علاقے میں پھیلی ہوئی تھیں، مگر انہیں ایک ہی وقت میں، ایک ہی طریقے سے بدلا گیا تاکہ کسی کو اس تبدیلی کا احساس نہ ہو!
☑️ یہ نہ صرف ایک غیر منطقی دعویٰ ہے بلکہ یہ انسانی طور پر ناممکن کارنامہ بھی ہے۔

یہ سوالات خود بخود پیدا ہوتے ہیں:

❓ جب بائبل کے صحیفے تبدیل کیے جا رہے تھے، تو باقی ماندہ مخلص یہودی اور مسیحی خاموش کیوں رہے؟

❓ انہوں نے اپنے مقدس کلام کو بگاڑنے والوں کو بے نقاب کیوں نہ کیا؟

❓ اگر واقعی ایسا ہوا ہوتا، تو کیا یہ خود ایک معجزہ نہ ہوتا کہ پوری دنیا میں ہر زبان میں بائبل کے تمام نسخے ایک ہی وقت میں بدل دیے گئے؟

یہ سوچنا ہی پاگل پن ہے! یہ نظریہ نہ صرف منطقی طور پر ناممکن ہے بلکہ اخلاقی طور پر بھی ناقابل قبول ہے۔

بائبل کے وفادار محافظ – قرآن کی گواہی

☑ یہ ماننے کے لیے کہ بائبل تبدیل کی گئی، ہمیں یہ تسلیم کرنا ہوگا کہ ہزاروں خدا پرست افراد، جو بائبل کو اپنی جان سے زیادہ عزیز رکھتے تھے، نے جان بوجھ کر اپنے مقدس کلام میں تبدیلی کی۔

☑ کیا مسلمان واقعی ہم سے یہ توقع کرتے ہیں کہ ہم اس مضحکہ خیز خیال کو تسلیم کریں؟

یہاں خود قرآن گواہی دیتا ہے کہ بائبل کے پیروکار سچائی پر کھڑے ہوتے ہیں:

سورۃ آل عمران 3:113:

"سب اہل کتاب ایک جیسے نہیں: ان میں سے ایک گروہ حق پر قائم ہے، وہ اللہ کی آیات کو رات بھر تلاوت کرتے ہیں اور سجدہ کرتے ہیں۔" (یوسف علی)

"تمام اہل کتاب ایک جیسے نہیں ہیں، ان میں سے کچھ وہ ہیں جو حق کے لیے مضبوطی سے کھڑے ہوتے ہیں، اللہ کی وحی پر غور کرتے ہیں اور مکمل فرمانبرداری میں جھک جاتے ہیں۔" (شبیب)

☑ کیا یہ نیکوکار یہودی اور مسیحی اپنی مقدس کتابوں کی حفاظت نہ کرتے؟

☑ کیا وہ ان لوگوں کو بے نقاب نہ کرتے جو ان کے مقدس کلام میں تحریف کرنے کی کوشش کر رہے تھے؟

"ہیں۔

اگر بائبل محمدؐ کے بعد تبدیل ہوئی، تو اصل نسخہ 📖 کہاں ہے؟

💡 تیسرا نکتہ:

☑ اگر مسلمان یہ دعویٰ کرتے ہیں کہ بائبل قرآن کے مکمل ہونے کے بعد بدلی گئی، تو وہ یہ تسلیم کر رہے ہیں کہ محمدؐ کے دور میں بائبل غیر تبدیل شدہ تھی۔

☑ اگر واقعی ایسا تھا، تو آج تک کوئی بھی غیر تبدیل شدہ بائبل کا نسخہ کیوں نہیں ملا؟

☑ محمدؐ کے زمانے میں مشرق وسطیٰ، یورپ، ایشیا اور افریقہ میں لاکھوں بائبلز موجود تھیں۔ اگر بائبل میں تبدیلی ہوئی، تو وہ تمام بائبلز کہاں گئیں؟

🚨 اگر بائبل کے متن میں تحریف ہوئی، تو مسلمانوں کو چاہیے کہ وہ اصل اور تبدیل شدہ نسخوں کا موازنہ کر کے دکھائیں۔

🚨 مگر آج تک ایسا کوئی "اصل "نسخہ نہیں ملا، کیونکہ اصل بائبل وہی ہے جو آج ہمارے پاس موجود ہے!

📖 قرآن خود بائبل کی سچائی کی تصدیق کرتا ہے:

📌 سورۃ یونس 10:37:

"یہ قرآن ایسا نہیں کہ اللہ کے سوا کوئی اسے بنا لے، بلکہ یہ اس سے پہلے کی کتاب")بائبل (کی تصدیق کرتا ہے۔

☑ اگر بائبل تبدیل ہو گئی ہوتی، تو قرآن اس کی تصدیق کیسے کر سکتا تھا؟

بائبل کی غیر تبدیلی کی اندرونی گواہیاں 📖

✅ نہ صرف قرآن، بلکہ بائبل خود بھی اس بات کی گواہی دیتی ہے کہ یہودی اپنی کتابوں میں تحریف نہیں کر سکتے تھے۔
✅ عبرانی زبان میں لکھا گیا اور (Old Testament) بائبل کا پرانا عہدنامہ یہودیوں کے لیے مقدس ترین کتاب رہا ہے۔
✅ یہودیوں کو اپنے صحیفوں کی حفاظت کا حکم دیا گیا تھا اور وہ اپنی کتاب میں کسی بھی قسم کی تبدیلی کو گناہ سمجھتے تھے۔

📖 عبرانی صحیفوں میں مسیح کی پیشگوئیاں:
✅ یسوع مسیح کو خدا کا بیٹا اور (New Testament) عیسائی یونانی صحیفے بادشاہ کے طور پر پیش کرتے ہیں۔
✅ سے جواز (Old Testament) یہ تمام تعلیمات یہودیوں کی مقدس کتابوں حاصل کرتی ہیں۔
✅ عبرانی صحیفے، جو یسوع کی آمد سے 400 سال پہلے مکمل ہو چکے تھے، ان میں مسیح کی بادشاہت اور کردار کی بے شمار پیشگوئیاں موجود ہیں۔

📌 کیا یہودی اپنی ہی مقدس کتابوں میں یسوع کے بارے میں پیشگوئیاں ڈال کر اسے تسلیم نہیں کر رہے ہوتے؟
📌 یہ ظاہر کرتا ہے کہ یہودیوں نے اپنی کتابوں کو کبھی تبدیل نہیں کیا!

نتیجہ :بائبل کبھی تبدیل نہیں ہوئی، قرآن بھی اس کی تصدیق کرتا ہے! 📖

📌 ہم نے ثابت کر دیا کہ:
✅ بائبل محمدؐ کے وقت بھی غیر تبدیل شدہ تھی، اور آج بھی وہی ہے۔
✅ قرآن خود بائبل کی تصدیق کرتا ہے اور اسے اللہ کی "موجودہ کتاب" کہتا ہے۔
✅ اگر بائبل میں واقعی تحریف ہوئی ہوتی، تو مسلمانوں کو اس کا اصل نسخہ دکھانا چاہیے تھا، جو وہ آج تک نہیں کر سکے۔

1. یا تو وہ بائبل کی سچائی کو تسلیم کریں۔
2. یا وہ یہ تسلیم کریں کہ قرآن غلط ہے جب وہ کہتا ہے کہ بائبل میں "ہدایت اور روشنی "ہے!

📖 سورۃ المائدہ 5:44:
"ہم نے تورات نازل کی جس میں ہدایت اور روشنی ہے۔"

📌 اگر بائبل واقعی تبدیل ہو گئی ہوتی، تو قرآن کیسے کہہ سکتا ہے کہ اس میں ہدایت اور روشنی "ہے؟"

🚨 مسلمانوں کو اب فیصلہ کرنا ہوگا:
☑ یا وہ بائبل کو خدا کا غیر تبدیل شدہ کلام مانیں۔
❌ یا وہ یہ مانیں کہ قرآن خود ایک جھوٹا دعویٰ کر رہا ہے!

باب 22: مزید وضاحت اور الہامی ثبوت کے ساتھ – مسلمان جھوٹ بولتے ہیں جب وہ کہتے ہیں کہ قرآن بائبل کی جگہ لینے کے لیے آیا ہے

📖 عبرانی صحیفے یسوع مسیح کی پیشگوئی کرتے ہیں!

📌 زبور 2:7 میں، خدا اپنے ممسوح بیٹے کے آنے کے بارے میں پیشگوئی کرتا ہے:
"میں یہوواہ کے فرمان کا اعلان کروں گا، اُس نے مجھ سے کہا' :تم میرے بیٹے ہو؛ آج میں نے تمہیں پیدا کیا۔'"

📌 اسی طرح، 2 سموئیل 7:14 میں، جب خدا نے داؤد کو بتایا کہ مسیحا اس کی نسل سے ہوگا، تو فرمایا:
"میں خود اس کا باپ بنوں گا، اور وہ میرا بیٹا ہوگا۔"

☑ :یہ پیشگوئیاں عیسائی یونانی صحیفوں میں پوری ہوتی ہیں

📖 1:5 :عبرانیوں

کون سا فرشتہ ایسا ہے جس سے خدا نے کبھی کہا ہو' :تم میرے بیٹے ہو؛ آج میں"
'''نے تمہیں پیدا کیا؟ 'اور پھر کہا ہو' :میں اس کا باپ بنوں گا، اور وہ میرا بیٹا ہوگا؟

💡 میں مسیح کے (Old Testament) یہ واضح کرتا ہے کہ عبرانی صحیفوں میں پوری (New Testament) بارے میں کی گئی پیشگوئیاں عیسائی صحیفوں ہوئیں۔

یہودیوں نے ان آیات کو کیوں نہیں بدلا؟ 📖

☑ :یہاں ایک اہم سوال پیدا ہوتا ہے

❓ اگر یہودیوں نے اپنی کتابوں میں تحریف کی ہوتی، تو کیا وہ سب سے پہلے یسوع کے بیٹے ہونے کی پیشگوئیوں کو حذف نہ کر دیتے؟

❓ یہودی، جو یسوع کو خدا کا بیٹا ماننے سے انکار کرتے ہیں، انہوں نے کیوں ان آیات کو اپنی کتاب میں باقی رہنے دیا؟

🚨 یہودی عیسائیوں سے بھی زیادہ شدت سے یسوع کو خدا کا بیٹا ماننے سے انکار کرتے ہیں۔ مگر پھر بھی ان کی بائبل میں یسوع کے بیٹے ہونے کی !پیشگوئیاں آج بھی موجود ہیں

📌 یہ اس بات کا ناقابل تردید ثبوت ہے کہ یہودیوں نے اپنی کتاب میں کوئی تبدیلی نہیں کی۔

☑ میں (Old Testament) یہودی بائبل وہی ہے جو عیسائی بائبل کے عہدِ عتیق شامل ہے۔

☑ ،کیا یہودی اور عیسائی، جو آپس میں عقیدے کے لحاظ سے اتنے مختلف ہیں اپنی کتابوں میں ایک جیسی تبدیلیاں کر سکتے تھے؟

🚨 یہ ایک ناقابلِ تصور سازش ہوگی !اور یہودی اور عیسائی کبھی بھی کسی مشترکہ تحریف پر متفق نہیں ہو سکتے۔

📖 عبرانی بائبل کے غیر – (Septuagint) سبتواجنت
تبدیل شدہ ہونے کا ثبوت!

📌 یسوع مسیح سے دو صدی قبل، یہودیوں نے اپنی پوری عبرانی بائبل کو یونانی زبان میں ترجمہ کیا۔

☑ کے نام سے جانا جاتا ہے۔ (Septuagint) "یہ ترجمہ "سبتواجنت

☑ یہ ترجمہ پورے یونانی بولنے والے دنیا میں تقسیم کیا گیا۔

☑ اگر یہودیوں نے اپنی عبرانی بائبل میں بعد میں تبدیلیاں کی ہوتیں، تو انہیں اس کے یونانی ترجمے میں بھی وہی تبدیلیاں کرنی پڑتیں!

☑ مگر آج بھی یونانی سبتواجنت اور قدیم عبرانی مخطوطات میں مکمل ہم آہنگی پائی جاتی ہے۔

🚨 میں کوئی تحریف (Old Testament) یہ واضح ثبوت ہے کہ عبرانی بائبل نہیں ہوئی!

📌 یہی عبرانی بائبل آج تک یہودیوں اور عیسائیوں کے پاس بغیر کسی تبدیلی کے موجود ہے۔

📖 مسلمان دعویٰ کیوں کرتے ہیں کہ بائبل تبدیل ہو چکی ہے؟

📖 بیون-جونز (Bevan-Jones) اپنی کتاب "**Christianity Explained to Muslims**" میں لکھتے ہیں:

"یہ ناممکن ہے کہ محمدؐ کے زمانے میں یہودیوں اور عیسائیوں نے اپنی کتابوں میں تحریف کی ہو، کیونکہ اس وقت وہ پوری دنیا میں پھیلے ہوئے تھے اور ان کا آپس میں کوئی اتحاد نہیں تھا۔ مزید یہ کہ یہودی اور عیسائی ایک دوسرے کے دشمن تھے، اگر کسی ایک نے اپنی کتاب میں کوئی تبدیلی کی ہوتی، تو دوسرا فوراً اسے بے نقاب کر دیتا۔"

✅ یہودی اور عیسائی دونوں پوری دنیا میں بکھرے ہوئے تھے، ان میں کسی مشترکہ تحریف پر اتفاق ممکن ہی نہیں تھا۔

✅ اگر بائبل میں واقعی کوئی تبدیلی ہوئی ہوتی، تو دونوں گروہ ایک دوسرے پر الزام لگا کر اسے بے نقاب کر دیتے!

🚨 یہ اس بات کا مزید ثبوت ہے کہ بائبل میں کبھی کوئی تحریف نہیں ہوئی۔

بائبل کی تبدیلی ناممکن کیوں؟ 📖

💡 اب ایک اور اہم حقیقت پر غور کریں:

📌 پہلی صدی کے دوران، بائبل پہلے ہی دنیا بھر میں پھیل چکی تھی۔

📌 یہ لاطینی، یونانی، قبطی، گوتھک، شامی، حبشی، ارمنی اور دیگر زبانوں میں ترجمہ ہو چکی تھی۔

📌 اگر بائبل کو بعد میں تبدیل کیا گیا، تو اس کا مطلب یہ ہوگا کہ:

✅ دنیا بھر میں ہر ملک میں، ہر زبان میں، ہر نسخے میں ایک ہی وقت میں، ایک جیسی تبدیلیاں کی گئیں!

✅ ہر عیسائی اور ہر یہودی اس میں شریک تھا اور کسی نے بھی اعتراض نہیں کیا!

✅ تمام قدیم مخطوطات کو بدل دیا گیا، بغیر کسی کے علم میں آئے!

🚨 یہ ایک غیر منطقی، ناممکن اور مضحکہ خیز نظریہ ہے!

✅ بائبل کے ہزاروں قدیم مخطوطات آج بھی دنیا کے مختلف میوزیمز میں موجود ہیں، جو اس حقیقت کو ثابت کرتے ہیں کہ بائبل تبدیل نہیں ہوئی۔

!تصدیق کرتا ہے

📌 :ہم نے ثابت کر دیا کہ

☑ بائبل محمدؐ کے وقت بھی غیر تبدیل شدہ تھی، اور آج بھی وہی ہے۔

☑ قرآن خود بائبل کی تصدیق کرتا ہے اور اسے اللہ کی "موجودہ کتاب "کہتا ہے۔

☑ اگر بائبل میں واقعی تحریف ہوئی ہوتی، تو مسلمانوں کو اس کا اصل نسخہ دکھانا چاہیے تھا، جو وہ آج تک نہیں کر سکے۔

🚀 :اب مسلمانوں کے پاس دو راستے ہیں

1. یا تو وہ بائبل کی سچائی کو تسلیم کریں۔

2. یا وہ یہ تسلیم کریں کہ قرآن غلط ہے جب وہ کہتا ہے کہ بائبل میں "ہدایت اور روشنی "ہے!

📖 سورۃ المائدہ **5:44**:

"ہم نے تورات نازل کی جس میں ہدایت اور روشنی ہے۔"

📌 اگر بائبل واقعی تبدیل ہو گئی ہوتی، تو قرآن کیسے کہہ سکتا ہے کہ اس میں ہدایت اور روشنی "ہے؟"

🚨 :مسلمانوں کو اب فیصلہ کرنا ہوگا

☑ یا وہ بائبل کو خدا کا غیر تبدیل شدہ کلام مانیں۔

❌ !یا وہ یہ مانیں کہ قرآن خود ایک جھوٹا دعویٰ کر رہا ہے

– باب 22 :مزید وضاحت اور الہامی ثبوت کے ساتھ مسلمانوں کے لیے سوالات

اگر مسلمان واقعی اس بات پر سنجیدہ ہیں کہ بائبل میں تحریف ہوئی ہے اور اب یہ خدا کا مستند کلام نہیں رہی، تو انہیں درج ذیل سوالات کے جوابات دینے ہوں گے:

1. تاریخ کے کس دور تک حقیقی، غیر تبدیل شدہ بائبل موجود تھی؟
2. اگر بائبل میں واقعی تحریف ہوئی، تو کہاں ہیں وہ غیر تحریف شدہ نسخے جو یہ ثابت کریں کہ آج کی بائبل بدلی جا چکی ہے؟
3. کیا یہ سچ نہیں کہ اگر کسی کرنسی نوٹ کو جعلی ثابت کرنا ہو، تو اس کے اصل اور مستند نوٹ سے موازنہ کرنا ضروری ہوتا ہے؟
4. کیا مسلمانوں کے پاس وہ "مستند بائبل "موجود ہے جس سے وہ آج کی بائبل کا موازنہ کرکے تحریف کو ثابت کر سکیں؟
5. اگر پوری مسلم دنیا آج تک "اصل بائبل "کی ایک بھی کاپی پیش کرنے سے قاصر ہے، تو کیا یہ ثابت نہیں ہو جاتا کہ بائبل میں تحریف کا دعویٰ بے بنیاد ہے؟
6. اگر یہودیوں اور عیسائیوں کے مذاہب ایک دوسرے سے مختلف ہیں، تو ان کے لیے اپنی ہی کتاب کو تبدیل کرنے کی کیا ضرورت تھی؟
7. عیسائی اپنی ہی مذہبی کتاب میں تحریف کیوں کریں گے؟
8. یہودیوں اور عیسائیوں کا اپنی ہی کتاب میں تحریف کرنے کا کیا مقصد ہو سکتا تھا؟
9. جب یہ تبدیلیاں ہو رہی تھیں تو اللہ کہاں تھا؟
10. "قرآن میں اللہ نے وعدہ کیا تھا کہ "کوئی اس کے کلام کو تبدیل نہیں کر سکتا تو پھر یہ تبدیلی کیسے ممکن ہوئی؟
11. اگر مسلمان بائبل کو تبدیل شدہ مانتے ہیں، تو پھر وہ کیوں مانتے ہیں کہ بائبل نے محمدؐ کی آمد کی پیشگوئی کی ہے؟
12. اگر بائبل تبدیل ہو چکی ہے، تو مسلمان اسی بائبل کا حوالہ دے کر محمدؐ کی نبوت کو کیوں ثابت کرتے ہیں؟
13. کیا یہ منطقی ہے کہ کوئی شخص کسی کھانے کو زہر آلود کہے اور پھر بھی اس کے کچھ حصے کو کھانے کے قابل سمجھے؟

قرآن کے آنے سے پہلے بائبل تحریف شدہ تھی؟

کہلاتے ہیں، ساتویں صدی "Codices" قدیم ترین بائبل کے نسخے، جو 📖 عیسوی میں اسلام کے آغاز سے صدیوں پہلے کے ہیں۔

(B.C.E.) دوسری صدی قبل مسیح – (Septuagint) سبتواجنت ◇
یہ عبرانی صحیفوں کا سب سے پہلا مکمل یونانی ترجمہ ہے، جو برٹش میوزیم میں محفوظ ہے۔

(C.E.) چوتھی صدی عیسوی – (Codex Vaticanus) کوڈیکس ویٹیکینس ◇
یہ ویٹیکن کی لائبریری، روم میں محفوظ ہے۔

(C.E.) چوتھی صدی عیسوی – (Codex Sinaiticus) کوڈیکس سینیٹیکس ◇
یہ برٹش میوزیم میں محفوظ ہے۔

پانچویں صدی عیسوی – (Codex Alexandrinus) کوڈیکس الیگزینڈرینس ◇ (C.E.)
یہ بھی برٹش میوزیم میں محفوظ ہے۔

یہ تمام قدیم نسخے قرآن کے نزول سے پہلے کے ہیں، اور یہ ثابت کرتے ہیں کہ ☑ بائبل میں کوئی تبدیلی نہیں ہوئی۔
یہ تمام مختلف نسخے آج ہمارے پاس موجود بائبل کی تصدیق کرتے ہیں۔ ☑
یہ ثابت کرتے ہیں کہ بائبل میں کوئی تحریف نہیں ہوئی اور یہ آج بھی اسی ☑ حالت میں ہے جیسے یہ اسلام سے پہلے تھی۔

یہ تمام مخطوطات ایک مستند تاریخی دستاویز کی حیثیت رکھتے ہیں، جن کی 📌 بنیاد پر آج بھی بائبل کے تراجم کی جانچ پڑتال کی جاتی ہے، تاکہ خدا کا الہامی پیغام اصل حالت میں موجود رہے۔

نتیجہ :بائبل تبدیل نہیں ہوئی، قرآن خود اس کی 📖 !تصدیق کرتا ہے

📌 :ہم نے ثابت کر دیا کہ
☑ بائبل محمدؐ کے وقت بھی غیر تبدیل شدہ تھی، اور آج بھی وہی ہے۔
☑ قرآن خود بائبل کی تصدیق کرتا ہے اور اسے اللہ کی "موجودہ کتاب "کہتا ہے۔
☑ اگر بائبل میں واقعی تحریف ہوئی ہوتی، تو مسلمانوں کو اس کا اصل نسخہ دکھانا چاہیے تھا، جو وہ آج تک نہیں کر سکے۔

🚀 :اب مسلمانوں کے پاس دو راستے ہیں
1. یا تو وہ بائبل کی سچائی کو تسلیم کریں۔
2. یا وہ یہ تسلیم کریں کہ قرآن غلط ہے جب وہ کہتا ہے کہ بائبل میں "ہدایت اور روشنی "ہے!

📖 سورۃ المائدہ 5:44:
"ہم نے تورات نازل کی جس میں ہدایت اور روشنی ہے۔"

📌 اگر بائبل واقعی تبدیل ہو گئی ہوتی، تو قرآن کیسے کہہ سکتا ہے کہ اس میں ہدایت اور روشنی "ہے؟"

🚨 :مسلمانوں کو اب فیصلہ کرنا ہوگا
☑ یا وہ بائبل کو خدا کا غیر تبدیل شدہ کلام مانیں۔
❌ !یا وہ یہ مانیں کہ قرآن خود ایک جھوٹا دعویٰ کر رہا ہے

باب 22 :مزید وضاحت اور الہامی ثبوت کے ساتھ – مسلمان بائبل کی تبدیلی کا کوئی ثبوت فراہم نہیں کر سکتے

کے لیے سوالات

✅ مسلمان یہ نہیں بتا سکتے کہ:

1. یہ تبدیلی کب ہوئی؟
2. یہ تبدیلی کہاں ہوئی؟
3. کن لوگوں نے اس تبدیلی کا آغاز کیا؟
4. کیا وہ "اصل بائبل "پیش کر سکتے ہیں جو یہ ثابت کرے کہ آج کی بائبل تبدیل ہو چکی ہے؟

💡 اس کے باوجود وہ بے بنیاد دعوے کرتے ہیں کہ بائبل میں تحریف ہو چکی ہے!

📖 اگر بائبل کو بدلا گیا ہوتا، تو مسلمانوں کو اس کے ثبوت فوراً پیش کرنے چاہیے تھے، لیکن وہ ایسا نہیں کر سکتے۔

قرآن بائبل کی تصدیق کرتا ہے، اسے تحریف شدہ نہیں کہتا 📌

📖 قرآن میں کہیں بھی یہ نہیں کہا گیا کہ بائبل کے الفاظ میں کوئی تبدیلی ہوئی ہے۔

◇ صحیح بخاری، "کتاب التوحید "میں امام بخاری نے "تحریف "کی وضاحت اس طرح کی:

👉 "تحریف کا مطلب ہے غلط تشریح (misinterpretation)، لیکن کوئی بھی خدا کی کتاب میں لکھے گئے کسی بھی لفظ کو تبدیل نہیں کر سکتا۔" (صحیح بخاری)

💡 چونکہ "کوئی بھی خدا کی کتاب کے الفاظ کو تبدیل نہیں کر سکتا"، اس لیے مسلمانوں کو بائبل کو بدنام کرنے کے لیے جھوٹے حربے استعمال کرنے پڑتے ہیں۔

بائبل کے الفاظ میں تبدیلی ممکن نہیں، کیونکہ خدا کے الفاظ ہمیشہ محفوظ رہتے ہیں

اگر بائبل کبھی خدا کا کلام تھی، تو خدا اسے بعد میں بدلے جانے کی اجازت کیوں دے گا؟

قرآن تسلیم کرتا ہے کہ تورات، زبور اور انجیل اللہ کی طرف سے ہیں۔ اگر بائبل میں بعد میں کوئی تبدیلی ہوئی، تو اس کا مطلب یہ ہوگا کہ قرآن جھوٹا ہے!

سورة 5:48 – قرآن پہلے صحیفوں کا محافظ ہے:
"اور ہم نے تمہاری طرف سچی کتاب نازل کی جو ان کتابوں کی تصدیق کرنے والی ہے جو اس سے پہلے آئی ہیں، اور ان کی محافظ ہے۔"

سورة 15:9 – اللہ اپنے پیغام کی حفاظت کرتا ہے:
"ہم نے ہی یہ ذکر (وحی) نازل کیا ہے، اور ہم ہی اس کی حفاظت کرنے والے ہیں۔"

اگر بائبل میں تبدیلی ہوئی، تو اس کا مطلب یہ ہوگا کہ اللہ اپنی وحی کی حفاظت کرنے میں ناکام رہا – جو کہ ناقابل تصور ہے!

مسلمانوں کے پاس بائبل کی تبدیلی کا کوئی تاریخی ثبوت نہیں

تاریخی طور پر، محمد ﷺ کی وفات (632 عیسوی) کے بعد پہلے 400 سال تک کسی مسلمان نے بائبل میں تحریف کا دعویٰ نہیں کیا۔

- ابن خزم (994-1064 C.E.) پہلی بار 1064 عیسوی میں نے بائبل میں تحریف کا الزام لگایا۔
- یہ الزام اس وقت لگا جب ابن خزم نے قرآن اور بائبل میں تضادات دریافت کیے اور اپنی الجھن کو چھپانے کے لیے بائبل پر جھوٹا الزام لگایا۔

بلکہ یہ ایک انسانی سازش تھی!

📖 قرآن مسلمانوں کو پہلے صحیفوں کی عزت کرنے کا حکم دیتا ہے، نہ کہ ان پر جھوٹے الزامات لگانے کا۔

📌 اگر بائبل میں تحریف ہوئی، تو قرآن کی صداقت پر بھی سوال اٹھتا ہے

📖 سورة 5:48 کہتی ہے کہ قرآن پچھلی کتابوں کا محافظ ہے۔
👉 اگر بائبل تبدیل ہو گئی، تو اس کا مطلب ہے کہ قرآن اپنے محافظ ہونے کے وعدے میں ناکام رہا!

📖 سورة 15:9 کہتی ہے کہ اللہ اپنے پیغام کی حفاظت کرتا ہے۔
👉 اگر بائبل میں تحریف ہو چکی، تو اس کا مطلب یہ ہوگا کہ اللہ اپنے الفاظ کی حفاظت نہیں کر سکا – جو کہ اسلام کے بنیادی عقائد کے خلاف ہے۔

📌 لہٰذا، اگر مسلمان یہ مانیں کہ بائبل بدل گئی ہے، تو انہیں قرآن کی سچائی سے بھی انکار کرنا پڑے گا۔

📌 تاریخی شواہد :بائبل کبھی تبدیل نہیں ہوئی

📜 بائبل کے قدیم ترین نسخے آج بھی محفوظ ہیں، جو قرآن کے نزول سے سینکڑوں سال پہلے کے ہیں۔

📖 یہ چند مشہور ترین قدیم نسخے ہیں:
1 سبتواجنٹ (Septuagint) – دوسری صدی قبل مسیح
2 کوڈیکس ویٹیکینس (Codex Vaticanus) – چوتھی صدی عیسوی

چوتھی صدی عیسوی – (Codex Sinaiticus) کوڈیکس سینیٹیکس 3
پانچویں صدی عیسوی – (Codex Alexandrinus) کوڈیکس الیگزینڈرینس 4

یہ تمام نسخے قرآن کے نزول سے صدیوں پہلے کے ہیں، اور آج کی بائبل کے 💡
ساتھ مکمل طور پر مطابقت رکھتے ہیں۔

اگر بائبل واقعی تبدیل ہو چکی ہوتی، تو یہ پرانے نسخے آج کی بائبل سے ☑
مختلف ہوتے – لیکن ایسا نہیں ہے!

مسلمان بائبل پر حملے کیوں کرتے ہیں؟ 📌

قرآن اور بائبل کے درمیان تضادات کو چھپانے کے لیے، مسلمان بائبل کو 📖
تحریف شدہ قرار دینے کی کوشش کرتے ہیں۔

لیکن اس الزام کے نتیجے میں 🚨:
یا تو مسلمان بائبل کو قبول کریں گے، کیونکہ قرآن اس کی تصدیق کرتا ہے۔ 1
یا وہ قرآن کو جھوٹا مانیں گے، کیونکہ اس میں کہا گیا کہ اللہ کی وحی کو کوئی 2
تبدیل نہیں کر سکتا۔

یہ مسلمانوں کے لیے ایک خطرناک تضاد ہے۔ 📌

نتیجہ :بائبل تبدیل نہیں ہوئی، قرآن اس کی تصدیق 📖 کرتا ہے

ہم نے ثابت کر دیا کہ ☑:
بائبل محمد ﷺ کے وقت غیر تبدیل شدہ تھی، اور آج بھی وہی ہے۔ 1
قرآن بائبل کو "اللہ کی موجودہ کتاب "کہتا ہے، نہ کہ تحریف شدہ۔ 2
مسلمان بائبل میں تبدیلی کا کوئی تاریخی، سائنسی یا منطقی ثبوت پیش نہیں کر 3

اگر بائبل میں تبدیلی ہوئی ہوتی، تو مسلمانوں کو اس کا اصل نسخہ دکھانا چاہیے 4
تھا – جو وہ آج تک نہیں کر سکے۔

:اب مسلمانوں کے پاس دو راستے ہیں 🚀
یا وہ بائبل کو خدا کا غیر تبدیل شدہ کلام مانیں۔ 1
!یا وہ یہ مانیں کہ قرآن خود ایک جھوٹا دعویٰ کر رہا ہے ❌

:سورۃ المائدہ 5:44 📖
"ہم نے تورات نازل کی جس میں ہدایت اور روشنی ہے۔"

اگر بائبل واقعی تبدیل ہو چکی ہوتی، تو قرآن کیسے کہہ سکتا ہے کہ اس میں 📌
ہدایت اور روشنی "ہے؟"

:مسلمانوں کو اب فیصلہ کرنا ہوگا 🚨
یا وہ بائبل کو قبول کریں گے، کیونکہ قرآن اس کی تصدیق کرتا ہے۔ ☑
یا وہ یہ مانیں گے کہ قرآن غلط ہے، کیونکہ اس میں کہا گیا کہ اللہ کی وحی کو ❌
!کوئی تبدیل نہیں کر سکتا

– باب 22 :مزید وضاحت اور الہامی ثبوت کے ساتھ مسلمانوں کا بائبل کی تبدیلی کا الزام غلط ہے

فخر الدین الرازی کا تبصرہ :بائبل میں تحریف 📌 ناممکن ہے

فخر الدین الرازی (**1149-1209** عیسوی)، جو ایک معروف سنی مسلمان عالم 📖
:اور فلسفی تھے، نے ابن عباس (محمد ﷺ کے چچا زاد بھائی) کے حوالے سے لکھا

"یہودیوں اور ابتدائی عیسائیوں پر تورات اور انجیل کے متن کو بدلنے کا شبہ تھا،
لیکن جید علماء اور اسلامی ماہرین کے مطابق، ان صحیفوں کے متن میں تبدیلی
ممکن نہ تھی، کیونکہ یہ صحیفے عام طور پر معروف تھے، وسیع پیمانے پر تقسیم

کیے گئے تھے، اور نسل در نسل منتقل ہوتے رہے تھے۔ اس لیے ان میں کوئی تحریف نہیں کی جا سکتی، اگرچہ یہ تسلیم کیا جاتا ہے کہ بعض لوگ ان کے اصل معانی کو چھپانے کی کوشش کرتے تھے۔"
(سید احمد، "دی محمدن کمنٹری آن دی ہولی بائبل"، ساتواں خطبہ، صفحہ 81)

◇ یہ بیان ثابت کرتا ہے کہ:
☑ بائبل کو بدلنا ناممکن تھا۔
☑ یہ صحیفے "عام طور پر معروف اور وسیع پیمانے پر تقسیم "ہو چکے تھے۔
☑ علمائے اسلام نے خود تسلیم کیا کہ بائبل کے اصل متن میں تحریف "عملی طور پر ممکن ہی نہیں "تھی۔

💡 "Not practicable" یعنی ناممکن، ناقابل عمل، غیر حقیقی، ناقابل تصور، غیر ممکن، غیر قابل حصول، اور ناقابل یقین!

📌 لہٰذا، بائبل کے اصل متن میں کسی بھی قسم کی تبدیلی نہیں کی جا سکتی تھی!

📌 مسلمانوں کے پاس بائبل میں تحریف کا کوئی ثبوت نہیں

📖 الزام صرف "شبہ" کی بنیاد پر تھا – کوئی حقیقی ثبوت پیش نہیں کیا گیا۔

◇ یہ محض ایک "شبہ "تھا، جبکہ اسلامی ماہرین نے خود تسلیم کیا کہ "یہ ممکن نہیں تھا۔"

◇ اگر بائبل میں تبدیلی ہوئی ہوتی، تو قرآن میں اس کا ذکر ہوتا – لیکن ایسا کہیں نہیں کہا گیا۔

📖 لہٰذا، وہ مسلمان جو دعویٰ کرتے ہیں کہ بائبل تبدیل ہو چکی ہے، وہ ایک کمزور اور غیر مستند دعوے پر کھڑے ہیں۔

قرآن کئی بار تصدیق کرتا ہے کہ کوئی اللہ کے کلام کو تبدیل نہیں کر سکتا۔ 📖

◇ سورۃ الانعام **6:34**
"اور اللہ کے کلمات کو کوئی بدلنے والا نہیں۔"

◇ سورۃ الکہف **18:27**
"اور تمہارے رب کے کلام کو کوئی بدلنے والا نہیں۔"

📌 لہٰذا، اگر بائبل واقعی اللہ کا کلام ہے)جیسا کہ قرآن تسلیم کرتا ہے(، تو پھر اس میں تبدیلی ناممکن ہے۔

اگر قرآن میں بائبل کی تحریف کا ذکر نہیں، تو 📌 مسلمان کیوں اس دعوے پر قائم ہیں؟

اگر بائبل میں تحریف ہوئی ہوتی، تو قرآن میں اس کا واضح ذکر ہوتا۔ 📖

❌ !لیکن قرآن میں بائبل کے تبدیل ہونے کا کوئی حوالہ موجود نہیں

☑ بلکہ قرآن بار بار بائبل کو "اللہ کی موجودہ کتاب "کہتا ہے۔

📌 لہٰذا، جو مسلمان یہ دعویٰ کرتے ہیں کہ بائبل تحریف شدہ ہے، وہ نہ صرف قرآن کی تعلیمات کے خلاف جا رہے ہیں بلکہ وہ غیر مستند دعوے بھی کر رہے ہیں۔

مسلمان قرآن کو سچ مانیں گے یا بائبل کی تبدیلی کا جھوٹا دعویٰ؟

قرآن کہتا ہے کہ اللہ کے کلام کو کوئی تبدیل نہیں کر سکتا۔
قرآن بائبل کی تصدیق کرتا ہے۔
اسلامی علماء نے تسلیم کیا کہ بائبل کو تبدیل کرنا "عملی طور پر ناممکن "تھا۔

تو پھر سوال یہ ہے کہ مسلمان کس کو مانیں گے؟

یا وہ قرآن کو مانیں گے اور بائبل کو اللہ کا کلام تسلیم کریں گے۔
یا وہ غلط فہمیوں اور بے بنیاد الزامات پر یقین رکھیں گے۔

سچے مسلمان وہی ہیں جو قرآن کی گواہی پر ایمان رکھتے ہیں – اور قرآن کہتا ہے کہ بائبل تبدیل نہیں ہوئی!

باب 22 :الہامی انتباہات – مزید وضاحت اور الہامی ثبوت کے ساتھ

خدا کی وارننگ :کوئی اس کے کلام میں رد و بدل نہ کرے

خدا نے اپنے الہامی کلام – بائبل – میں کسی بھی قسم کی تبدیلی، اضافہ یا کمی سے سختی سے منع فرمایا ہے۔
خدا خود بائبل کا خالق اور اس کا "ابد الآباد "مالک ہے۔

استثنا 4:2
"تم اس کلام میں جو میں تمہیں حکم دیتا ہوں، نہ کچھ بڑھانا اور نہ ہی اس میں

رہو۔"

بائبل کے آخری باب میں، خدا نے ایک شدید وارننگ دی:

مکاشفہ 22:18-19

"اگر: میں ہر اس شخص کو گواہ بناتا ہوں جو اس کتاب کی نبوت کے الفاظ سنتا ہے
کوئی ان میں کچھ اضافہ کرے گا، تو خدا اس پر ان آفتوں کا اضافہ کرے گا جو اس
کتاب میں لکھی گئی ہیں۔ اور اگر کوئی اس کتاب کی نبوت کے الفاظ میں سے کچھ کم
کرے گا، تو خدا اس کا حصہ کتابِ حیات اور مقدس شہر سے نکال دے گا۔"

لہٰذا، بائبل خدا کا حتمی اور مکمل کلام ہے، اور کوئی اس میں نہ اضافہ کر
سکتا ہے اور نہ ہی کوئی چیز نکال سکتا ہے۔

بائبل آخری اور مکمل وحی ہے

بائبل خود گواہی دیتی ہے کہ یہ خدا کی مکمل اور آخری وحی ہے۔

یہوداہ 3

"میں تمہیں تاکید کے ساتھ یہ لکھنے کی ضرورت محسوس کرتا ہوں کہ تم اس ایمان
کے لیے پوری کوشش کرو جو مقدسین کو ایک ہی بار ہمیشہ کے لیے دیا گیا تھا۔"

بائبل کی تکمیل پیدائش سے مکاشفہ تک مکمل ہوتی ہے:

- پیدائش میں شیطان کی پہلی موجودگی، مکاشفہ میں اس کی آخری تباہی
- پیدائش میں گناہ کا آغاز، مکاشفہ میں گناہ کا خاتمہ
- پیدائش میں جنت کا کھونا، مکاشفہ میں جنت کا بحال ہونا

یہ چیزیں کسی اور کتاب میں نہیں ملتیں، یہاں تک کہ قرآن میں بھی نہیں!

قرآن بائبل کی جگہ نہیں لے سکتا

قرآن، جو بائبل کے صدیوں بعد آیا، نے بائبل میں اضافے کی کوشش کی، جو کہ الہامی اصولوں کے خلاف ہے۔

مکاشفہ 18:22-19 کے مطابق، قرآن بائبل میں غیر ضروری اضافے کے باعث ناقابل قبول ہے۔

گلتیوں 8:1-9
"اگر ہم یا آسمان سے کوئی فرشتہ بھی تمہیں وہ خوشخبری سنائے جو ہم نے تمہیں نہیں سنائی، تو وہ ملعون ہو! ہم پہلے بھی کہہ چکے ہیں، اور اب پھر کہتے ہیں: اگر کوئی تمہیں وہ خوشخبری سنائے جو تم نے پہلے نہیں سنی، تو وہ لعنتی ہو!"

یہ ایک واضح وارننگ ہے کہ کوئی بھی نئی وحی، جو بائبل کے پیغام کے خلاف ہو، خدا کی طرف سے نہیں ہو سکتی!

لہٰذا، قرآن بائبل کا متبادل نہیں بلکہ ایک اضافی اور غیر الہامی کتاب ہے۔

بائبل کا ابدی تحفظ – خدا کا وعدہ

یہوواہ نے خود وعدہ کیا ہے کہ وہ اپنے الہامی کلام کو ہمیشہ محفوظ رکھے گا۔

زبور 119:89
"اے یہوواہ! تیرا کلام ہمیشہ کے لیے آسمان میں قائم ہے۔"

2 تمیتھیس 3:16-17
"تمام صحیفہ خدا کی تحریک سے ہے اور تعلیم، اصلاح، تربیت، اور راستبازی کے لیے مفید ہے، تاکہ خدا کا بندہ کامل اور ہر نیک کام کے لیے تیار ہو۔"

یہ واضح ہے کہ بائبل کسی اضافی کتاب کی محتاج نہیں ہے۔

قرآن کا واحد مقصد بائبل کی تصدیق ہے

چونکہ قرآن مسلمانوں کے ابتدائی عقائد کا تاریخی ریکارڈ ہے، اس لیے ہم اسے مسلمانوں کے لیے بائبل کی تصدیق کے لیے استعمال کرتے ہیں۔

قرآن خود بائبل کی سچائی کی تصدیق کرتا ہے۔

لہٰذا، اگر مسلمان واقعی قرآن پر ایمان رکھتے ہیں، تو انہیں بائبل کی گواہی کو بھی قبول کرنا ہوگا۔

کیونکہ بائبل ہی وہ واحد کتاب ہے جس میں خدا کا حقیقی پیغام ہمیشہ کے لیے محفوظ ہے۔

باب 22 :زبور اور بائبل کی صداقت ـ مزید وضاحت اور الہامی ثبوت کے ساتھ

زبور 6:12-7

یہوواہ کے ارشادات خالص ارشادات ہیں، جیسے زمین کی بھٹی میں چاندی صاف" ،کی جاتی ہے، سات بار پاک کی جاتی ہے۔ اے یہوواہ !تو خود ان کی حفاظت کرے گا "تو ہر ایک کو اس نسل سے لے کر ہمیشہ کے لیے محفوظ رکھے گا۔

بائبل ایک خالص سونے کے ٹکڑے کی مانند ہے۔

- ☑ یہ اپنی سچائی کا ثبوت خود رکھتی ہے۔
- ☑ یہ اپنی سچائی پر خود کھڑی ہے۔
- ☑ یہ یہوواہ، خالقِ کائنات کی تصنیف ہے۔
- ☑ لہٰذا، یہ اپنی تصدیق کے لیے کسی اور کتاب کی محتاج نہیں، حتیٰ کہ قرآن کی بھی نہیں۔

قرآن کو صرف تاریخی مقصد کے لیے استعمال کیا جا سکتا ہے

اگرچہ بائبل اپنی سچائی اور صداقت کے لیے کسی اور کتاب پر انحصار نہیں کرتی، لیکن چونکہ قرآن مسلمانوں کے ابتدائی عقائد اور روایات کا سب سے قدیم ریکارڈ ہے، اس لیے ہم اسے صرف تاریخی اعتبار سے استعمال کر رہے ہیں تاکہ یہ دکھایا جا سکے کہ خود مسلمانوں کے ذرائع بھی بائبل کی صداقت کی تصدیق کرتے ہیں۔

یہ تصدیق نہ صرف عیسائیوں کے لیے فائدہ مند ہے، بلکہ خود مسلمانوں کے لیے بھی ہے۔

اگر مسلمان واقعی قرآن کو خدا کا کلام سمجھتے ہیں، تو انہیں قرآن کے ان شواہد کو بھی قبول کرنا ہوگا جو بائبل کی سچائی کو ثابت کرتے ہیں۔

یہ ان کے لیے ایک ناقابل تردید حقیقت ہے کہ بائبل ہمیشہ کے لیے غیر متغیر، محفوظ اور مستند الہامی کلام ہے۔

لہٰذا، مسلمان اگر واقعی قرآن کے پیغام کو تسلیم کرتے ہیں، تو انہیں بائبل کی سچائی کو بھی تسلیم کرنا ہوگا۔

کیونکہ بائبل ہی وہ واحد الہامی کتاب ہے جس میں خدا کا اصل پیغام ہر زمانے کے لیے محفوظ ہے۔

باب 23

باب 23 :اللہ کی طرف سے انتباہ - مزید وضاحت اور الہامی ثبوت کے ساتھ

اللہ مسلمانوں کو خبردار کرتا ہے 🕮

اللہ مسلمانوں کو سختی سے خبردار کرتا ہے کہ وہ **اس کی الہامی کتابوں کے بارے میں جھوٹ نہ پھیلائیں۔** ان جھوٹ میں سب سے بڑا دعویٰ یہ ہے کہ **اللہ کی کچھ الہامی کتابیں تبدیل کر دی گئی ہیں۔** اگر آپ مسلمان ہیں، تو آپ کے لیے ضروری ہے کہ آپ اللہ کی سخت تنبیہ پر غور کریں، جو اس کی **مقدس کتابوں کی سچائی کو جھٹلانے والوں** کے بارے میں ہے:

سورۃ 70:40-72 🕮

"جنہوں نے اس کتاب کو جھٹلایا اور ان تمام کتابوں کو بھی جنہیں ہم نے اپنے رسولوں کے ساتھ بھیجا، وہ جلد ہی حقیقت کو جان لیں گے، جب ان کی گردنوں میں طوق اور زنجیریں ہوں گی، اور انہیں کھولتے پانی میں گھسیٹا جائے گا اور پھر آگ میں جھونک دیا جائے گا۔" (مولانا مودودی)

مسلمانوں کا المیہ – قرآن اور بائبل کا تضاد

- ☑ چونکہ قرآن اور بائبل بنیادی عقائد پر ایک دوسرے سے مختلف ہیں، لہٰذا دونوں حق نہیں ہو سکتے۔
- ☑ منطق کا تقاضا ہے کہ ایک درست ہے اور دوسرا غلط
- ☑ مسلمانوں کا دعویٰ ہے کہ چونکہ بائبل قرآن سے متفق نہیں ہے، اس لیے بائبل میں تحریف ہو چکی ہے۔

! تاہم، قرآن خود سورة 10:94 میں بائبل کو سچائی کا معیار قرار دیتا ہے، جس پر قرآن کی صداقت پرکھی جاتی ہے۔

- ☑ محمدؐ کو حکم دیا گیا تھا کہ اگر وہ شک میں پڑ جائیں، تو وہ ان لوگوں سے رجوع کریں جو بائبل کا مطالعہ کرتے ہیں۔
- ☑ اس کا مطلب یہ ہے کہ بائبل قرآن کی سچائی کی تصدیق کے لیے ایک مستند حوالہ ہے۔
- ☑ لہٰذا، قرآن کی سچائی کا انحصار بائبل کی سچائی پر ہے، اور قرآن خود بائبل کے خلاف نہیں جا سکتا۔

مسلمانوں کے لیے سنگین نتائج

- اگر بائبل خدا کا کلام تھا اور بعد میں تبدیل ہو گئی، تو اس کا مطلب ہے کہ قرآن غلط ہے، کیونکہ قرآن کہتا ہے کہ خدا کے کلام کو کوئی نہیں بدل سکتا۔
- اگر بائبل تبدیل نہیں ہوئی، تو بھی قرآن غلط ہے، کیونکہ وہ بائبل کے عقائد سے متضاد تعلیم دیتا ہے۔

یہ حقیقت مسلمانوں کے لیے سنگین نتائج رکھتی ہے:

- ☑ اگر بائبل میں تحریف ہوئی، تو قرآن غلط ثابت ہوتا ہے۔
- ☑ اگر بائبل میں تحریف نہیں ہوئی، تب بھی قرآن غلط ثابت ہوتا ہے۔
- ☑ اگر بائبل اصلی اور مستند ہے، تو قرآن جھوٹا ہے کیونکہ وہ بائبل کے بنیادی عقائد کی مخالفت کرتا ہے۔

یہی وہ المیہ ہے جو مسلمانوں کے لیے باعث تشویش ہونا چاہیے۔
✅ اگر وہ قبول کرتے ہیں کہ بائبل سچی ہے، تو قرآن جھوٹا ہے۔
✅ ،اگر وہ دعویٰ کرتے ہیں کہ بائبل بدل دی گئی ہے، تو بھی قرآن جھوٹا ہے
کیونکہ اس نے کہا کہ خدا کے کلام کو کوئی بدل نہیں سکتا۔

❗ یہ مسلمانوں کے لیے ایک ایسا مسئلہ ہے جس سے وہ بچ نہیں سکتے۔

📌 مسلمانوں کو سنجیدگی سے غور کرنا چاہیے کہ ان کے قرآن اور ان کے
عقیدے کے بارے میں یہ ناقابل انکار حقیقت کیا ظاہر کرتی ہے۔
📌 ...لیکن معاملہ یہیں ختم نہیں ہوتا

مسلمانوں کے لیے غور و فکر کی آخری دعوت – مزید وضاحت اور الہامی ثبوت کے ساتھ

📖 **"جو لوگ شیشے کے گھروں میں رہتے ہیں، انہیں دوسروں پر پتھر نہیں**
پھینکنے چاہئیں۔"
یہ ایک پرانی انگریزی کہاوت ہے، جس کا مطلب یہ ہے کہ **اگر ہم دوسروں پر الزام**
لگائیں، تو ہمیں یاد رکھنا چاہیے کہ وہ بھی ہم پر الزام لگا سکتے ہیں۔
اسی طرح، **مسلمانوں کو دوسروں پر "پتھر پھینکنے" سے پہلے اپنے عقائد پر**
غور کرنا چاہیے۔

مسلمانوں کو پہلے اپنے عقائد کا جائزہ لینا چاہیے 📌

مسلمان اکثر یہ دعویٰ کرتے ہیں کہ بائبل میں تحریف ہو چکی ہے اور اس کی جگہ
قرآن آیا ہے۔ **لیکن کیا مسلمانوں نے خود اپنے قرآن کے بارے میں غور کیا ہے؟**
:آئیے دیکھتے ہیں کہ **قرآن خود اپنے متعلق کیا کہتا ہے**

📖 **سورة 15:90-93**
"جس طرح ہم نے ان لوگوں پر عذاب نازل کیا جو قرآن کو ٹکڑے ٹکڑے کرتے

تھے، اسی طرح تیرے رب کی قسم !ہم ان سب سے ضرور سوال کریں گے کہ وہ کیا کرتے تھے۔" (شاکر)

📖 "جس طرح ہم نے ان تقسیم کرنے والوں پر عذاب بھیجا، جنہوں نے قرآن کو)یعنی غیر موثر (کر دیا۔ تمہارے رب کی قسم !ہم ان سب سے ضرور باز **obsolete** پرس کریں گے۔" (طلال عتیانی)

یہ آیات اس بات کی گواہی دیتی ہیں کہ خود قرآن میں تبدیلی کی گئی۔ ☑

اسلامی ذرائع بھی تصدیق کرتے ہیں کہ قرآن میں تبدیلی ہوئی 📌

◇ عبداللہ بن عمر)خلیفہ عمر کے بیٹے (نے کہا:

📖 "تم میں سے کوئی یہ نہ کہے کہ اس نے مکمل قرآن سیکھ لیا ہے، کیونکہ اسے کیا معلوم کہ وہ مکمل ہے؟ قرآن کا ایک بڑا حصہ ضائع ہو چکا ہے۔ اس لیے صرف یہی کہو کہ میں نے اس میں سے وہی سیکھا جو موجود ہے۔" (سیوطی: الاتقان، حصہ 3، صفحہ 72)

◇ ابی بن کعب)محمدﷺ کے ایک قریبی صحابی (نے کہا:

📖 "اس نے ایک شخص سے پوچھا :سورۃ احزاب میں کتنی آیات ہیں؟ اس نے کہا :72 یا 73 آیات۔ تو ابی بن کعب نے کہا :یہ سورہ کبھی سورۃ البقرہ)286 آیات(کے برابر ہوا کرتا تھا اور اس میں رجم)سنگساری (کی آیت بھی شامل تھی۔" (سیوطی: الاتقان، حصہ 3، صفحہ 72)

☑ یہ مستند اسلامی ذرائع خود تسلیم کرتے ہیں کہ قرآن کا ایک بڑا حصہ ضائع ہو چکا ہے اور تبدیلی کی جا چکی ہے۔

سورة 5:101 📖

"اے ایمان والو !ایسی چیزوں کے بارے میں مت پوچھو، اگر وہ تمہارے سامنے ظاہر کر دی جائیں تو تمہیں تکلیف پہنچے۔" (پکتھال)

☑ یہ آیت اس حقیقت کو ظاہر کرتی ہے کہ قرآن میں کچھ ایسی باتیں ہیں جنہیں مسلمانوں سے چھپایا گیا ہے!

ہم نے یہ مضمون کیوں لکھا؟

☑ یہ مضمون محبت کی نیت سے لکھا گیا ہے، تاکہ مسلمان حقیقت کو پہچان سکیں۔

☑ ہم نے یہ قرآن کو اس لیے استعمال کیا، کیونکہ مسلمان اسے مانتے ہیں۔

☑ قرآن کے ذریعے ثابت کیا کہ بائبل مستند اور محفوظ ہے۔

☑ اب، ہم بائبل کے ذریعے ثابت کریں گے کہ قرآن اللہ کا کلام نہیں ہو سکتا۔

! اگر آپ کو یہ مضمون سخت محسوس ہو رہا ہے، تو یاد رکھیں کہ سچائی کبھی کبھی تلخ ہوتی ہے۔

! لیکن جو لوگ سچائی بیان کرتے ہیں، وہی مسلمانوں کے حقیقی خیر خواہ ہیں۔

بائبل کا اصل مصنف – خداوند یہوواہ

☑ ہمیں پورا یقین ہے کہ "اللہ "نہ تو بائبل کا مصنف ہے اور نہ ہی اس کے پیچھے کوئی الہامی طاقت ہے۔

☑ لیکن اس مضمون میں، ہم نے قرآن کی گواہی سے یہ ثابت کیا کہ وہ خود بائبل کی صداقت کا اقرار کرتا ہے۔

☑ اب، ہمیں یہ واضح کرنا ضروری ہے کہ بائبل کا اصل مصنف کون ہے۔

📖 زبور 83:18
تاکہ لوگ جانیں کہ تُو، جس کا نام یہوواہ ہے، تُو ہی ساری زمین پر سب سے بلند"
"ہے۔

📖 زبور 72:19
مبارک ہو اُس کا جلالی نام ابد تک، اور اُس کا جلال ساری زمین پر پھیل جائے۔"
"!آمین اور آمین

☑ یہ واضح طور پر ثابت کرتا ہے کہ سچا خداوند، جس نے بائبل کو الہام کیا، وہ
یہوواہ "ہے، نہ کہ قرآن کا "اللہ"۔"

📌 اب فیصلہ مسلمانوں کے ہاتھ میں ہے۔
📌 کیا وہ اللہ کی وارننگ کو نظر انداز کریں گے؟ یا سچائی کی طرف آئیں گے؟

باب 24

یہاں ایک جامع اور تحقیقی باب ہے جو زید بن عمرو کے کردار کو قرآن کی تدوین اور اس کی ابتدائی تاریخ کے تناظر میں بیان کرتا ہے۔

زید بن عمرو اور قرآن کی تدوین میں ان کا کردار

تاریخی پس منظر

زید بن عمرو بن نفیل کا شمار ان چند افراد میں ہوتا ہے جو قبل از اسلام حق کی تلاش میں تھے۔ وہ مشرکینِ مکہ کے شرکیہ عقائد سے سخت نالاں تھے اور توحید کی جستجو میں مختلف مذاہب کا مطالعہ کرتے رہے۔ اسلامی روایات کے مطابق، وہ ان چند لوگوں میں شامل تھے جو عرب میں "حنفاء" کہلاتے تھے، یعنی وہ لوگ جو ابراہیمی دین کے اصل اصولوں کی پیروی کرتے تھے اور شرک سے بیزار تھے۔

زید بن عمرو کا قرآنی تعلیمات سے تعلق

زید بن عمرو کی زندگی پر تحقیق کرنے والے محققین کا ماننا ہے کہ ان کے نظریات اور عقائد کا قرآن کی ابتدائی تعلیمات پر اثر ہوا۔ روایات کے مطابق، وہ ایک خدائے واحد پر ایمان رکھتے تھے اور کفارِ مکہ کی بت پرستی کے سخت خلاف تھے۔ ان کی زندگی کے مطالعے سے معلوم ہوتا ہے کہ:

- وہ اہلِ کتاب (یہود و نصاریٰ) سے واقف تھے اور ان کی کتابوں کا مطالعہ کرتے تھے۔
- وہ توحید اور اخلاقیات کے اصولوں پر زور دیتے تھے، جو بعد میں قرآن کے مرکزی موضوعات بنے۔
- انہوں نے قربانی کی بعض روایتی رسومات کو مسترد کیا اور خدا کی عبادت میں خلوص پر زور دیا۔

یہ باتیں قرآن کی ابتدائی وحی کے نظریات سے کافی حد تک مماثلت رکھتی ہیں، جو یہ ظاہر کرتی ہیں کہ محمدﷺ کے دور سے پہلے ہی کچھ افراد ایسے موجود تھے جو اسلام کے بنیادی نظریات سے قریب تر سوچ رکھتے تھے۔

زید بن عمرو کے اقوال اور قرآنی تعلیمات کی مماثلت

زید بن عمرو کے کچھ اقوال اور اعمال کا جائزہ لینے پر ہمیں قرآن کی ابتدائی وحی کے ساتھ کافی مشابہت ملتی ہے۔ مثال کے طور پر:

1. توحید پر زور

روایات کے مطابق، زید بن عمرو ہمیشہ ایک ہی خدا کی عبادت کی بات کرتے تھے اور بت پرستی کے شدید مخالف تھے۔ ان کے یہ خیالات سورۃ الاخلاص (112:1-4) کے بنیادی عقیدے سے ہم آہنگ نظر آتے ہیں:

"قُلْ هُوَ ٱللَّهُ أَحَدٌ، ٱللَّهُ ٱلصَّمَدُ، لَمْ يَلِدْ وَلَمْ يُولَدْ، وَلَمْ يَكُن لَّهُۥ كُفُوًا أَحَدٌ"۔
(کہو، وہ اللہ ایک ہے، اللہ بے نیاز ہے، نہ اس کی کوئی اولاد ہے اور نہ وہ کسی کی اولاد ہے، اور اس کا کوئی ہمسر نہیں۔)

2. اہلِ کتاب کی کتابوں کا اثر

زید بن عمرو نے یہود و نصاریٰ کے ساتھ وقت گزارا اور ان کی کتابوں سے واقفیت حاصل کی۔ قرآن میں متعدد مقامات پر تورات اور انجیل کی تصدیق ملتی ہے، جیسے:

سورۃ المائدہ 5:48 📖
"اور ہم نے تمہاری طرف حق کے ساتھ کتاب نازل کی، جو اپنے سے پہلے کی کتابوں کی تصدیق کرتی ہے اور ان پر نگہبان ہے۔"

ملتی ہے، جو زید بن عمرو جیسے افراد کے اثر و رسوخ کی نشاندہی کر سکتی ہے۔

مشرکانہ رسومات کی مخالفت .3

:زید بن عمرو نے اہلِ مکہ کی مشرکانہ قربانیوں پر شدید تنقید کی تھی۔ وہ کہتے تھے
میں ان جانوروں کو نہیں کھاتا جنہیں تم بتوں کے نام پر ذبح کرتے ہو، میں صرف اس"
"جانور کو کھاتا ہوں جسے اللہ کے نام پر ذبح کیا گیا ہو۔

:یہی نظریہ قرآن میں بھی بیان ہوا ہے

سورة الانعام 6:121 📖
اور ایسے جانور کا گوشت مت کھاؤ جس پر اللہ کا نام نہ لیا گیا ہو، یقیناً یہ نافرمانی"
"ہے۔

قیامت اور جزا و سزا کا تصور .4

زید بن عمرو نے قیامت اور یومِ حساب کے بارے میں بھی گفتگو کی تھی، جو بعد میں
:قرآن کا ایک اہم موضوع بنا۔ مثال کے طور پر

سورة الزلزال 8-99:7 📖
تو جس نے ذرہ برابر نیکی کی ہوگی، وہ اسے دیکھ لے گا، اور جس نے ذرہ برابر"
"برائی کی ہوگی، وہ اسے دیکھ لے گا۔

یہ آیات زید بن عمرو کے خیالات سے خاصی مشابہت رکھتی ہیں۔

کیا زید بن عمرو کا کوئی براہ راست کردار تھا؟

یہ سوال ایک علمی بحث کا حصہ ہے کہ آیا زید بن عمرو نے براہ راست قرآن کی
:تدوین میں کوئی کردار ادا کیا یا نہیں۔ کچھ اہم نکات درج ذیل ہیں

1. **زید بن عمرو کی وفات**:

- اسلامی روایات کے مطابق، زید بن عمرو کی وفات اسلام کے آغاز سے قبل ہو چکی تھی۔ اگر وہ مزید زندہ رہتے، تو شاید ان کے نظریات کا اور زیادہ اثر ہوتا۔

- تاہم، وہ محمدﷺ کے قریب تھے اور ممکن ہے کہ ان کی گفتگو نے بعد میں آنے والی وحی کے نظریات پر اثر ڈالا ہو۔

2. **زید بن عمرو اور محمدﷺ کے روابط:**

- کچھ روایات کے مطابق، محمدﷺ نے نبوت سے قبل زید بن عمرو کے ساتھ کئی گفتگوئیں کی تھیں۔
- اگرچہ محمدﷺ کے قرآن کے نزول کے وقت زید زندہ نہیں تھے، لیکن ان کے خیالات اور نظریات کا کچھ نہ کچھ اثر نبی کریمﷺ کی سوچ پر ضرور رہا ہوگا۔

3. **زید بن عمرو اور قرآنی پیغام میں مماثلت:**

- زید بن عمرو کے نظریات اور قرآن کے ابتدائی پیغامات میں غیر معمولی مماثلت ہے، جیسے توحید، بت پرستی کی مذمت، اخلاقی اصلاح، اور اہلِ کتاب کے احترام کا تصور۔

نتیجہ

زید بن عمرو ایک ایسے شخصیت تھے جو قبل از اسلام عرب میں ایک خدائے واحد کی تلاش میں تھے اور مشرکانہ روایات کے سخت مخالف تھے۔ اگرچہ ان کی وفات محمدﷺ کی بعثت سے پہلے ہو چکی تھی، لیکن ان کے نظریات اور خیالات نے کسی نہ کسی حد تک عرب میں موجود فکری بنیاد کو متاثر کیا تھا، جو بعد میں قرآنی وحی کی شکل میں مزید پختہ ہوئی۔

یہ کہا جا سکتا ہے کہ زید بن عمرو قرآن کے براہ راست مصنف نہیں تھے، لیکن ان کے نظریات نے اسلامی تعلیمات پر ایک فکری اثر ضرور چھوڑا، جو قرآن کی ابتدائی تعلیمات میں جھلکتا ہے۔

یہاں ایک جامع اور تحقیقی باب ہے جو تاریخی، تھیولوجیکل، اور علمی شواہد کے ساتھ یہ ثابت کرتا ہے کہ آج کی بائبل خدا کا حقیقی اور غیر متغیر کلام ہے۔

آج کی بائبل خدا کا سچا اور غیر متغیر کلام ہے

مقدمہ

بائبل کے بارے میں مسلمانوں اور دیگر ناقدین کی جانب سے سب سے عام اعتراض یہ کیا جاتا ہے کہ یہ تبدیل ہو چکی ہے اور اس میں رد و بدل کیا گیا ہے۔ تاہم، تاریخی، تھیولوجیکل، اور علمی شواہد یہ ثابت کرتے ہیں کہ بائبل آج بھی وہی الہامی کتاب ہے جو خدا کی طرف سے انبیاء اور رسولوں پر نازل کی گئی تھی۔ اس باب میں، ہم مختلف حوالوں، دلائل اور ثبوتوں کے ذریعے یہ واضح کریں گے کہ بائبل آج بھی غیر متغیر اور مستند ہے۔

حصہ 1 :تاریخی شواہد - بائبل کی عدم تحریف کا ثبوت

1.1 قدیم نسخے اور مخطوطات

بائبل کے موجودہ متن کی صحت کو ثابت کرنے کے لیے سب سے زیادہ اہم شواہد قدیم نسخے (Manuscripts) ہیں، جو اس بات کا ثبوت فراہم کرتے ہیں کہ بائبل آج بھی وہی ہے جو ہزاروں سال پہلے لکھی گئی تھی۔

قدیم عبرانی اور یونانی مخطوطات:

1. **مخطوطات بحیرہ مردار (Dead Sea Scrolls) (150 - 70 قبل مسیح عیسوی)**
   - یہ مخطوطات 1947 میں دریافت ہوئے اور ان میں پرانے عہد نامے کی تمام کتابیں شامل ہیں، جو آج کی بائبل سے مطابقت رکھتی ہیں۔
   - مثال کے طور پر، یسعیاہ نبی کی کتاب (Book of Isaiah) کا مکمل نسخہ، جو قدیم ترین تحریری ثبوت ہے، آج کی بائبل کے متن سے 99٪ مماثلت رکھتا ہے۔
2. **Codex Vaticanus اور Codex Sinaiticus (چوتھی صدی عیسوی)**
   - یہ دونوں قدیم ترین یونانی مخطوطات ہیں جو نئے عہد نامے (New Testament) کی مستند ترین نقول سمجھے جاتے ہیں۔
   - ان میں سے ہر ایک نسخہ آج کی بائبل کے ساتھ تقریباً مکمل مطابقت رکھتا ہے۔
3. **Codex Alexandrinus (پانچویں صدی عیسوی)**
   - یہ نسخہ بھی موجودہ بائبل کے مطابق ہے، جو یہ ثابت کرتا ہے کہ صدیوں میں بائبل میں کوئی تحریف یا رد و بدل نہیں کیا گیا۔

1.2 بائبل کے تاریخی تراجم

بائبل کا مختلف زبانوں میں قدیم زمانے سے ترجمہ کیا جاتا رہا ہے، اور ان تراجم کا موازنہ کرنے سے بھی یہ ثابت ہوتا ہے کہ بائبل تبدیل نہیں ہوئی:

ترجمہ، جو اج کے متن سے ملتا جلتا ہے۔

- **)چوتھی صدی عیسوی:(** لاطینی ترجمہ، جو آج بھی بائبل کے Vulgate مستند تراجم میں شمار ہوتا ہے۔
- **،)پانچویں صدی عیسوی:(** سریانی زبان میں قدیم ترجمہ Syriac Peshitta جو جدید بائبل سے مکمل ہم آہنگ ہے۔

یہ شواہد اس بات کا واضح ثبوت ہیں کہ بائبل کے الفاظ صدیوں سے تبدیل نہیں ہوئے۔

حصہ 2 :تھیولوجیکل شواہد – خدا کے کلام کی حفاظت

خدا کے کلام کی حفاظت کی ضمانت 2.1

بائبل خود اس حقیقت کی گواہی دیتی ہے کہ خدا نے اپنی کتاب کو ہر قسم کی تحریف اور بگاڑ سے محفوظ رکھا ہے۔

زبور 6:12-7 📖
"خداوند کے الفاظ پاک الفاظ ہیں، چاندی کی طرح جو مٹی کی بھٹی میں سات بار صاف کی گئی ہو۔ اے خداوند! تُو انہیں ہمیشہ کے لیے محفوظ رکھے گا۔"

اشعیاہ 40:8 📖
"گھاس سوکھ جاتی ہے، پھول مرجھا جاتے ہیں، مگر ہمارے خدا کا کلام ہمیشہ قائم رہتا ہے۔"

متی 24:35 📖
"آسمان اور زمین ٹل جائیں گے، لیکن میری باتیں کبھی نہیں ٹلیں گی۔"

تیموتھیس 2 17-3:16 📖
"تمام صحیفہ خدا کے الہام سے ہے اور تعلیم، تنقید، اصلاح، اور راستبازی کی تربیت کے لیے مفید ہے، تاکہ خدا کا بندہ کامل ہو، ہر نیک کام کے لیے تیار ہو۔"

2.2 قرآن میں بائبل کی تصدیق

بائبل کی سچائی کا ایک اور ثبوت یہ ہے کہ خود قرآن بھی بائبل کے اصل ہونے کی تصدیق کرتا ہے:

سورة المائدہ 5:46 🕮
"اور ہم نے ان کے پیچھے عیسیٰ ابن مریم کو بھیجا، تورات کی تصدیق کرنے والا جو اس سے پہلے موجود تھی، اور ہم نے اسے انجیل دی، جس میں ہدایت اور روشنی تھی۔"

سورة یونس 10:94 🕮
"پس اگر تمہیں اس میں کوئی شک ہو جو ہم نے تم پر نازل کیا ہے، تو ان لوگوں سے پوچھ لو جو تم سے پہلے کتاب پڑھتے ہیں۔"

یہ قرآنی آیات اس بات کی گواہ ہیں کہ بائبل محمدﷺ کے وقت میں بھی مستند تھی، اور آج بھی وہی کتاب موجود ہے۔

حصہ 3 :علمی اور منطقی شواہد – بائبل کی تحریف کیوں ناممکن ہے؟

3.1 بائبل کی عالمی تقسیم

اگر بائبل میں کسی نے تحریف کی ہوتی، تو یہ پوری دنیا میں ایک ہی وقت میں ممکن نہ ہوتی۔ بائبل کو ہزاروں زبانوں میں ترجمہ کیا جا چکا ہے، اور اس کے پرانے مخطوطات مختلف خطوں میں موجود ہیں، جو اس کے عدمِ تحریف کا ثبوت ہیں۔

3.2 ہزاروں مخطوطات کی دستیابی

آج دنیا میں بائبل کے 25,000 سے زائد قدیم مخطوطات موجود ہیں، جو اس بات کو یقینی بناتے ہیں کہ بائبل میں کسی بھی قسم کی تبدیلی نہیں کی گئی۔

کلیسائی تاریخ میں کسی بھی عہد میں بائبل میں تبدیلی کی کوئی تاریخی گواہی نہیں ملتی۔ بلکہ، ابتدائی کلیسیائی مصنفین (مثلاً، کلیمنٹ، آرتھنجن، آگسٹین، اور جیروم) نے وہی بائبل استعمال کی جو آج ہمارے پاس موجود ہے۔

نتیجہ :بائبل آج بھی خدا کا اصل اور محفوظ کلام ہے

تمام تاریخی، تھیولوجیکل، اور علمی شواہد سے یہ ثابت ہوتا ہے کہ بائبل میں کوئی تحریف نہیں ہوئی اور یہ آج بھی خدا کا وہی اصل کلام ہے جو اس نے اپنے نبیوں اور رسولوں پر نازل کیا تھا۔

متی 5:18 📖
میں تم سے سچ کہتا ہوں کہ جب تک آسمان اور زمین برقرار ہیں، شریعت کا ایک" نقطہ یا ایک شوشہ بھی نہ ٹلے گا جب تک سب کچھ پورا نہ ہو جائے۔"

اشعیاہ 55:11 📖
میرا کلام جو میرے منہ سے نکلتا ہے، وہ بے فائدہ نہیں لوٹتا بلکہ وہ وہی کرتا ہے" جو میں چاہتا ہوں، اور جس مقصد کے لیے میں نے اسے بھیجا، اسے پورا کرتا ہے۔"

یہی وہ حقیقت ہے جو تمام حق کے متلاشیوں کے لیے کھلی ہے :بائبل آج بھی خدا کا حقیقی اور غیر متغیر کلام ہے۔ 💖

www.ingramcontent.com/pod-product-compliance
Lightning Source LLC
LaVergne TN
LVHW050634051026
849532LV00002B/382
* 9 7 9 8 3 4 8 5 8 2 7 8 4 *